죄악과 인성에
관한 역사·철학적 연구

죄악과 **인성**에
관한 역사·철학적 연구

지은이·박재순
꾸민이·성상건
편집디자인·자연DPS

펴낸날·2023년 12월 26일
펴낸곳·도서출판 나눔사
주소·(우) 10270 경기도 고양시 덕양구 푸른마을로 15
301동 1505호
전화·02)359-3429 팩스 02)355-3429
등록번호·2-489호(1988년 2월 16일)
이메일·nanumsa@hanmail.net

ISBN 978-89-7027-889-6 03100
값 14,000원
잘못된 책은 바꾸어 드립니다.

죄악과 인성에
관한 역사 · 철학적 연구

박재순 지음

나눔사

| 머리말 |

오늘 한국사회는 성폭행과 온갖 부당행위로 몸살을 앓고 있다. 오랜 세월 민주화 운동의 역사와 전통을 가지고 삼일혁명과 촛불혁명을 일으킨 한국사회 속에 인간들의 반민주적인 관행과 악행이 온존하고 있다. 인간과 사회는 분리할 수 없다. 인간이 사회를 만들고 또 사회가 인간을 형성한다. 사회의 현실은 인간의 본성과 사회의 구조로 이루어진 것이다.

사회는 인간의 본성과 사회의 구조라는 두 개의 중심을 가진 타원형 같은 것이다. 사회악을 극복하고 청산하기 위해서 사회구조와 제도를 개혁하는 데만 힘쓰면 사회악은 인간 속으로 숨어버린다. 또 인간의 인격과 본성을 쇄신하여 사회악을 극복하려고 하면 사회악은 사회의 구조와 체제 속에 뿌리를 내린다. 사회악을 극복하고 보다 나은 사회를 만들려면 사회구조의 개혁과 함께 끊임없이 인간의 죄악과 본성을 정화하고 고양시켜야 한다.

이 책은 인간의 죄악과 본성에 관하여 역사·철학적으로 연구한 것이다. 동양과 서양 사상과 종교문화의 전통과 역사에서 인간의 죄악과 인성을 어떻게 이해했고 죄악을 극복하고 인성을 실현 완성하기 위해서 어떤 도덕과 정의를 말했는지 나는 이 책에서 살펴보았다. 더 나아가서 생명진화와 인류역사에 비추어 죄악과 인성을 생명 철학적으로 탐구하고 이해하고 설명하려고 하였다.

우리는 자본과 기계가 지배하는 사회를 넘어서 인간의 생명과 정신을 실현하고 완성하는 새로운 문명과 사회를 열어가야 한다. 이러한 새로운 문명과 사회를 만들기 위해서 죄악과 인성에 대한 연구와 대화가 필요하다. 이 책이 죄악과 인성에 관해서 연구하고 대화하는데 보탬이 되고 인성을 교육하고 훈련하는데 도움이 되면 좋겠다.

2023년 12월 박 재 순

차례

1장

동서정신문화전통들에서 본 죄악과 도덕과 정의를 넘어서

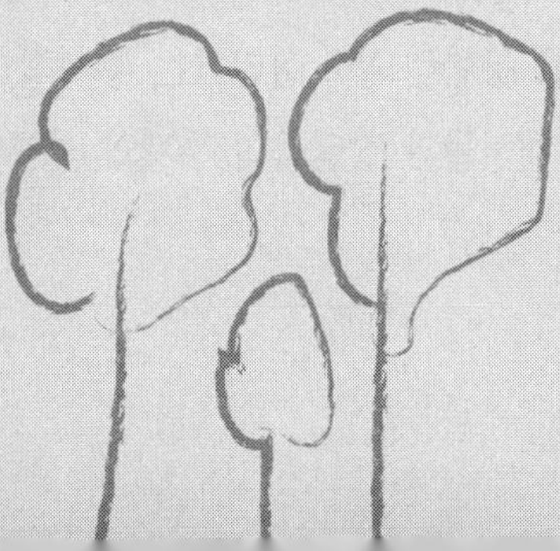

1장
동서정신문화전통들에서 본 죄악과 도덕과 정의를 넘어서

생명은 스스로 하는 주체의 깊이와 자유에서 전체의 하나 됨을 향하여 진화해 왔다. 생명의 주체·전체·진화는 생명철학의 세 가지 주제이고 원리다. 생명의 본성과 인성을 논할 때 평가의 기준과 원리는 주체와 전체와 진화다. 생명과 인간의 주체와 전체와 진화가 인간의 죄악과 도덕, 진리와 정의, 사상과 실천을 판단하는 기준이고 잣대다. 생명진화와 천지인 합일의 관점에서 볼 때 인간의 주체와 전체와 진화를 통합적으로 볼 수 있다. 인간과 인성은 생의 주체와 전체를 실현하고 완성해가는 진화의 과정에서 형성된 것이다. 인간의 주체와 전체와 진화를 통합적으로 이루는 것이 인성을 실현하고 완성하는 것이다. 인간의 주체와 전체와 진화를 통합적으로 이루는데 근본적으로 장애가 되는 것이 인간의 죄악이다. 죄악을 극복하고 주체와 전체와 진화를 통합적으로 실현하는 주체적 지향과 역량이 도덕이며 서로 다른 개인들과 집단들의 주체와 전체와 진화를 실현하는 일이 마땅하고 옳은 정의다. 인성의 근본적인 제약과 결함, 왜곡과 도착이 죄악이고 이런 죄악을 극복하고 제거해서 인성을 실현하고 완성하는 지향과 역량이 덕이다. 죄악을 분별하고 판단하는 기준이 될 뿐 아니라 인성을 실현하고 완성하는 방도와 목적이 정의다. 따라서 인성교육을 바르게 하려면 먼저 생명진화와 천지인합일의 관점에서 주체와 전체와 진화를 기준으로 인간의 죄악과 도덕과 정의에 대해 논해야 한다.

1. 죄와 도덕과 정의에 대한 생명 철학적 접근

생명진화와 천지인합일의 관점에서 생명과 인간의 본성을 실현하고 완성하려면 먼저 생명과 인간이 지닌 근본적인 잘못과 결함, 한계와 제약, 탐욕과 편견, 죄와 악을 깊이 파악하고, 인간이 그것들을 극복하고 자신의 본성과 사명을 실현할 수 있는 주체적이고 도덕적인 의지와 역량을 확인하고 강화해야 한다. 인간이 주체적이고 도덕적인 역량을 가지고 인간의 근본적인 탐욕과 편견, 죄와 악을 비판하고 극복함으로써 인성을 실현하고 완성하려면 좋고 나쁨, 옳고 그름의 기준으로서 정의가 확립되어야 한다. 따라서 인성교육을 하려면 인간의 죄악과 도덕과 정의에 대한 깊은 성찰과 이해가 필요하다.

인간의 죄악과 도덕과 정의에 관한 논의는 생명과 인간에 대한 성찰에서 실마리를 잡아야 할 것이다. 생명과 관련해서 죄악과 도덕과 정의를 말해보자. 간단히 말하면 생명을 해치는 것이 죄악이고 생명을 살리고 키우는 힘과 지혜가 도덕이고 선이며 생명을 살리고 높이는 일이 정의다. 우주 만물이 협력하고 협동하고 희생함으로써 창조된 생명은 거룩하고 아름답고 참되고 선한 것이다. 햇빛과 바람, 물과 흙이 기꺼이 자신을 내어주고 희생함으로써 생명이 지탱되고 자라고 진화되고 고양될 수 있다. 우주 만물의 협동과 희생으로 창조된 생명은 그 자체가 공적인 것이고 의롭고 마땅하고 보람 있고 값진 것이다. 우주의 물질세계에서 스스로 하는 주체의 깊이와 자유가 생겨난 것보다 더 아름답고 크고 보람 있고 마땅한 일이 어디 있는가? 서로 주체인 생명체들이 서로 기쁨과 보람을 나누며 서로 살리고 공존하는 사랑보다 의롭고 마땅하고 진실한 일은 없다. 생명과 인간의 주체(자유와 깊이)를 물건처럼 도구와 수단으로 여기고 대하는 것보다 잘못되고 불의하고 부당한 일이 어디 있는가? 서로 주체의 기쁨과 자유를 나누며 소통하고 사귀는 사랑을 억압하고 그런 사랑의 관계와 공동체를 파괴하고 훼손하는 것보다 악하고 불의한 일이 없다. 생명을 해치고 낮추는 것이 죄악이고 생명을 살리고 높이는 힘이 도덕이고 생명을 주체와 전체로 인정하고 실현하는 일이 정의다.

인간과 관련해서 죄악과 도덕과 정의를 말해보자. 인간의 죄악과 도덕과 정의를 말하기 위해서는 먼저 우주 안에서 인간의 존재론적 지위와 진화사적(進化史的) 의미를 파악해야 한다. 인간은 대우주의 모든 요소를 함축한 소우주다. 대우주에도 소우주인 인간 속에도 10차원의 세계가 있다. 유기체적 생명은 시공간 4차원의 세계를 넘는 5차원의 세계이고 맘은 생명을 넘는 6차원의 세계이고 사회와 역사를 형성하고 이끌어가는 주체(의지)는 7차원의 세계이고 몰아적인 신명과 감흥의 세계(종교, 예술)는 8차원의 세계다. 주체적인 의지와 지성을 가지고 전체가 하나로 되는 세계를 열어가는 구도자적 심성은 9차원의 세계이고 주체와 전체가 온전히 하나로 되는 하늘의 세계는 10차원의 세계다. 소우주인 인간의 몸과 맘은 4차원 시공간 세계와 10차원 대생명세계의 중심과 근원이다. 인간의 몸과 맘이 시공간세계와 우주 대생명세계보다 더 깊고 높다. 인간의 몸과 맘에서 시공간 세계와 대생명세계가 새롭게 형성되고 창조된다. 한 사람 한 사람의 인간이 우주와 자연생명, 시간과 공간, 역사와 사회의 창조적 중심과 근원이다. 인간은 제 속에서 생명과 정신과 신을 발견하고 체험하는 존재다. 만일 이 거대한 우주에 생명과 정신과 신이 없다면 우주는 아무 의미도 없고 방향과 목적도 없는 것이다. 역사도 사회도 없고 시간도 더 이상 시간으로 의식되지 않고 공간도 더 이상 공간으로 의식되지 않을 것이다. 그저 물질과 에너지의 흐름일 뿐 아무 것도 아닌 것이 될 것이다. 물질이 물질인지도 에너지가 에너지인지도 알 수 없고 물질도 에너지도 아닌 의미 없는 것이 될 것이다. 우주의 의미를 자각하고 실현하는 인간은 생명진화와 인류역사의 중심과 꼭대기다.

생명진화와 인류역사는 10차원의 세계를 제대로 구현하고 완성하자는 것이다. 이것이 우주와 생명과 인간의 존재이유이고 목적이며 신의 뜻이다. 10차원의 세계를 실현하고 완성하려는 생명진화와 역사를 거스르고 파괴하는 것이 악이고 죄다. 차원이 높아질수록, 생명의 진화가 고양될수록 우주, 생명, 정신의 세계가 파괴되고 왜곡될 가능성이 높다. 10차원을 지닌 인간의 몸과 맘이 하늘과 소통하고 사귀는 10차원을 잃고 3차원 물질세계에 갇히고 억압된다면 이것은 우주와 생명과 인간의 역사에 대한 도전이고 부정이다. 10차원의 삶을 실현하도록 인간은 존중되고 보호되고 격려 받고 돌봄을 받을 자격과 값을 지닌 존재다. 만일 사람이 먹을 것과 입을 것이 없고 잠자리와 일자리도 없다면 3차원 물질세계마저 박탈하는 것이니 이보다 더 비참하고 악한 일은 없다.

인간의 삶은 인격과 사회의 두 축으로 되어 있다. 인간의 삶은 인격에 의해 형성되고 주도되지만 사회의 관계와 질서 속에서 형성되고 펼쳐지기 때문에 인격만으로 설명할 수 없다. 인간의 삶이 10차원 세계를 제대로 실현하고 완성하려면 인격과 함께 사회의 관계와 질서를 바로 세워야 한다. 사회의 억압과 강제에 의해서 인간의 몸과 맘이 3~4차원의 시공간 물질세계를 누리지 못하게 한다면 몸 생명을 박탈하는 것이다. 몸 생명을 박탈하면 맘 생명과 얼 생명도 박탈하는 것이다. 인간의 몸 생명에는 우주 대생명의 주체와 전체가 깃들어 있다. 몸 생명의 바닥에는 3~4차원의 시공간 물질세계가 있고 몸 생명에는 5~10차원의 세계가 펼쳐져 있다. 사람의 몸을 때리고 학대하는 것은 우주 대생명 10차원의 세계를 짓밟고 무시하는 것이고 학대하고 파괴하는 것이다. 사람의 몸과 맘을 짓밟고 학대하는 것은 생명진화와 역사를 부정하는 것이고 생명진화와 역사를 일으킨 생명, 생명의 근원과 목적과 힘인 신과 뜻을 부정하고 학대하는 것이다. 사람의 몸과 맘을 짓밟고 파괴하는 것은 우주 대생명의 10차원 세계와 시공간을 짓밟고 파괴하는 것이다. 사람의 몸과 맘이 찌그러지고 무너지면 4차원 시공간도 3차원 물질세계도 함께 찌그러지고 무너진다. 물질도 시공간도 생명도 정신도 의미를 잃고 무너지기 때문이다. 한 사람의 몸과 맘이 짓밟히고 파괴되면 10차원 우주세계도 생명진화의 과정도 인류역사와 사회도 함께 짓밟히고 무너진다. 따라서 인간을 해치고 낮추는 것이 죄악이고 인간을 살리고 높이는 힘이 도덕이고 인간을 주체와 전체로 살리고 높이는 일이 정의다.

인간의 본능과 탈 본능: 본능과 죄

인간은 자연생명세계의 본능적 조화와 중심에서 벗어나 홀로 하늘과 땅 사이에 선 존재다. 하늘과 땅 사이에 곧게 선 인간은 하늘의 얼과 신을 향해 솟아오를 가능성과 땅의 물질세계로 떨어질 가능성을 함께 가진 존재다. 하늘의 얼과 신을 향해 솟아오르는 것이 옳은 것이고 생명진화와 인간의 사명을 실현하고 완성하는 것이다. 인간이 땅의 물질세계로 떨어져서 물질의 법칙과 기계의 지배를 받는 것은 생명진화와 인류역사를 거스르고 부정하는 것이며 스스로 타락하고 전락하는 것이다. 인간이 하늘로 솟아올라 나아가는 것이 참이고 선이고 아름다움이며 마땅하고 옳은 것이다. 인간이 땅으로 떨어지는 것은 자신의 본성과 사명을 부정하는 것이며 스스로 속이고 파멸과 죽음의 길로 떨어지는 것이다. 인간이 땅으로 떨어지는 것은 하늘을 부정하고 생명의 주체와 전체와 진화를 부정하는 근본적인 죄악이다.

인간의 죄는 생의 주체와 전체를 잃고 진화의 길에서 벗어난 것이다. 인간은 자연생명의 밖에서 주체의 깊이에서 전체의 하나 됨에 이르는 새로운 중심을 가져야 한다. 인간은 자연생명의 중심과 조화에서 벗어났으나 아직 새로운 중심과 주체를 확립하지 못한 존재다. 죄는 인간이 주체의 깊이와 자유를 잃고 전체의 중심과 일치에서 벗어난 것이다. 죄는 인간이 자신의 중심과 주체(하나님과 나)를 잃은 것이다. 자연생명의 본능적 기계적 조화와 중심에서 벗어난 인간은 죄를 지을 자유와 새로운 중심과 주체를 얻을 자유를 함께 가진다.

인간의 생명과 정신을 다듬어낸 생명진화와 인류역사는 자유를 심화하고 증대해온 과정이다. 인간은 깊고 높은 자유를 지니게 되었다. 인간의 자유는 사랑과 평화를 위한 자유이면서 죄와 악, 파괴와 실패, 잘못과 패배를 선택할 자유이기도 하다. 자유가 깊은 곳에 죄악도 깊다. 거꾸로 죄악이 깊은 곳에 자유와 은혜도 깊다. 죄악은 생명의 주체와 중심을 잃은 것이므로 죄악이 깊은 곳에는 잃어버린 생명의 주체와 중심을 되찾으려는 열망과 절실함도 크다. 다시 생명의 주체와 중심을 찾으려면 인성의 탈바꿈과 초월적 고양, 새로운 창조와 진화가 요구된다. 인성의 새로운 창조는 물건이나 상품을 제작하듯이 의도와 계획으로만 이룰 수 없다. 인성의 새로운 탄생과 창조에는 '하는' 차원과 '되는' 차원이 있다. '되는' 차원은 사랑과 은총의 차원이다. 인간은 십 억년 생명진화와 수 백 만년 인류역사의 은공으로 생겨난 존재이고 우주 대자연과 인류사회의 희생과 도움으로 사는 존재이고 하늘의 보살핌과 허락으로 살아가는 존재다. 또한 인간은 생명진화와 인류역사와 자기 자신을 새롭게 창조하고 새로운 미래를 열어가야 할 책임적 주체다. 사랑과 은총의 '되는' 차원이 깊은 만큼 자유와 책임의 '하는' 차원도 깊다. 생명의 깊이와 높이만큼 자유, 죄악, 은혜도 깊고 높다. 자유가 크고 깊기 때문에 죄악도 크고 깊을 수 있고 사랑과 은혜가 높고 크기 때문에 죄악도 깊고 클 수 있다. 깊은 죄악에서 인간이 자신의 중심과 주체를 잃은 것을 절감할 때 자기 생명의 중심과 주체에 대한 절실한 열망이 생기고 생명의 근원과 중심에서 구원과 해방에 이르는 길이 열린다. 생명의 근원과 중심에서 보면 죄를 지을 수 있는 자유는 진정한 자유가 아니다. 생명과 정신의 참된 자유는 생명과 정신의 새로운 중심과 주체를 얻을 자유뿐이다. 자신의 중심과 주체를 잃는 죄의 자유는 자신을 파멸과 죽음, 허무와 무의미에 빠지게 하는 거짓 자유다. 그것은 자신과 타자를 속이는 기만적이고 허구적인 자유다. 생명의 본성과 목적을 실현하는 자유, 주체와 전체의 일치와 실현에 이르는 자유만이 해방과 구원에 이르는 참된 자유다.

자유를 향해 나아가는 생명진화와 인류역사는 높은 절벽을 타고 오르는 것과 같다. 오르기는 어렵지만 밑으로 떨어지기는 쉽다. 그러나 인간의 생명과 정신을 꽃 피우고 열매 맺기 위해서 얼마나 많은 생명들과 인간들이 실패와 좌절, 시련과 고통, 희생과 사랑을 바쳤는지 모른다. 실패와 좌절, 시련과 고통을 통해 닦아온 사랑과 지혜가 인간의 생명 속에 축적되어 있다. 38억년 생명진화와 2백만 년 인류역사의 동인과 지혜가 인간의 몸과 맘속에 내장되어 있다. 솟아올라 앞으로 나아가는 엄청난 힘과 지혜가 인간의 몸과 맘속에, 생명 속에 함축되어 있다. 자연환경과 민족의 역사와 전통 속에 솟아올라 나아가는 생명의 힘과 지혜가 축적되어 있다. 또한 인간의 몸과 맘을 끌어주고 밀어주는, 잡아당겨주는 우주의 얼과 신이 있다.

그럼에도 십억 년 진화한 생명나무 꼭대기에 맺힌 열매인 인간은 아래로 떨어지기 쉽다. 생명진화와 인류역사의 높은 절벽에서, 10차원 높은 곳에서 떨어지기 쉽다. 사람을 뱀 같다 버러지 같다고 욕하지만 사람이 사람임을 잊고, 사람을 사람답게 하는 하늘, 하나님을 잊으면, 뱀처럼 버러지처럼 살 수도 있다. 그것이 인간의 근본적인 죄이고 타락이다. 우리가 아는 동물 가운데 식욕과 성욕에 가장 충실히 진화한 동물이 뱀이다. 뱀은 여러 모로 사람과 대조된다. 땅바닥을 기어 다니는 뱀은 하늘의 얼과 뜻을 잊고, 10차원 높은 세계를 생각하지 않고 땅의 평면세계, 물질세계에 충실한 동물이다. 성경에서 뱀의 유혹을 받고 선악과를 따먹었다는 타락 이야기는 사람이 자신의 본성과 사명과 목적을 잊고 뱀처럼 식욕과 성욕, 땅의 물질세계에만 충실한 삶을 선택한 것을 말해준다. 사람이 뱀처럼 사는 것이 인간의 근본적인 타락이고 죄악이다.

인간의 원초적 생존의지, 본능의 식욕과 성욕 속에는 저밖에 모르는 자기중심성이 뿌리 깊이 박혀 있다. 그 자기중심성은 하늘(하나님)에 대하여 생명의 진화와 역사의 진보에 대하여 참된 주체의 깊이와 자유에 대하여, 참된 전체의 하나 됨에 대하여 닫혀 있다. 인간의 뿌리 깊은 자기중심성은 사나운 욕망과 거친 감정과 고집 센 교만과 집착으로 채워져 있다. 이것은 하늘과의 관계와 소통이 끊긴 것이고 생명의 진화와 역사의 진보의 길이 막힌 것이며 참된 주체와 전체에 이르는 문이 닫힌 것이다. 하늘과의 소통과 사귐의 관계가 끊어진 이러한 생명의 원초적 자기중심성에 갇히는 것이 인간의 근본적인 죄와 타락이며 생명의 진화와 고양이 거부된 진정한 죽음이다. 생명과 인간은 개체의 죽음과 희생을 통해서 하나님을 향한 생명의 진화와 고양의 길, 영원한 생명의 길, 얼 생명의 길로 갈 수 있었다. 개체의 죽음과 희생을 거부하고 개체의 생명을 영속적으로 존속시키려는 원초적 생명의지의 자기중심성은 하나님을 떠난 영원한 죽음의 길로 예정된 것이다. 생명진화의 역사는 개체의 죽음과 희생을 통해 생명의 진화와 고양의 길을 열어왔다. 생명진화와 인류역사의 과정은 생명의 자기중심성과 거기 깃든 죄악과 타락을 극복하고 새롭고 고양된 생명의 차원을 열어온 과정이었다.

생명진화와 선악 판단

이렇게 인간과 인성을 역사적이고 종합적으로 이해하면 인간에 대해서 성선설과 성악설을 말하는 것은 큰 의미가 없다. 인간의 본성을 본능과 욕망으로 보면 성악설을 말하게 되고 지성과 영성으로 보면 성선설을 말하게 된다. 오늘날 성(性)을 섹스(sex)라고 말하는 것은 인성을 본능과 욕망으로 생각한다는 것을 드러내는 것이다. 파충류의 자리에서 보면 본능과 욕망이 악한 것이 아니다. 생명진화와 역사의 관점에서 보면 선과 악은 상대적인 것이다. 물질(돈)과 기계와 본능이 생명을 지배하고 물질과 기계를 위해 생명을 희생시키는 것이 악이다. 물질과 기계가 생명과 정신을 고양시키고 힘차게 하는데 쓰이는 것이 선이다. 본능과 기계가 지성과 영성을 억압하고 짓밟는 것이 악이고 본능과 기계가 지성과 영성을 위해 쓰이는 것이 선이다. 물질과 기계, 몸과 본능과 감정이 지성과 영성을 표현하고 드러내는 것이 아름답고 선한 것이고 지성과 영성이 물질적 욕망과 본능의 수단과 도구가 되는 것이 악이다. 물질과 물질의 힘을 얻기 위해서 돈과 권력과 생산력을 위해서 생명과 정신과 하나님을 희생시키고 버리는 것이 불신앙이고 죄악이다. 생명과 정신, 얼과 진리의 근원과 힘인 하나님 대신에 물질과 물질의 힘을 믿는 것이 우상숭배다. 악은 생명진화와 인류역사의 진보를 거스르는 것이고 선은 생명진화와 인류역사를 진전시키고 앞으로 솟아올라 나아가는 것이다. 땅의 물질서 하늘의 영에 이르는 생명진화와 역사의 사다리를 타고 위로 오르는 것이 선이고 아래로 떨어지는 것이 악이다. 삶과 역사에 충실하게 살았던 히브리인들에게 근본적인 죄악은 존재와 생명의 근원과 목적인 하나님을 버리고 물질과 물질의 힘, 돈과 권력을 숭배하는 것이다. 물질과 생명과 정신의 세계에서 가치와 존재의 전도(顚倒)와 도착(倒錯)이 우상숭배이고, 영과 진리의 임이신 하나님 대신 물질과 물질의 힘을 믿는 우상숭배가 가장 큰 죄악이다.

그리스철학의 영향을 받은 서양철학전통에서는 악을 존재와 선의 결핍으로 보았다. 생명진화와 인류역사에 비추어 보면 악은 존재의 결핍이나 선의 결핍이 아니다. 악을 존재나 선의 결핍으로 보는 것은 결핍된 것에 대한 갈망(에로스)과 수학·기하학(로고스)에 의존한 그리스 고대철학의 관념적 사고를 반영한 것이다. 고대 그리스철학자들에 따르면 순수하게 이성적으로 관조(觀照)하는 것이 좋은 것이고 선한 것이며 존재하는 것이다.[1] 무와 공은 존재하지 않는 것이며 결핍

1) 제임스 밀러, 『성찰하는 삶-소크라테스에서 니체까지, 좋은 삶의 본보기를 탐구한 철학자 12인의 생애』. 박중서 옮김, 현암사 2012. 163쪽.

된 것이고 관조할 수 없는 것이다. 결핍된 것에 대한 갈망에서 보면 결핍된 것이 악이다. 수학과 기하학의 세계, 이성적 사유의 세계에서는 관조할 수 있는 것만이 참되고 선한 것이고 존재하는 것이다. 선과 존재가 결핍된 것은 악한 것이다. 서구 이성주의 철학을 비판한 현대의 윤리철학자 엠마누엘 레비나스(Emmanuel Levinas)는 자기를 긍정하고 자기에게 머물러 있는 존재를 동일성으로 파악하고 자기 존재의 동일성 속에 갇혀 있는 인간의 자아에게는 어떤 초월도 구원도 없다고 하였다. 그에게는 동일성의 형식으로서의 존재가 모든 악의 원천이다. 초월은 자아와 자기(존재)의 관계를 끊는 것이다.[2] 존재의 결핍을 악으로 보는 고대 그리스철학이나 존재 자체를 악으로 보는 레비나스의 철학은 모두 생명진화와 인류역사 속에서 진화 발전해 온 생명과 인간의 본성을 외면한 것이다.

존재 자체를 선으로 보거나 악으로 보는 서구의 철학은 생성·소멸하는 우주자연의 존재, 자기 존재를 탈바꿈하고 진화발전해가는 생명의 존재, 자기부정과 초월을 통해 고양되고 앞으로 나아가는 정신의 존재를 제대로 다루지 못하고 있다. 생명은 내적으로 통일된 주체로서 존재하며 모든 부분과 기능이 하나로 통일된 전체로서 존재하는 것이다. 현실적인 생명의 자리에서 보면 생명의 주체와 전체는 눈으로 볼 수 없고 계산할 수도 없는 존재의 깊이를 가진 것이다. 악은 주체와 전체의 일치를 이루려는 생명의 본성과 사명을 이루지 못한 것이다. 악은 생명진화를 통해 실현하고 완성해가는 생명적 가치

---

2) E. Levinas, De l'évasion(Paris: Fata morgana, 1982; 1935(초판)) 73쪽. 에마뉘엘 레비나스『존재에서 존재자로』(서울 민음사 2009) 서동욱 옮김 8쪽 각주 2) 참조.

와 존재의 질서가 어긋나고 거슬리고 왜곡되고 도착된 것이다. 물질과 기계가 생명과 정신을 억압하고 해치는 것, 본능과 감정이 지성과 영성을 지배하고 훼손하는 것이 악이다. 하나님(주체와 전체의 통일)을 무시하는 물질 숭배, 우상숭배가 악이다. 선은 물질과 기계로써 생명과 정신, 하나님을 높이고 드러내는 것이다. 선은 물질과 물질의 힘을 극복하고 초월하여 하늘의 없음과 빔 속에서 생명과 정신의 새롭고 더 깊고 높은 차원을 열어가는 것이다. 선은 땅의 물질을 딛고서 물질과 몸과 생명과 정신을 승화·고양시키면서 하늘의 얼 생명(하나님)에로 솟아올라 나아감으로써 생명과 인간의 주체와 본성을 실현하고 완성해 가는 것이다. 인간은 자기 존재와 생명의 본성 속에서 자기 존재를 초월하며 자기 존재를 변화시킴으로써 진화 고양되는 존재다. 인간의 주체와 본성을 실현하고 완성하는 것이 선이라면 존재 자체를 선으로 보는 그리스철학이나 존재 자체를 악으로 보고 자기존재와의 관계를 끊으라는 레비나스철학보다는 나를 사랑하고 남을 사랑하라는 안창호의 가르침 애기애타(愛己愛他)[3]는 민의 주체를 서로 주체로서 확립하고 고양시키는 현대적인 인간 윤리의 철학원리로서 적합하게 여겨진다.

우리말 '좋다, 나쁘다'는 도덕적 선악과 함께 이로움과 해로움을 나타내고 더 나아가서 주관적인 호(好), 불호(不好)를 나타내는 매우 일반적이고 포괄적인 말이다. 고어(古語)에서는 '좋다'가 '둏다'로 표기되

---

3) 개인의 주체 '나'를 확립하여 민족 전체의 통일을 이루려고 했던 안창호의 사상과 철학은 흥사단 입단문답에서 잘 제시되고 있다. 주요한 편저 『安島山全書』 흥사단 2015. 344쪽 이하 참조. 애기애타(愛己愛他)는 안창호가 말년에 대전 교도소에서 붓으로 쓴 것인데 안창호의 철학과 사상을 압축한 것으로 널리 알려졌다.

고 '좋다'는 '깨끗하다, 절제하고 삼가다'는 뜻으로 쓰였다. '둏다'는 '되다, 더하다'의 뜻을 지닌 말이다. 그러므로 '좋(둏)다'는 '새롭게 되는 것', '더하고 늘어나서 크고 많아지는 것'을 뜻하는 말이다. '나쁘다'는 '낮다'에서 온 말이다. 낮은 것은 나쁜 것이고 더하고 늘어나서 크고 많아지는 것은 좋은 것이다. 따라서 '좋다, 나쁘다'는 생명진화를 나타내는 말이다. 생명이 땅의 물질에서 하늘의 얼로 올라가고 나아가서 크고 더하고 많아지는 것은 좋은 것이고 땅의 물질세계에 낮게 머물러 있는 것은 나쁜 것이다. 크고 풍부한 생명으로의 진화는 좋은 것이고 진화하지 못하고 낮은 물질적 차원에 머물고 낮은 차원으로 떨어지는 것은 나쁜 것이다. 인간이 인간답게 되는 것은 땅의 물질서 하늘의 영에로 올라가는 것이고 생명진화와 인류역사의 진보를 이루는 것이다. 생명진화와 역사의 진보를 이루지 못하고 인간이 과거와 현재에 머무는 것이 인간답지 못한 것이고 인간답지 못한 것이 죄다. 과거(過去)는 허물과 잘못(過)을 지닌 것이다. 생명은 과거와 현재를 넘어서 솟아올라 앞으로 나아가는 것이다. 인간은 목숨에서 말 숨으로 말 숨에서 얼 숨으로 나아가는 존재다. 지금 여기 시간의 중심에서 새로운 미래를 열어야 한다.[4)]

생명진화와 천지인합일의 관점에서 주체와 전체와 진화의 관점에서 동서의 정신문화 전통들에서 죄와 덕과 정의를 어떻게 이해했는지 살펴보자. 서로 다른 정신문화 전통들이 죄와 덕과 정의를 어떻게 이해했는지 살펴봄으로써 각 전통들이 어떻게 죄와 악을 극복하고

4) 유영모, "밀알(2)", 다석일지(영인본) 상, 824쪽.

정의에 이르는 방도(方道)를 추구했는지 알 수 있을 것이다. 이런 탐구를 통해서 전통적인 정신문화들이 이해한 죄와 덕과 정의 개념이 지닌 한계와 문제를 파악하고 거기서 배우고 이어갈 내용과 요소를 알게 될 것이다. 더 나아가서 죄와 덕과 정의에 대한 동서 전통문화들의 생각을 비판하고 넘어섬으로써 오늘 우리 시대의 죄악을 극복하고 정의를 실현할 수 있는 힘과 지혜를 발견할 수 있을 것이다. 생의 주체와 전체와 진화를 기준으로 삼고 전통종교문화들의 죄, 덕, 정의 이해를 평가함으로써 인성교육과 실현을 위한 생명 철학적 근거를 마련할 수 있을 것이다.

동서의 종교문화들 가운데 한국, 중국(유교, 도교), 인도(브라만교, 불교), 히브리-기독교, 그리스-서양에서 본 죄, 덕, 정의에 대해서 논의하려고 한다. 이러한 종교문화전통들은 인류사회 특히 한국사회에 깊이 배어 있고 큰 영향을 주고 있으므로 이런 연구와 논의는 중요하다고 생각한다. 종교문화 전통들의 사유체계와 정치사회적 배경이 다르기 때문에 죄, 덕, 정의의 개념과 논리가 다를 수 있다. 이 종교문화 전통들의 특징과 차이를 이해하는 것은 단순히 과거의 정신과 문화를 이해하는 것이 아니라 현대인들의 정신과 감정을 이해하는데 도움을 줄 것이다.

2. 동양에서 본 죄와 도덕과 정의

1) 한국인이 본 죄, 덕, 정의

한국인의 죄 개념: 허물

우리말에서는 죄를 허믈, 허물이라고 했다. 죄(罪)는 '허물 罪'라고 한다. 허물은 두 가지 뜻을 가진 말이다. 첫째 허물은 '헐(傷, 毁)+믓(解)'에서 온 말이다.[5] 허물의 뿌리말 '헐, 헐다'는 상처가 나거나 허무는 것을 뜻한다. '믓'은 헤치고 흩뜨리고 무너뜨리는 것을 뜻한다. 헐고 무너뜨리는 것으로서 허물은 사회의 질서와 체제를 헐고 무너뜨리는 것뿐 아니라 물질세계 위에 이룩한 생명과 정신의 입체적이고 주체적인 세계를 헐고 무너뜨리는 것이다. 허물(헐믓)은 헐고 무너뜨리는 행위뿐 아니라 상처가 나서 헐고 뭉그러진 것을 나타낸다. 온전한 생명의 전체성과 질서에 상처가 나고 흠이 생긴 것이다. 허물은 헐어서 생긴 부스럼, 종기 같은 것이고 흠집이나 실수를 가리키는 말이다. 둘째 허물은 살갗의 벗겨진 껍질을 뜻한다. 본래 살갗의 껍질은 '허울'이며 여기에 ㅁ이 들어가서 '험울, 허물'로 발음하게 되었다. '허울'이 '허물'(헐믓)과 결합되어 살갗이 헐어서 생긴 부스럼이나 종기, 살갗이 벗겨진 껍질을 뜻하게 되었다. 허물은 헐고 무너뜨리는 행위를 뜻하는 말에서 살갗이 헐고 뭉그러져서 생긴 흠집과 결함, 흠결을 뜻하

---

5) 김민수편, 『우리말 語源事典』 태학사 1997. 1175~6쪽의 '허물', '허물다' 항목 참조.

는 말로도 쓰이게 된 것이다. 허물은 흠집, 결함, 부족하고 모자람, 잘못, 실수를 가리키는 말이 되었다.

'헐다, 흩다, 살갗의 부스럼'은 모두 생명을 손상하거나 해치는 것이며 살갗에 생긴 질병이나 결함 흠집을 나타낸다. 허물은 손상이나 질병으로 온전한 생명체인 몸에 생긴 흠집이나 결함이다. 한국인은 허물을 죄로 이해했다. 허물을 죄로 여기는 데는 생명은 온전하고 깨끗해야 한다는 생각이 전제되어 있다. 떳떳하고 온전해야 한다는 생각은 체면을 중시하고 부끄러운 것을 감추려는 경향으로 이어진다. 좋게 말하면 온전하고 깨끗한 삶을 추구한 것이고 나쁘게 보면 체면과 외면을 중시하고 남 보기에 흠 잡히는 것을 싫어한 것이다. 낮고 표면적인 생각에 머물면 체면과 외모를 중시하는 태도와 경향이 나오고 속이 깊고 높은 생각을 하면 올곧은 지조와 이지러짐과 흠이 없는 온전한 품격을 중시하는 삶을 살게 된다. 퇴계 이황도 자신의 삶과 뜻을 그린 시조 '도산십이곡'에서 자연과 하나로 되어 깨끗하고 온전한 삶을 살기 바라면서 "허물이나 없고자"한다고 하였다.

한국인이 허물을 죄로 본 것은 생명을 중심으로 죄를 생각한 것이고 흠결이 없는 온전하고 깨끗한 삶을 이루려 한 것이다. 허물없는 삶을 바랐던 한국인은 남 보기에 부끄럽지 않은 삶을 살려고 했다. 그래서 많은 사람들이 남의 눈을 의식하며 산다. 그러나 좀 더 깊이 내면으로 들어간 사람은 스스로 부끄럽지 않은 삶을 그리워했다. 흠결 없이 온전하고 깨끗한 것은 하늘뿐이다. 흠결이 없는 깨끗하고 온전한 삶에 대한 염원은 '하늘을 우러러 한 점 부끄러움이 없는' 온전한 삶에 대한 그리움으로 이어진다. 한국인이 내면을 강조하면 하늘의 완벽한 이념과 감정을 내세우고 겉을 중시하면 형식과 체면, 겉 치레에 머물고 실질적인 속 알맹이를 잃게 된다. 한국인의 이런 양면성은 위선적인 이중성을 갖게 하고 형식적이고 임시적인 이념 지향적이고 당파적인 사고방식과 생활태도를 조장함으로써 역사와 사회의 실질적인 변화를 가져오는데 장애가 된다. 그러나 흠결 없는 온전한 삶을 향한 열망은 혁신과 변화를 위한 열정과 헌신이 될 수 있다.

올바름(正義)

'옳다, 그르다'는 말에서도 이런 한국인의 언어 경향과 심정을 확인할 수 있다. '옳다'는 의(義, 可)를 나타내고 '그르다'는 불가(不可), 불의(不義)를 나타내는 우리말인데 '옳다'도 '그르다'도 온전함(全)과 관련이 있다. 의(義)를 나타내는 '옳'은 '올'(옫)인데 올은 온전함(全)을 뜻한다.[6] 온전한 것이 옳은 것이다. 그르다는 말도 전체의 질서와 격식에 맞지 않음을 뜻한다. '일그르다, 볼썽그르다'는 분명하게 온전한 전체의 일그러짐이나 볼썽사납게 됨을 뜻한다. 옳은 것은 전체가 온전한 것이고 그른 것은 전체를 왜곡하거나 일그러트린 것이다. 온전하게 전체가 하나로 이어지고 흠결과 허물이 없는 상태가 옳은 것이다. 온전한 전체의 하나 됨을 깨는 것은 그른 것이고 잘못 된 것이다. 그래서 사촌이 땅을 사면 배가 아프다는 말도 나온다. 사촌이 땅을 사서 홀로 사유재산을 늘리면 전체의 하나 됨이 깨지는 것이니 배가

6) 옳, 오른, 옫이 온전함을 뜻하는 말이라는데 대해서는 서정범, 『國語語源事典』 보고사 2000. 447~8쪽의 '오른쪽' 항목 참조.

아픈 것이다.

정(正)을 나타내는 '바르다'는 말도 실올이 비뚤어지거나 일그러짐 없이 곧음을 나타낸다. 정의(正義)를 나타내는 우리말은 올바름이다. 올바름은 두 가지 의미를 지닌 말이다. 첫째 올바름은 옳고 바름의 준 말이다. 옳고 바름은 흠결 없이 깨끗하고 온전하고 곧고 바른 것이다. 둘째 올바름은 실올이 얽히거나 꼬임이 없이 곧고 바름을 뜻한다.[7] 올바름이나 옳고 바름은 생명의 주체와 전체가 얽히거나 꼬임 없이 가지런하고 곧고 바른 것이며 흠결 없이 온전하게 곧고 바르게 실현되고 완성되는 것을 뜻한다. 올바름(옳고 바름 正義)은 생명의 주체와 전체가 흠결, 허물이나 비뚤어짐 없이 온전하게 곧고 바르게 실현되고 완성되는 것이다. 다시 말하면 한국인에게 정의(正義)는 옳고 바른, 올(실올)이 곧고 바른 것이다. 옳, 올은 얽히거나 꼬임 없이 비뚤어지거나 구부러짐 없이 올곧고 똑바른 것이고 그렇기 때문에 온전한 것이다. 바름은 막히거나 끊어짐 없이 곧고 바르게 쭉쭉 뻗는 것을 뜻한다. 바름은 생명과 정신의 주체가 막힘없이 자유롭게, 비뚤어지거나 구부러지지 않고 쭉쭉 뻗어나가는 것을 나타낸다. 바르다는 것은 주체가 곧고 자유롭게 실현되는 것이다. 의(義)는 옳음이다. 옳은 '올'인데 '올'은 옹글고 온전한 것이다. 그것은 실올이나 생명의 기운이 얼크러지거나 쭈그러들지 않고 올곧고 바른 것이면서 허물이나 흠결 없이 전체가 하나로 이어지고 통하는 것이다. 옳은 흠결 없이 온전하고 올이 곧고 바르기 때문에 둥글고 알차고 원만(圓滿)하게 전

---

7) '올바름'이 실올이 똑바르다는 의미와 옳고 바름이라는 두 의미를 가진 것에 대해서는 김민수 편, 『우리말 語源事典』 1997. 786쪽의 '올바르다' 항목 참조.

체가 완성된 것을 나타낸다. 그러므로 한국인에게 정의는 주체가 올곧고 자유롭게 실현되고 전체가 알차고 둥글게 하나로 이어져서 옹글게 완성되는 것이다. 정의는 주체의 실현과 전체의 완성이다.

올곧고 똑바르면서 흠결이나 흠집이 없는 것은 하늘이다. 하늘만이 올곧으면서 흠집과 흠결 없이 온전할 수 있다. 본래 한국인은 하늘을 그리워하고 우러르는 민족이다. 건국신화에서도 하늘을 열고 나라를 세웠고 전통종교의 가장 두드러진 특징은 높은 산에서 하늘에 제사지내는 것이다. '한겨레', '한민족'의 '한'도 '큰 하나, 하늘'을 나타내는 말이다. 한민족은 하늘을 맘속에 품고 사는 이들이다. 하늘을 우러러 한 점 부끄러움이 없는 삶은 흠결이 없는 전체와 허물이 없는 주체의 깨끗하고 옹근 삶이다. 겉으로 흠결이 없는 깨끗하고 온전한 삶을 추구하면 외모와 체면을 중시하는 삶을 추구하게 된다. 한국인에게 외모와 체면을 중시하는 경향이 보이는 것은 허물을 죄로 보고 흠결 없는 삶을 추구했기 때문이다.

그러나 참과 거짓이란 말을 살펴보면 한국인이 속 알맹이를 중시하고 알찬 삶을 추구했다는 것을 알 수 있다. 참은 알참이고 거짓(거즛)은 거죽에 머문 것이다. 참과 거짓을 알참과 거죽으로 생각한데서 한국인이 거죽, 겉보다 알맹이, 씨알, 속 알을 중시하고 알찬 삶을 추구한 것을 알 수 있다. 상처가 나서 헐고 뭉그러진 흠결이나 흠집이 없는 깨끗하고 온전한 삶, 비뚤어지거나 일그러짐이 없는 올곧고 옹근 삶을 이루기 위해서는 알찬 삶, 알맹이가 가득 찬 삶을 추구해야 한다. 한국인은 흠집이나 일그러짐이나 비뚤어짐이 없는 깨끗하고 옹글고 올곧은 알찬 삶을 간절히 원하였다. 하늘을 우러러 한 점 부끄러움이 없는 삶을 염원한 것은 허물이 없고 일그러짐과 구부러짐과 비뚤어짐이 없는 깨끗하고 옹글고 올곧으면서 참되고 알찬 삶을 간절히 바랐기 때문이다. 한국인은 깨끗하고 옹글고 알차고 올곧은 온전한 삶을 깨트리고 해치는, 허물고 뭉그러지게 하는, 더럽고 썩게 하는 불의를 용납하지 않는 심정과 태도를 갖게 되었다. 흠집과 불의를 용납하지 않는 심정과 태도를 가진 한국인은 불의에 저항하고 신선처럼 자연과 하나로 되어 깨끗하고 온전한 삶을 살려는 염원을 갖게 된 것이다.

덕: 흠 없는 삶을 실현하는 힘과 지혜

한국인이 허물없는 삶을 간절히 염원했지만 그런 삶을 실제로 살았다고 할 수는 없다. 역사적으로도 한민족은 패배와 실패 속에서 굴욕과 고난을 당했다. 적어도 근현대의 역사는 부끄러움과 허물로 가득한 역사였다. 그러나 나라가 망하고 식민지가 되고 민족분단과 전쟁을 치르고 군사독재를 겪으면서도 한민족은 완전하지는 않지만 민주화와 산업화를 이루어냈다. 어리석음과 부끄러움과 허물에서 벗어나 알차고 아름답고 바르고 떳떳한 나라를 이루기 위해서 한민족은 애쓰고 힘써 왔다. 한민족이 어리석음과 허물, 모자람을 극복하고 알차고 아름답고 떳떳한 나라를 이루고 그런 삶을 살아가려면 그렇게 살 수 있는 힘과 지혜와 자격을 기르고 그렇게 살 수 있는 신념과 철학을 확립해야 한다.

한국인에게 덕(德)은 흠결이나 비뚤어짐 없이 깨끗하고 옹글고 올곧은 알찬 삶을 살 수 있는 내적인 힘과 지혜, 의지와 자격이다. 덕이 높은 사람은 깨끗하고 올곧으면서 변치 않고 전체를 아우르는 옹글고 알찬 사람이다. 덕이 높은 사람 '그이'는 흠결이 없고 변치 않으면서 전체를 아우르는 이이므로 모두 신뢰하고 존중하는 이다. 생명과 정신의 속 알맹이인 인성을 옹글고 알차고 올곧게 실현하고 완성하는 것이 덕을 쌓고 키우는 것이다. 한국인에게 정의는 흠결이나 비뚤어짐 없이 삶의 주체와 전체를 관계와 질서 속에서 올곧고 옹글게 실현하는 것이다. 덕은 생명과 정신의 속 알맹이를 알차게 실현하고 삶의 주체와 전체를 올곧고 옹글게 실현하는 내적 힘과 슬기다. 줄여서 말하면 덕은 인성과 정의(올바름)를 실현하는 힘과 지혜다.

한국인의 감정과 의식은 덕을 뚜렷이 드러내기보다는 혼란스러워 보인다. 허물, 흠결이 없는 옹글고 올곧은 삶을 추구하는 한국인의 심정과 태도는 역설적이고 이중적이다. 하늘을 그리워하고 우러르는 한국인의 정서는 일치와 교감 속에서 흥과 신명이 발달했고 아픔과 상처를 한(恨)으로 품기도 한다. 한국인의 감정 속에는 흥과 한이 뒤섞여 있다. 허물이 없는 삶을 추구하는 한국인은 체면과 외모를 중시하는 형식주의로 흐르기도 하고 변절과 배신이 없는 올곧은 지조와 깨끗하고 옹근 삶을 열망하기도 한다. 하나의 옹근 삶을 추구하고 전체의 하나 됨을 열망하는 한국인에게는 인정이 많고 하나로 통하는 것을 좋아하면서도 배타적이고 당파적인 성향도 뚜렷이 나타난다. 한민족의 오랜 역사를 돌아보면 외래문화를 받아들여 동화시키는 능력이 뛰어나면서도 정통적이고 독단적인 이념과 주장을 내세우는 경향도 나타난다. 전체의 일치와 동화를 지향하기 때문에 꼬치꼬치 따지는 것을 싫어하여 두루뭉술하게 넘어가는 경향이 있는가 하면 일치하거나 동화되지 않는 것, 모호한 것을 미워하고 싫어하기 때문에 순결과 순백에 대한 선호 속에 배타적인 흑백논리와 단선논리에 빠지는 경향도 있다. 흠결 없는 전체의 하나 됨을 열망하기 때문에 서로 다름을 인정하지 못하고 획일적 동일성을 추구하거나 하나 됨을 느끼고 확인할 수 있는 작은 단위로 쪼개지는 당파적 분열에 빠지기 쉽다. 전체의 하나 됨을 깨뜨리거나 더럽히는 불의에 대한 분노와 저항이 크면서도 공동체의 불의를 고발하는 사람을 용납하지 않으려는 이중적인 경향이 있다. 한국인의 이러한 이중성과 역설, 모호함은 한국인이 허물이 없는 깨끗하고 올곧고 옹근 삶을 열망하지만 그런 삶을 실현하지 못한 데서 나온 것이다. 한국인의 이러한 이중적이고 역설적이고 모순적인 심리와 경향 속에는 깨끗하고 올곧고 옹근 전체 하나의 삶을 추구하는 숭고하고 아름다운 심정과 열망, 힘과 자세가 들어 있다. 한국인의 숭고함과 아름다움과 떳떳함의 덕은 이중적이고 역설적인 모호함과 위선 속에 묻혀 있다.

덕과 정의를 실현하는 생명철학의 확립

하늘을 우러러 허물이 없는 사람이 되기를 바라는 한국인의 높은 꿈과 이상은 역사와 삶의 현실 속에서 온전하게 실현 되지 못하였다. 하늘을 우러러 허물이 없는 사람이 되지 못한 한국인의 심정은 역사와 사회의 구체적인 현실 속에서 실질적이고 실리적인 생각과 실천보다는 지나친 감정과 극단적인 이념으로 흐르는 경향이 있다. 하늘이 깊고 크지만 하늘만 생각하면 실속이 없다. 지나친 감정과 극단적인 이념에 휘둘리면 실질적이고 실리적인, 실용적이고 효율적인 중도와 중용의 삶을 놓칠 수 있다. 겉, 껍질의 허물, 흠결에 집착하는 한국인의 의식과 감정은 표면과 형식에 머물고 지나친 감정과 피상적인 이념에 흐르기 쉽다. 이중성과 모호함 속에서 지나친 감정과 피상적 이념에 흐르는 한국인의 성향은 한국어의 구조와 성격에 의해서 강화된다. 한국어는 인도유럽어인 그리스어, 라틴어, 산스크리트어와는 대조적이다. 인도유럽어에서는 주어가 문장을 지배하고 주도하며 문장이 매우 논리적이고 분석적이다. 그런데 한국어에서는 주어가 술어(객어)를 규정하지 않고 상대(객어)가 술어를 규정하고 문장을 주도한다. 한국어는 상대에게 맞추고 상대를 모시고 받드는 일치와 교감의 언어다. 한국어에서는 1인칭 주어 '나'가 생략되거나 '우리'로 뭉뚱그려지는 경우가 많다. 그리스어와 라틴어에서도 주어가 생략된 경우가 많지만 술어인 동사와 형용사가 주어를 함축하고 드러내기 때문에 주어가 없어도 주어를 쉽게 알 수 있다. 서구어에서는 3인칭이 발달했는데 한국어에서는 3인칭이 없거나 불완전하게 '이, 그, 저'와 같은 관형사와 명사가 결합하여 3인칭을 대신한다. 삼자를 지칭하기 어려운 경우가 있으며, 삼자에 대한 객관적 서술이 발달하지 않았다. 3인칭이 없거나 발달되지 않았다. 1인칭이 약화되었기 때문에 자아를 깊이 파고드는 주체의 철학이 확립되지 못하고, 3인칭이 없기 때문에 냉철하게 분석하고 객관화, 대상화, 타자화 하는 합리적 철학이 발달하지 못했다. 한국어에서는 주어와 객어가 빠지고 "왔어!?"와 같은 생략된 말로도 소통이 가능한데 서구어에서는 이런 생략된 표현이 불가능하다. 일치와 교감의 언어인 한국어에서는 색채와 동작과 느낌에 대한 미묘하고 섬세한 감각과 감정의 표현이 발달했다. 하늘의 일치와 소통을 추구한 한국인의 언어는 일치와 교감의 언어다. 우리말을 서양의 말과 비교하면 1인칭과 3인칭이 발달하지 못했고 명료한 논리와 합리적 분석이 부족하다는 것을 알 수 있다.

1인칭과 3인칭이 발달하지 않았다는 것은 사물과 인간을 제삼자로 대상과 타자로 보지 않고 1인칭과 2인칭의 관계 속에서 주체와 주체로 보는 경향이 있음을 시사한다. 1인칭 주어를 생략하거나 우리로 뭉뚱그리는 언어경향은 1인칭 주체의 개방성과 공동체성을 시사한다. 3인칭이 발달하지 못한 것은 모든 사물과 인간을 사물화 대상화 타자화 하지 않고 인격적 삶의 관계 속에서 주체로서 만나고 인식하고 이해했다는 것을 의미한다. 사물과 인간을 주체로 보고 서로 주체로서 교감하는 한국의 언어는 공감과 배려의 언어로서 높이 평가될 수 있다. 교감의 언어로서 한국어는 주체와 전체를 실현하는 생명 철학에 이르는 단서를 드러낸다. 그러나 1인칭과 3인칭이 확립되지 못한 것은 주체(나)와 전체와 생명진화(역사진보)를 실현하고 완성하는 철학에 이르지는 못했음을 말해준다. 교감의 언어로서 한국어는 모호하고 불확실한 감정과 의식에 빠져들게 한다. 1인칭과 3인칭을 뚜렷하고 확실하게 쓸 수 있어야 한다. 내가 '나'라고 당당하고 확실하게 말할 수 있어야 하고 그를 '그'로서 뚜렷하고 분명하게 보고 말할 수 있어야 한다. 1인칭 주체의 자리에서 확실하고 뚜렷한 '나'의 의식과 판단을 가지면서 주관적인 감정과 주장에서 벗어나 객관적이고 공공적인 3인칭의 자리에서 공적으로 책임을 지는 떳떳하고 당당한 공적 주체가 되지 못하면 정의로운 민주사회를 이룰 수 없다. 1인칭과 3인칭을 똑바로 쓰지 못하면 죄를 흠결로 보는 한국인의 의식과 감정은 역사와 사회의 표면과 거죽을 겉돌게 하고 실질적이고 실속 있는 알맹이를 놓치고 현실적 변화를 가져오지 못할 수 있다.

민주와 정의를 내세우면서 전국적인 민중시위를 거듭하면서도 한국사회의 특권적인 불의와 부패는 온존하고 있다. 민주적이고 정의로운 사회를 형성하는 민주철학을 확립하지 못하고 합리적이고 효율적인 질서와 체제를 형성하지 못한 것은 무엇 때문일까? 왜 우리는 역사와 사회의 거죽과 표면을 겉돌고만 있는 것일까? 흠결 없는 삶을 바랄 뿐 불의한 역사를 바로 잡고 의로운 사회를 형성하는 알뜰하고 구체적인 생각과 열정, 실천계획과 전망이 부족하기 때문이다. 왜 구체적인 생각과 열정, 실천계획과 전망이 우리에게 부족한가? 주체와 전체와 진화에 대한 깊고 확고한 철학이 없기 때문이다. 하늘이 무너지고 땅이 꺼져도 흔들림 없이 제 길을 가고 제 일을 하는 주체적이고 책임적인 '나'에 대한 철학과 신념이 없다. 나는 나답고 너는 너답고 그는 그다우면서 전체 하나에 이르는 공공성(3인칭 그이, 大公, 하나님)에 대한 깊고 높고 큰 신앙과 철학이 없다. 나의 깊이와 자유에서 전체의 하나 됨에 이르면서 솟아올라 나아가는 생명진화와 역사진보의 역동적인 철학이 없다. 우리말에서 인간의 주체를 나타내는 1인칭 주어와 객관적이고 공적인 '그이'를 나타내는 3인칭이 확립되지 않았다는 것은 생명의 주체와 전체와 진화를 드러내고 실현하는 생명철학이 우리의 의식과 감정 속에서 확립되지 않았다는 것을 시사한다. 주체와 전체와 진화를 실현하는 생명철학은 덕을 기르고 정의를 실현하는 철학이다. 덕을 기르고 정의를 실현하는 민주생명철학이 확립될 때 정의로운 민주의 나라를 이룰 수 있을 것이다.

한국인이 허물, 흠결을 죄로 본 것은 생명진화와 천지인합일의 생명 철학적 관점에서 볼 때 가능성과 한계를 함께 지니고 있다. 죄는 생명과 정신의 깊은 중심과 관련된 것이다. 한국인처럼 죄를 허물과 흠결로 보면 생명과 정신의 깊은 중심과 근원에 이르지 못하고 표면적이고 피상적인 삶과 의식에 머물 수 있다. 다행히 한국인의 언어와 의식은 허물, 흠결을 죄로 보는 데서 시작하여 옳고 그름, 올바름, 알참과 거짓에서 보듯이 올곧음과 바름을 추구하고 생명과 정신의 중심과 알짬으로 나아갔다. 허물과 흠결을 드러내면서도 정직함을 추구하는 정신이 한국역사와 문화 속에 살아 있다. '조선왕조실록'은 400년 넘게 왕들의 언행을 정직하게 기록했고 왕들과 고관들의 초상화는 실제 얼굴 모습을 있는 그대로 혹은 혹대로 곰보는 곰보대로 사시는 사시대로 그렸다. <승정원일기>에는 '터럭 하나도 다르게 그리면 다른 사람이 된다.'는 기록이 있다. "높은 신분이라고 미화하지 않고, 있는 그대로 올곧게 표현한 강직함의 근원이 선비정신이다. 중국, 일본 혹은 서방 세계 어디서든 찾기 어려운 '정직함'을 추구하는 DNA가 한국인에게 내재돼 있다."[8] 권력자의 허물과 흠결을 드러내면서 진실과 진상을 밝히는 한민족의 강직한 정신은 인성의 주체와 전체를 온전히 실현하고 완성할 힘과 용기가 있음을 보여 준다.

---

8) 이성낙 가천의대 명예총장 인터뷰 "왕의 이마 혹까지 그리는 정직성, 한국인의 자랑스러운 DNA죠" 배현정 기자, 〈한경비즈니스〉 2017. 7,28.

한국인은 생명과 정신을 깊이에서 곧고 바르게, 알차고 옹글게 실현할 수 있는 가능성과 준비가 되어 있다. 허물을 죄로 보고 옳고 그름, 알참과 거짓을 구분하고, 올바름과 알참을 추구한 한국인은 주체와 전체와 진화를 실현하고 완성하는, 덕을 기르고 정의를 이루는 생명철학을 모색하고 탐구해왔다고 생각한다. 생명철학을 확립하지 못하면 한국인의 의식과 삶은 실현되고 완성될 수 없다. 생명철학이 없으면 생명과 정신의 주체와 전체를 실현하는 정의를 이룰 수 없고 정의를 이루는 덕을 기르고 쌓을 수 없다. 생명과 정신의 속 알을 실현하는 큰 덕이 없으면 한국인의 의식은 표면적이고 피상적인 감정과 생각에 머물 것이다. 한국인의 의식이 몸의 거죽, 허물과 흠결에 머물지 않고 얼과 혼의 자유롭고 책임적인 주체에서 올바른 전체에 이르려면 생명진화와 천지인합일의 생명철학을 확립하고, 주체와 전체의 일치와 몸, 맘, 얼의 통일을 추구하고 실현하는 민주영성철학에 이르러야 한다. 땅의 물질에서 하늘의 영에 이르는 깊고 확고한 민주정신과 생명철학을 확립하여 주체와 전체와 진화에 관한 확고한 사상과 신념을 가질 때 불의한 역사를 바로잡고 정의로운 사회를 형성할 수 있다. 허물, 올바름, 거죽, 알참, 한, 하늘이란 말속에 담긴 한국인의 의식과 감정에는 인간과 생명, 역사와 사회를 온전히 실현하고 완성할 생명교육철학의 실마리가 주어져 있다. 그러나 주체와 전체와 진화(진보)를 온전히 실현하고 완성하는 생명철학에는 이르지 못했다. 나는 나답고 너는 너다우면서 전체의 하나 됨에 이르고, 솟아올라 앞으로 나아감으로써 생명과 인간의 진화, 역사와 사회의 진보를 이루어야 한다.

하늘을 우러러 한 점 부끄러움이 없는 삶을 동경했던 한국인이 인류를 위해 형성한 덕은 두 가지다. 첫째 '한'(하늘, 하나님)을 품고 살아온 한민족이 길러낸 덕은 '큰 하나 됨'에 이르는 공감과 배려, 인정(人情)과 헌신의 덕이다. 하늘을 우러러 크게 하나로 되려고 하는 한국인의 이러한 덕은 교감의 언어를 통해 더욱 깊고 풍부해졌다. 나라가 위태로우면 의병들이 전국에서 일어나고 경제위기가 닥치면 많은 국민들이 금반지를 내어놓고 바닷가가 기름에 오염되었을 때는 백 만 명의 시민들이 몰려들어 기름때를 닦아냈다. 둘째 오랜 역사를 통해 한국인이 닦아낸 덕은 허물이 없고 떳떳한 삶을 이루어내는 올바름과 알참의 덕이다. 하늘의 밝고 떳떳한 삶을 그리워 한 한민족은 정의롭고 정직한 올바름과 알차고 실속 있는 삶을 추구했다. 하늘을 우러러 떳떳한 삶을 살려면 정직하고 정의로운 올바름의 덕을 길러야 하고 알차고 실속 있는 알참의 덕을 길러야 한다. 아쉽고 부족한 점이 많지만 어려운 사회 여건과 시대 상황 속에서 한민족은 동학혁명, 삼일혁명, 419혁명, 70년대 민주화운동, 518민중혁명, 6월 시민민주항쟁, 민주정부, 촛불시위를 통해 민주화의 길을 걸어왔다. 민주화의 길을 걸어온 것은 하늘을 우러러 떳떳한 정의롭고 정직한 올바름의 덕을 길러온 것이다. 자본과 기술과 자원이 없는 나라가 군사독재의 억압 속에서도 산업기술 강국으로 우뚝 설 수 있었던 것은 가난과 역경 속에서 알뜰하고 실속 있는 삶을 추구하고 이루어내는 알참의 덕을 길러온 것이다. 정직하고 정의로운 올바른 사람만이 떳떳하고 당당한 나라를 이룰 수 있고 알뜰하고 실속 있는 알찬 사람만이 부끄러움 없는 온전한 삶을 살 수 있다.

2) 중국인이 본 죄, 도덕, 정의

중국의 죄(罪): 법망에 걸림

중국에서 죄(罪)는 그물을 나타내는 罒 아래 '아니'라는 부정의 뜻을 나타내는 非를 쓴 글자로서 '해서는 안 되는 짓을 저질러 법의 그물에 걸린 것'을 나타낸다. 본래 죄를 나타내는 글자는 辠인데 '스스로 맵게 괴롭게 한다'는 뜻을 가진 글자다. 죄는 스스로 괴로움을 자초한 것이다. 죄의 뜻으로 널리 쓰인 罪는 몰래 어리석은 못된 짓을 저질러서 법의 그물에 걸린 것이다. 중국에서 죄는 스스로 괴로움을 자초한 것이며 해서는 안 될 짓을 저질러 법의 그물에 걸린 것이다. 중국의 죄라는 말에는 잘못을 저지른 사람에 대한 비판과 반성이 들어 있으며 법의 그물 법질서와 체제에 대한 존중이 담겨 있다. 법질서는 존중하고 지켜야 할 것이며 법질서를 어기는 인간의 행위는 그릇되고 처벌 받아 마땅하다는 생각이 전제 되어 있다.

인간의 자기반성과 법질서에 대한 존중은 천지자연의 질서에 근거해서 국가를 이루고 살아가는 농업 중심적 사회질서를 반영한다. 농업 중심의 사회는 하늘과 땅의 자연 질서에 근거해서 형성된 사회이며 이 사회의 법적 질서는 천지의 자연 질서에 바탕을 둔 것이다. 법의 그물, 법망(法網)은 농본적(農本的) 자연질서에 근거한 것이며 농본적 자연 질서는 천도(天道)에 근거를 둔 것이다. 하늘 길 천도(天道)는 이치에 맞는 떳떳하고 밝은 길이며 누구나 따르고 지켜야 할 길이고 도리다. 법질서와 자연 질서와 천도를 일치시킨 중국인에게 법과 질서는 생명과 정신을 실현하고 완성하는 밝고 떳떳한 하늘의 길이며 인간은 마땅히 하늘의 길에 맞는 삶을 살아야 한다.

중국의 대표적 사상: 유교, 도교, 묵자사상

자연 질서와 천도에 바탕을 두고 인간의 삶과 사회질서를 형성하려고 했던 중국의 대표적 전통사상은 유교, 도교, 묵자사상이다. 유교를 창시한 공자는 주나라의 질서와 체제를 확립한 주공(周公)을 이상적인 인물로 받들었다. 주공은 황제는 아니지만 황제의 심정과 처지에서 주나라를 바로 세우고 다스린 인물이다. 유교에 따르면 황제는 천자(天子)이며 하늘의 심정과 처지에서 다스리는 이였다. 하늘의 심정과 처지에서 다스린 황제는 성인(聖人)이었다. 군자는 지식인과 신하로서 황제를 도와서 민을 다스리는 이였다. 유교는 천도와 천리가 사람의 본성 속에 있다고 보고 사람의 본성과 심성을 천도와 직결하고 동일시하였다. 그러나 인간의 본성과 심성을 바탕으로 세상에 천도와 천리를 구현하는 일의 중심에는 황제가 있었다. 천자(天子)인 황제는 인간의 본성과 심성에 있는 천도와 천리를 현실 속에 실현하는 이였다. 유교의 가르침을 생각하고 실천하는 자리는 황제의 심정과 처지였고 황제가 다스리는 세상의 현실적 질서와 체제였다. 유교는 고대의 황제 요순을 이상화하는 도덕적인 왕도정치를 지향했다. 자연만물과 생명과 인간을 낳고 살리는 하늘의 덕인 인(仁)과 사람의 본성 속에 있는 인(仁)은 생의 주체와 전체를 살리는 것이지만 황제가 다스리는 봉건질서 속에서 실현된 인은 매우 제한되고 편협한 것이었다. 그것은 임금과 신하, 부모와 자식, 형과 아우, 스승과 제자, 상급자와 하급자의 상하질서에 속에서 제한적으로 실현된 윤리와 덕이었다. 유교에서 민의 맘을 하늘의 맘과 동일시하고 민을 돌보고 보호할 대상으로 존중하는 민본(民本)사상을 내세웠으나 민은 정치의 주체가 되지 못하고 대상으로 머물렀다. 정치의 주체는 천자였다. 천자가 다스리는 국가체제 속에서 유교가 실현하려고 했던 인과 의는 보편적이고 전체적인 덕과 윤리가 아니라 봉건적 관계와 질서 속에서 형성된 특수한 덕과 윤리였다. 황제의 심정을 하늘의 심정과 동일시하고 인간의 본성과 맘을 천도와 천리와 일치시키는 유교의 가르침은 이상적이지만 추상적이고 비현실적이었다. 현실에서 황제의 심정은 하늘의 심정과 달랐고 인간의 본성도 천도, 천리와 일치한다고 볼 수 없었다.

도교는 유교의 인위적이고 제한된 윤리정치사상을 비판하고 자연의 자리에서 천도와 천리를 생각하고 인생을 논하였다. 인간의 몸을 포함한 자연생명세계는 황제와 신하들이 다스리는 질서보다 훨씬 크고 자유로운 세계였다. 노자와 장자는 인간의 몸과 자연생명세계의 자연스럽고 제약 없는 자유를 추구하였다. 도교에서 추구한 자연세계의 자유는 봉건왕조사회의 제약과 속박과 인위적인 도덕에서 벗어난 자유였다. 그러나 도교가 지향한 무위자연(無爲自然)의 사상은 유교의 모자라고 부족한 부분을 채워주는 보완적인 사상일 뿐 유교를 대체할 사상은 되지 못하였다. 자연에 순응하고 자연을 따르는 도교의 사상은 인간의 개성과 창의를 일깨우는 사상이 되지 못했고 역사와 사회를 새롭게 창조하고 혁신할 사상은 될 수 없었다. 그러나 도교는 유교와 함께 유교의 뒷전에서 중국의 전통사상으로서 연면히 살아남을 수 있었다.

묵자가 창시한 묵가사상은 천도와 천리, 인과 의를 하늘의 자리에서 보편적이고 전체적으로 생각하였으며 천자의 심정과 처지가 아니라 민의 심정과 처지에서 생각하고 실천하였다. 묵자는 유교의 형식적이고 번잡한 사상과 체계를 버리고 검소하고 알뜰하게 실질적으로 생각하고 실천하였다. 유교의 인의(仁義)가 군신(君臣), 부자(父子), 형제(兄弟) 사이의 편협한 윤리도덕이라면 묵자의 윤리는 나와 남, 가까운 이와 먼 이를 함께 사랑하는 겸애(兼愛)를 주장하였다. 인(仁)이란 말 대신에 애(愛)를 쓴 것은 그의 사상과 도덕이 추상적 원리가 아니라 민의 경험적 실천을 지향했음을 나타낸다. 애(愛)는 인간의 주관적 감정이 담긴 경험적 사랑이다. 또한 묵자는 서로 이롭게 하는 교리(交利)를 강조했다. 묵자의 도덕은 유교의 추상적이고 관념적인 도덕이 아니라 구체적으로 사랑하고 이익을 주는 도덕이다. 묵자에게서 서로 사랑하고 서로 이롭게 하는 겸애교리의 주체는 민을 포함한 만인이다. 만인을 대표하는 것은 민이므로 민이 겸애교리의 실천적 주체다. 황제(천자)의 심정과 처지에서 생각하고 실천했던 공자에 비해서 민의 심정과 처지에서 생각하고 행동한 묵자는 혁신적이고 진보적이다. 그러나 묵자도 민을 정치와 체제의 주체로 보는 민주적 사상에 이르지는 못했다. 사람의 생각과 뜻이 사람마다 다르므로 사람은 상급자의 생각과 뜻을 따라야 한다고 보았다. 겸애교리의 사상이 실현되기 위해서는 지혜로운 사람이 천자가 되어 다스려야 한다고 생각하였다.

이것은 묵자가 당시 봉건지배질서의 현실에 타협하고 절충한 것으로 이해된다. 이런 타협과 절충으로 묵자의 사상은 논리적 실천적 모순을 지니게 되었다. 묵자는 보편적인 사랑과 이익을 추구했으나 정치적 위계질서를 더욱 강화하였다. 이것은 자기모순이다. 겸애교리의 실천적 주체인 민이 정치적으로는 상급자와 통치자, 지도자를 추종하는 존재로 머물러야 한다. 묵가집단이 상명하복의 엄격한 기율과 기풍을 가진 것은 이런 정치사상을 바탕에 두었기 때문이다. 겸애교리의 실천적 주체인 민이 정치적으로는 자신의 생각과 판단과 행동의 주체가 되지 못하고 추종자로 머문다는 것은 논리적으로나 실천적으로 모순이다. 모든 사람을 차별 없이 사랑하고 서로 이롭게 하라는 겸애교리사상은 민을 사상적 실천의 주체로 제시했으나 민 자신을 정치의 주체로 세우지 못하였다. 그가 "남을 돌보기를 나를 돌보는 것과 같이 하라!"(爲彼猶爲己)고 한 것은 나를 사랑하고 이롭게 하듯이 남을 사랑하고 이롭게 하라는 말이다. 남을 사랑하고 물질적으로 이롭게 하려면 '나'의 희생과 헌신이 요구된다. 남을 사랑하고 물질적으로 이롭게 하려고 희생하고 헌신하는 '나'가 어떻게 가능한가? 이러한 '나'가 존재하려면 '나'에 대한 훈련과 준비, 사랑과 존중이 요구된다. 묵자는 '나'에 대한 사랑과 존중을 자명하게 전제하지만, 나를 사랑하고 존중하는 일은 결코 자명하지도 않고 쉬운 일도 아니다. 주어진 본능과 감정에 따라 자기중심으로 이기적으로 자기를 사랑하며 사는 것은 큰 노력이나 훈련이 필요하지 않을 수 있다. 그러나 이타적으로 남을 사랑하고 이롭게 하려면 자신을 희생하고 헌신하지 않으면 안 된다. 남을 위해 자신을 희생하고 헌신하려면 나 자신의 본성과 감정이 새롭게 변화되어야 한다. 나와 남에 대한 책임을 가지고 주체로서 살려면 나를 개혁하고 변화시켜서 나를 책임적 주체로 바로 세워야 한다. 사람의 본성 속에는 이기적인 본능과 감정이 강력하게 살아 있다. 남을 사랑하고 이롭게 하려면 자아를 개혁하고 새롭게 변화시켜야 한다. 자아를 개혁하고 혁신하여 새롭게 다시 태어난 사람만이 자신을 참되게 사랑하고 존중할 수 있다. 먼저 자신을 사랑하고 존중하는 사람만이 남을 사랑하고 이롭게 할 수 있다. 자아개혁과 혁신이 없는 묵자의 겸애교리사상은 지나치게 이상적이다. 묵자의 사상은 유교의 대안적 사상이 될 수 있었으나 유교에 밀려서 지난 2천년 동안 잊혀 졌다가 20세기에 새롭게 발견되고 평가되었다. 민의 심정과 처지서 생각하고 행동한 묵가의 사상은 통치자와 통치 집단에게 받아들여지기 어려웠다. 전국시대의 혼란기에는 묵가들의 활동공간이 있었으나 천하를 통일한 안정된 제국이 수립된 다음에는 묵가들의 사상과 활동이 용납되기 어려웠다. 또한 겸애교리의 실천주체로서의 민이 정치적 추종자로 머물러야 하는 논리적 실천적 모순 때문에 그리고 겸애교리의 높은 이념과 원리를 평범한 사람들이 받아들여 실천하기 어려웠기 때문에 묵가의 사상은 널리 오래 받아들여지기 어려웠다.

중국인의 도덕: 천도와 인성과 덕

유교사상을 중심으로 천도와 인성과 덕을 살펴보자. 중국인은 천지만물과 생명의 근본원리와 실재를 도(道)로 표현하였다. 도(道)는 목적지에 이르는 수단과 방법이면서 목적지로 이끌어주고 목적지에 닿아 있다. 도는 목적에 이르는 길(수단, 방법)이면서 목적이다. 길을 존재와 생명의 근본원리와 실재로 파악한 것은 중국인의 실용적이고 낙관적 자세를 드러낸다. 존재와 생명의 원리와 목적, 실재와 논리, 진리 자체를 탐구하지 않고 목적과 진리에 이르는 과정과 방법인 길을 찾고 그 길을 삶과 생각의 중심에 놓은 것은 추상적이고 사변적인 논의에 빠지지 않고 구체적인 길과 과정을 찾는 실용적 자세를 보여주고 길을 찾으면 목적에 이를 수 있다는 낙관적 신뢰를 드러낸다.

자기를 반성하고 법망을 존중한 중국인은 법을 잘 지키며 살 수 있는 힘과 길을 찾았다. 하늘과 땅의 자연생명질서를 반영한 법도는 천도에 이르고 천도와 천리는 사람의 맘속에 본성과 이치로 있다. 사람의 본성과 맘은 하늘 천도와 천리를 지닌 것이고 사람은 본성적으로 법도를 지키고 조화롭게 온전히 살 수 있는 존재다. 사람과 하늘은 맞닿아 있고 하늘과 사람 사이에 나라와 세상이 있다. 구체적이고 제한된 현실의 세상(국가사회)에서 하늘의 도리를 따라서 사람은 본성에 맞게 살아야 한다.

하늘의 길(天道)을 품은 사람의 본성과 마음을 탐구하는 것이 중국의 종교이고 철학이다. 하늘과 땅은 생명을 낳고 기르고 살리고 키우는 힘과 슬기를 지녔다. 하늘과 땅(天地)은 천지만물과 뭇 생명의 부모와 같다. 땅은 하늘을 따르는 것이고 하늘은 생명을 낳고 살리고 기르는 덕을 가졌다. 하늘의 도는 생명을 낳고 기르고 살리고 키우는 도와 이치다. 생명을 낳고 살리는 하늘의 길과 이치가 인(仁)이며 하늘의 뜻과 명령(天命)이다. 인간의 본성은 하늘의 명령을 받은 것이다. 생명을 낳고 살리고 기르는 하늘의 뜻과 명령, 다시 말해 생명을 사랑하고 살리는 덕인 인(仁)을 인간은 부여받은 것이다. 천도는 생명을 낳고 기르고 살리는 길이고 이치이며 힘이고 슬기다. 그 길과 이치가 사람 속에 들어 있다. 그것이 인간의 기본 덕인 인(仁)이다. 인(仁)은 주체성의 진리이면서 전체성의 진리다. 하늘과 땅의 덕인 인은 차별없이 자연만물과 생명과 인간을 낳고 먹이고 기르고 살리는 힘과 슬기다. 하나하나를 주체로 살리고 세우고 스스로 살게 한다는 점에서 주체의 진리이고 차별 없이 모든 생명을 낳고 살린다는 점에서 전체의 진리다. 그것이 하늘과 땅의 덕이라는 점에서 보편적인 전체의 진리이고 인간의 본성과 맘속에 있는 덕이라는 점에서 주체적인 진리다.

본성은 천명(天命)이다:

천명지위성(天命之謂性), 솔성지위도(率性之謂道), 수도지위교(修道之謂敎)(中庸)

생명을 살리는 도와 덕을 추구한 중국인의 사유는 비논리적이고 실천적이며 실용적이다. 중국인의 언어는 논리적으로 명쾌하지 않고 직관적이어서 해석의 다양성과 임의성이 허용된다. 이것은 그리스어와 라틴어가 논리적으로 명석하고 명쾌한 구조를 지니고 있는 것과 대조를 이룬다. 그리스어와 라틴어는 논리적이고 분석적이어서 다양하고 임의적인 해석의 여지가 적다. 중국어는 문장구조가 엄격하지 않고 상황과 의지에 따라서 다양하게 변경될 수 있다. 따라서 중국어는 다양하고 임의적인 해석의 여지가 있다. 중국어의 이런 성격은 수단과 목적, 물질과 정신, 인간과 하늘을 아우를 수 있는 생명의 도(道)

에 대한 통합적이고 융통성 있는 사유를 허락한다.

생명을 살리고 기르는 도는 수단이고 목적이다. 도는 멀리 있지 않고 가까이 있다. 생명의 길은 언제나 내 본성 속에 있고 지금 여기 내게서 시작된다. 길은 내 속에 있고 또 하늘에 있다. 중용에 따르면 하늘이 명한 것 천명(天命)이 인간의 본성이다. 본성을 따르는 것이 길(道)이다. 길을 닦아나가는 것이 가르침(敎)이다. 하늘의 뜻과 명령, 길과 이치가 바로 인간의 본성이고 인간의 본성을 따르는 것이 인간이 마땅히 가야할 길이고 그 길을 닦고 그 길로 나아가는 것이 가르침이다. 하늘의 도리(道理, 뜻과 명령, 길과 이치)와 인간의 본성이 일치한다. 인간의 본성을 따라 사는 것이 하늘의 도리일 뿐 아니라 인간의 마땅한 도리이고 인간의 본성을 닦고 길을 열어가는 것이 교육이다. 인간은 하늘 길을 가라는 명령을 받은 존재이고 하늘 길을 가는 것이 인간의 본성이다. 인간은 인간의 본성 안에서 열린 하늘의 길을 가야 한다. 인간의 갈 길은 '내'게서 하늘로 나 있다. 인간의 길은 하늘의 길이다.

본성(本性)과 중용(中庸)

인간의 본성은 하늘이 명한 것이며 하늘의 도와 이치에 따라 생겨난 것이다. 본성은 하늘의 명령과 뜻, 법도와 이치를 드러내는 것이다. 하늘에서 타고난 인간의 본연지성(本然之性)은 천성(天性)이다. 인성은 하늘의 뜻과 명령, 법도와 이치와 직결되어 있다. 중(中)은 욕망과 감정이 일어나지 않은, 하늘로부터 타고난 본연지성의 상태다. 용(庸)

은 늘 변함없이 중의 상태에서 본연지성, 천성이 쓰이는 것이다. 중화(中和)는 감정이 일어나도 고르게 조율되고 조화를 이루어서 마치 감정이 일어나지 않은 것처럼 중의 상태인 본연지성을 지키는 것이다. 이것은 그리스철학에서 말하는 중용과는 다르다. 그리스철학의 중용은 때와 상황에 따라서 현실에 적합하게 삶과 일과 사람에게 알맞은 것이다. 용기는 비겁과 만용의 중용이고 절약은 인색과 낭비의 중용이다. 여기서 중용은 주어진 조건과 현실에 알맞은 적합한 것이다. 중용은 극단을 배제한 절충(折衷)의 성격을 가진다. 유교에서도 때와 장소에 따라 시의(時宜) 적절하게 행동하는 시중(時中)을 말하지만 유교의 중용은 근본적으로 하늘의 명령과 뜻, 법도와 이치에 충실하고 알맞은 것이다. 그리스철학의 중용은 땅의 물질적 조건과 상황에 충실하고 적합한 행동을 추구하고 현실의 조건과 상황에 맞는 합리적 선택을 강조한다. 유교의 중용은 하늘의 법도와 뜻에 충실하고 적합하고 곧은 맘가짐과 행동을 뜻한다. 유교의 중용은 적절하고 알맞은 맘가짐과 태도로써 이지러짐 없이 곧고 떳떳하고 온전한 하늘의 도리를 드러낸다. 그리스철학과 유교의 중용은 지나치거나 치우침이 없는 생각과 행동을 추구한다는 점에서 일치한다. 그러나 그리스철학의 중용이 현실의 조건과 상황에 맞는 합리적이고 효율적인 선택과 행동을 강조하는데 반하여 유교의 중용은 하늘의 도리와 인간의 본성에 충실한 곧은 맘가짐과 태도를 강조한다.

도(道)와 중화(中和)

천도에 맞는 떳떳하고 곧은 마음이 덕(德)이다. 덕은 덕(悳)으로도 쓰는데, 悳은 직심(直心) 곧은 마음이다. 덕은 하늘의 길과 이치에 충실한 맘가짐과 자세이며 하늘의 길과 이치를 밝게 드러내는 능력이다. 하늘의 길과 이치는 밝은 것이며 하늘의 밝은 길과 이치를 밝게 드러내는 덕도 밝은 것이다. 사람다운 사람이 되기 위해서 사람은 밝은 덕을 더욱 밝게 해야 한다. 하늘 길을 가는 사람은 천도 천리에 맞는 밝은 맘의 기운을 길러야 한다. 덕은 중용을 이루는 것이다. 천도와 천리, 천명에 맞는 길을 가는 사람은 지나치거나 치우치거나 모자람이 없이 미묘하고 깊고 조화로운 가운데 길로 가야 한다. 치우치거나 모자람 없이 깊고 미묘하고 조화로운 가운데(中)가 하늘이다. 가운데 길 중도로 가려면 인간의 맘속에서 중용(中庸)을 이루어야 한다. 덕은 맘속에서 중용을 이루어 가운데 길로 갈 수 있는 힘과 지혜다. 중용은 치우치거나 모자람 없이 한결 같음을 뜻한다. 이것은 주관에 치우치거나 어느 한 편에 치우치지 않고 모두 함께 하늘의 길을 갈 수 있는 자리다. 중용에 이르려면 맘속에서 하늘(가운데)을 열고 중절(中節)과 중화(中和)를 이루어야 한다. 중절은 절도(節度)에 맞는 것이고 중화(中和)는 치우치거나 지나침 없이 균형과 조화를 이룬 것이다. 조심조심 서로 자제하고 양보하여 함께 하늘 길로 가기 위해서는 중용과 중화를 이루어야 한다. 유교는 모두 함께 더불어 하늘 길을 갈 수 있는 중용과 중화를 이루자는 가르침이다.

중국인들은 구체적인 삶과 역사의 현실에서 도를 찾고 실현하려고 했다. 생명을 살리고 기르는 도는 모두 함께 하고 모두 아우르는 가운데 길(中道)이며 서로 다르고 대립하는 주체들과 집단들을 화해와 조화로 이끄는 중화다. 중화와 중도로서의 천도는 우주적이고 보편적인 것이면서 구체적인 현실의 제약 속에서 실현되는 실용적이고 실제적인 원리였다. 중국인들은 천도(天道)에 맞는 보편적 인의를 추구했으나 그들의 인의는 군신부자형제의 봉건 질서 속에서 현실적으로 제한되었다.

공자의 중용과 중도

공자는 천도와 천리인 인(仁)이 사람의 본성 속에 있다고 보았다. 그는 하늘의 심정과 천자의 심정과 민의 심정이 근본적으로는 같다는 낙관적인 생각을 가지고 있었다. 천자는 하늘의 길과 이치에 따라서 사람(民)의 본성과 맘속에 깃든 천도에 따라서 천하를 다스려야 한다고 보았던 것이다. 천도와 천리를 중심에 놓은 그의 이런 낙관적이고 이상적인 생각은 현실적이고 신중한 생각에 의해 균형과 조화를 이루고 있다. 이기적인 자아를 극복하고 예로 돌아가는 것이 인(仁)을 이루는 것이다. 공자가 말한 예는 주나라 정치문화의 예법과 질서였다. 봉건질서와 체제의 현실적 제약과 한계 속에서 그는 치우치거나 지나침이 없이 중도와 중용의 길을 가려고 하였다. 오랜 역사를 가진 중국의 거대한 천하를 바로 세우려는 큰 뜻을 품은 공자는 흔들리거나 변덕스럽지 않으면서 미묘한 균형과 심오한 중심을 가진 정신과 자세를 추구하고 실현하였다.

그가 온고지신(溫故知新)을 말한 것은 과거와 현재의 균형과 중심을 지킨 것이다. 또 그가 "아는 것을 알고 모르는 것을 몰라야 참으로 안다고 할 수 있다."고 한 것은 앎과 모름(신비)의 균형과 중심을 잡은 것이다. 그가 목숨을 아끼지 않고 진리를 탐구하고 실천하려고 하면서도 죽음이나 귀신에 대하여 말하는 것을 삼간 것도 치우치거나 지나침이 없는 현실적이고 신중한 삶의 자세를 드러낸다. 그가 가난한 삶을 부끄러워하지 않으면서 부유한 삶을 배척하지 않은 것도 미묘한 균형과 중용적인 삶을 지향한 것이다. 그는 지나치게 교만하지도 않았고 지나치게 자기를 비하하지도 않았다. 미묘한 균형과 중심을 지킨 그는 당당하고 떳떳한 자세로 지극 정성을 다하여 살았던 사람이다. 그가 "군자라야 궁할 수 있다."고 한 것은 실패와 역경과 곤궁 속에서도 천도와 천리에 대한 신념을 잃지 않고 꿋꿋이 살았던 그의 기개와 정신을 말해 준다. 그의 이런 자세는 배우는 것을 좋아하여 쉬지 않고 공부했다는 데서 알 수 있다. 배운다는 것은 교만하지 않고 겸허한 것을 나타내고 좌절하거나 절망하지 않고 뜻을 가지고 계속 나아간다는 것을 뜻한다. 그는 하늘 맘을 가지고 지나치거나 모자람 없이 비뚤어지거나 기울어짐 없이 가운데 길로 갔던 이다. 맹인이 방문했을 때 그가 "문지방이요, 마루요"하고 길 안내를 했다는 것은 맹인의 심정과 처지에서 맹인을 배려한 것이다. 이것은 그가 남의 심정과 처지를 헤아릴 줄 알았으며, 가난하고 힘없는 사람을 겸허와 정성으로 대했다는 것을 보여준다. 그는 자신의 사상을 한 마디로 충서(忠恕)라고 하였는데 충서(忠恕)에서 충(忠)은 '가운데 맘'이며 지극 정성을 다하는 것을 뜻하고 서(恕)는 같은 맘, 한결 같은 맘으로 용서하고 받아들임을 뜻한다. 공자는 지극정성을 다 하는 중심을 가지고 한결같은 맘으로 두루 받아들이고 아우르는 하늘의 길 중도(中道)를 갔다. 공자는 중국인들을 과거와 현재가 조화를 이루고 천자와 군자와 민이 서로 공존과 조화를 이루는 중화(中和)의 세계로 이끌었다. 그리하여 공자의 정신과 사상은 중국인들에게 가장 오래 깊은 영향을 주고 중국을 지탱하고 이끌어왔다.

공자의 정신과 사상은 지난 2천년 동안 한중일 동아시아의 사상과 정신을 이끌었다. 그러나 공자의 사유와 실천의 틀은 21세기 민주적이고 과학적이며 세계적인 시대의 사유와 실천의 틀로서 적합하지 않다. 공자에게는 민주적인 생각이 부족하고 지구적인 전망이 부족하며 미래의 진화와 진보, 혁신과 변혁에 대한 진취적인 정신과 창의적이고 개신적(開新的)인 자세가 부족하다. 그의 사상과 정신은 천자가 다스리는 봉건체제와 질서에 속박되어 있었고 미래보다는 과거에 관심을 기울이고 살았다. 그의 정신과 사상은 깊고 풍부하며 보편적 진리를 담고 있지만 봉건적 신분질서와 가치체계에 매여 있다. 동아시아인들은 공자의 사상과 정신의 품에서 벗어나 민주적 주체와 지구(우주)적 전체와 역사와 사회의 진화(진보)를 구현할 새로운 사상과 정신의 틀을 마련해야 한다.

덕과 정의의 통합: 인의(仁義)

하늘의 도를 중심으로 생각한 중국에서는 사욕에 따라 도를 어기고 도에서 벗어나는 것이 죄다. 사욕을 극복함으로써 도를 회복하고 보존하는 맘가짐과 자세가 덕이다. 맘속에서나 사회관계와 질서 속에서 도를 충실히 지키고 실현하는 것이 정의다. 도를 중심으로 죄와 덕과 정의가 뗄 수 없이 결합되어 있다. 공자는 안회에게 "극기복례(克己復禮)가 인하는 것(爲仁)"이라고 하였다. 극기는 사욕을 극복, 제거하는 일이요, 복례는 천리(天理)를 회복, 보존하는 일이다. 인(仁)은 사욕을 극복하고 제거하여 천리를 회복하고 보존하는 것이다. 인은 덕의 근본이다. 불인(不仁)은 죄이고 불의(不義)다. 맹자는 측은지심(惻隱之心)을 인(仁)의 실마리로 수오지심(羞惡之心)을 의(義)의 실마리로 보았다. 측은지심은 가여운 사람을 불쌍히 여기는 맘이고 수오지심은 나의 옳지 못함을 부끄럽게 여기고 남의 착하지 못함을 미워하는 맘이다. 옳지 못한 것은 하늘의 떳떳한 길과 이치에 어긋난 것이고 착하지 못한 것은 하늘의 떳떳한 길과 이치를 따르지 못한 것을 뜻한다.

맹자는 왕에게 "죄 없는 사람을 하나라도 죽이는 것은 인(仁)이 아니며 제 것이 아닌데 취하는 것은 의(義)가 아니다."라고 말했다. 남의 생명을 사랑하는 것이 인이고 남의 것을 존중하는 것이 의라는 말이다. 맹자는 왕과 천자(天子)도 하늘의 떳떳한 길과 이치를 지킬 때 왕과 천자가 될 수 있다고 보았다. 하늘과 땅은 자연만물과 생명과 인간을 낳고 기르고 살리는 어버이 같은 존재다. 땅을 주재하는 것은 하늘이므로 하늘은 천지의 도리를 나타낸다. 생명을 낳고 기르는 하늘의 심정은 어진 것(仁)이고 그 어진 맘과 뜻을 따르고 지키는 것이 의(義)다. 하늘과 땅 사이에 사는 모든 인간은 인의(仁義)의 길을 가야 한다. 만일 천자가 천심과 천도, 인의를 버리고 사욕에 따라 말하고 행동한다면 그는 스스로 천자의 심정과 자리를 버린 것이다. 인의를 버리고 사욕에 따라 행동하는 황제는 천자가 아니라 일개 도적이고 강도일 뿐이다. 따라서 의롭지 못한 천자를 벌하고 제거하는 것은 하늘의 길과 이치에 비추어 마땅하고 떳떳하고 의로운 일이다. 그래서 맹자는 역성(易姓)혁명을 주장하였다. 민심(民心)과 천심(天心)을 동일시한 그는 민심을 거스른 천자는 천심을 거스른 것이고 따라서 천자의 자격과 지위를 잃은 것으로 보았다. 그가 민심을 천심이라 하고 민이 나라의 근본이라고 했으나 민을 나라와 나라 다스리는 일의 주체로 보지는 못했다. 그는 민본애민(民本愛民)을 강조했지만 민주(民主)를 말하지는 못했다. 훗날 중국의 사상가 양계초는 민을 정치의 대상으로 본 맹자의 민본사상이 민을 가축처럼 기르는 것이라고 비판하였다.

맹자는 친친(親親)을 인(仁)이라 하고 경장(敬長)을 의(義)라고 했다. 친친(親親)은 피붙이 사이에 오고가는 사랑이다. 낳고 기른 어버이의 사랑에 바탕을 두고 자식이 어버이를 사랑하는 것이고 형제와 자매가 서로 사랑하는 것이다. 가장 가까운 이를 소중히 하고 사랑하는 것이 친(親)이다. 가까운 가족의 사랑이 도타울 때 멀리 있는 남을 사랑하는 힘과 지혜가 생긴다. 경장은 나이 든 이를 공경하는 것이다. 위, 아래를 구별하여 장유유서(長幼有序)의 질서를 지키는 것이 혼란과 무질서에 빠지지 않는 것이다. 맹자의 이런 생각은 시대적 한계를 드러낸다. 가족이 무너지는 시대에 가까운 가족의 사랑에 바탕을 두고 사회질서를 세운다는 것은 지나치게 소박할 뿐 아니라 시대착오적이기도 하다. 또한 나이든 사람을 윗사람으로 섬기고 받드는 것도 소박한 혈연적 마을공동체에서나 통용될 수 있는 것이다. 그것은 창의적이고 역동적인 변화를 추구하는 현대사회에서는 지나치게 소박하고 단순한 낡은 윤리에 지나지 않는다.

인과 의를 이루는 천도의 실천: 격물치지 성의정심 수신제가 치국평천하

사람들이 사욕을 따르면 도를 잃고 혼란에 빠진다. 유교경전 『대학』(大學)은 사욕(죄악)과 혼란을 극복하고 천자와 군자와 민이 어질고 의로운 세상을 이루는 길을 제시한다. 격물치지(格物致知) 성의정심(誠意正心) 수신제가(修身齊家) 치국평천하(治國平天下). 사물을 탐구하여 지극한 앎에 이르고 뜻을 참되게 하고 맘을 바르게 하며 몸을 닦고 가정을 가지런히 하여 나라를 다스리고 세상을 평안하게 한다는 것이다. 이것은 유가에서 인의를 실현하는 논리와 절차이며 방식이다. 주희와 육상산과 왕양명은 격물치지에 대한 논의에 집중하였다. 격물치지와 관련해서 주희는 사물 하나하나를 탐구하여 사물 하나하나 속에 있는 이치를 제대로 알면 뜻을 참되게 하고 맘을 바르게 해서 옳은 삶을 살 수 있다고 보았다. 육상산과 왕양명은 우주만물의 이(理)는 하나의 이이고 이는 사람의 맘속에 있는 것이므로 맘속에 있는 이를 깨쳐서 알면 그 이치에 따라 바른 행동을 할 수 있다고 보았다. 주희는 사물을 탐구할 뿐 아니라 성현의 맘이 담긴 경전을 탐구하여 사물의 이치와 성현의 맘을 통해 앎과 맘을 온전하게 하여 바른 삶을 살 수 있다고 보았다. 이에 대하여 육상산과 왕양명은 사물 하나하나를 탐구하고 경전의 문구를 구절구절 탐구하는 것은 지루한 일이라고 보았다. 우주의 이치와 맘의 이치는 하나이고 성인의 맘과 나의 맘이 하나이므로 나의 맘속에 있는 이치를 깨우치면 참된 이치를 깨닫는 것이고 바르게 실천할 수 있다고 보았다. 왕양명은 육상산의 심학을 계승하고 발전시켰다. 그는 배우지 않고도 옳고 그름을 알고 실행할 수 있는 양지양능(良知良能)이 맘속에 있으므로 양지를 온전히 발휘하면 온전한 앎과 실천에 이를 수 있다고 보았다.

맘의 세계는 감성과 지성의 세계다. 만일 인간에게 몸과 맘만 있고 맘을 넘어서는 아무 것도 없다면, 그리고 맘의 깨우침으로써 온전히 맘이 몸의 본능과 감정을 초극할 수 있다면 맘공부만 하면 된다고 할 수 있다. 몸과 맘은 긴밀히 결합되어 있다. 몸과 결합된 인간의 맘은 몸의 속박과 제약에서 벗어나기 어렵다. 맘공부를 통해서 몸의 본능과 감정을 온전히 제어하기 어렵다. 또한 인간의 맘은 시대와 사회의 제약과 속박에서도 벗어나기 어렵다. 맘도 완전한 것이 아니다. 그렇다면 주희가 말하듯이 몸을 닦고 사물에 대한 탐구와 경전공부도 하면서 맘을 깨우치는 공부를 하는 것이 현실적일 것이다. 그러나 어렵고 힘들게 살아가는 보통 사람이 언제 사물에 대한 탐구와 경전에 대한 탐구를 하면서 맘공부를 하여 온전한 지식에 이르겠는가? 더욱이 과거의 장막에 싸여 있는 경전이 오늘 살아 있는 사람들을 자유롭게 할 수 있을까? 당장에는 나의 맘에 집중하여 맘에서 이치를 깨닫는 것이 뜻을 바로 세우고 삶을 바르게 사는 지름길이라고 할 수 있다. 그렇지만 인간은 아무리 애를 써도 모든 것을 완전하게 알 수 없다. 감각과 이성의 한계로 인간은 모름의 어둠에서 벗어나기 어렵다. 모름의 어둠 속에 있는 인간이 급변하는 복잡한 현대사회의 원리와 실상을 모른다면 어떻게 사회와 역사의 주인과 주체로 살 수 있겠는가?

민주화 산업화 세계화가 동시에 이루어지는 오늘의 시대에 민이 역사와 사회의 주인과 주체로서 바르게 생각하고 결정하고 행동하려면 어떻게 해야 할까? 민은 역사와 사회의 주체로서 자신을 새롭게 창조하고 갱신할 뿐 아니라 역사와 사회를 새롭게 창조하고 개혁해야 할 존재다. 자신을 새롭게 창조하고 갱신하는 일과 역사와 사회를 새롭게 창조하고 개혁하는 일은 사물과 맘의 이치를 탐구하고 깨닫는 것만으로는 이루어질 수 없다. 그것은 자기를 초월하는 영적 성찰뿐 아니라 하늘의 없음과 빔에서 나오는 창조적 자유를 요구한다. 자신과 역사사회의 창조적 주체로서 민은 주희와 양명의 철학을 넘어서는 민주적이고 영성적인 생명철학을 요구한다. 그러나 주희도 왕양명도 이치를 탐구하는 지성의 노력과 성찰에 머물러 있다. 주희는 사물을 탐구하여 사물의 이치를 온전히 알면 바른 실천에 이른다고 했고 양명은 배우지 않고도 알 수 있는 맘의 양지(良知)를 제대로 쓰면 온전한 앎과 실천에 이를 수 있다고 보았다. 주희와 왕양명이 지성적 노력과 성찰에 머물러 있는 것은 유교경전인 《대학》의 철학적 한계에서 비롯된 것일 수 있다.

《대학》에서는 사물을 탐구하여 이치를 알면 뜻을 참되게 하고 맘을 바르게 하여(誠意正心) 몸의 행실을 닦고 집안을 가지런히 하고 나라를 다스리고 천하를 평안하게 할 수 있다고 하였다. 여기에는 근본적인 비약이 있다. 사물을 탐구하여 이치를 알게 되면 뜻이 참되게 되고 맘이 바르게 되는가? 이것은 너무 낙관적이고 안이한 생각이며, 사상과 논리의 비약이다. 사물의 이치를 탐구해서 사물에 대한 깊고 자세한 지식을 갖게 된다고 해도 사물의 본질과 이치를 아는 것과 사람의 뜻이 참되고 맘이 바르게 되는 것은 다른 문제다. 더 나아가서 몸의 행실을 단련하고 가정을 잘 이끌고 나라를 다스리는 것은 단지 사물의 이치를 아는 것과는 차원이 다른 과제다. 현대인은 과학이 발달하여 우주만물과 자연생명의 본질과 이치를 정밀하고 깊이 알게 되었지만 사람의 뜻이 참되고 맘이 바르게 되는 것 같지 않다. 그래서 왕양명은 격물치지를 사물 자체의 이치를 깨닫는 것이 아니라 맘의 이치를 깨닫고 맘을 바르게 하는 것으로 이해하였다. 이렇게 함으로써 왕양명이 지식과 의지와 실천의 일치에 이르려 한 것은 앎과 실천을 연결하는 주희의 느슨한 생각을 보완하는 것으로 여겨진다. 그러나 맘과 이치를 일치시킨 왕양명의 심즉리학(心卽理學)이 이치를 아는 양지(良知)에 머문 것은 사상적 한계를 드러낸 것으로 생각된다. 맘속에서 우주만물과 맘을 꿰뚫는 이치를 깨닫는다고 해도 지적 능력인 양지만으로는 인간이 자신의 삶과 세상의 혼란을 바로 잡을 수 없다. 지적 능력만으로는 인간이 자신의 삶과 정신의 주체와 전체를 새롭게 할 수 없고 역사와 사회의 주체와 전체를 창조하고 완성할 수 없기 때문이다.

주희와 왕양명은 자연생명세계와 인류역사가 진화발전하고 진보한다는 생각을 가지고 있는 것 갖지 않다. 우주질서는 하늘의 영원한 질서이며 우주의 질서와 이치는 지극히 선한 것이라는 정태적 비역사적 사고를 그들은 가졌던 것으로 보인다. 인간과 자연생명세계, 우주와 만물은 끊임없는 변화 속에서 자기초월과 자기 존재의 탈바꿈, 진화와 진보를 통해 완성을 향해 나아가고 있다. 우주물질과 생명과 인간의 주체와 전체를 새롭게 하려면 몸과 맘을 넘어서는 하늘의 초월적 영적 차원에 대한 논의가 요청된다. 자신을 초월한 하늘의 자유로운 영성적 자리에서 인간은 자신과 나라와 세상을 새롭게 창조할 수 있다. 격물치지에 대해서 깊은 성찰의 시간을 가진 다석 유영모는 하늘의 빈탕한데(없음과 빔)서 사욕과 지식으로부터 해방된 참 나(얼)에 이름으로써 물질과 생명과 정신의 주체와 전체를 실현하고 완성하며 새롭게 하고 고양시키려고 하였다.[9]

인류를 위해 중국인이 닦아낸 덕은 중용의 덕이다. 중용의 덕은 이상과 현실, 인간과 하늘, 물질과 정신, 감정과 이성, 목적과 수단, 과거와 현재 사이에 미묘하고 깊은 조화와 균형을 이루는 중도를 실현하는 덕이다. 비록 봉건질서와 체제의 시대적 현실적 제약 속에서 형성되고 표현되었지만 중용의 덕은 서로 다른 다양한 사람들을 조화와 일치로 이끄는 상생과 공존의 덕이며 현실적이면서 신중하고 깊고 품격 있는 관계를 형성하는 덕이다.

3) 인도인이 본 죄와 덕과 정의

물질의 억압과 속박에서 벗어나 순수한 의식에 이르려 했던 인도 아리아인들은 물질을 더러운 것으로 보고 의식을 깨끗한 것으로 보았다. 이들은 물질의 더러움과 오염을 정화하고 물질과 욕망의 속박에서 벗어나려 했다. 이들은 물질과 의식을 지배하는 확고한 진리(다르마, 법도와 질서)가 있다고 믿었다. 이들에게 정의는 진리, 다르마를 엄

9) 유영모, 『다석강의』 현암사, 2006. 431~2, 445, 446쪽 이하, 458쪽 이하.

정하게 지키고 구현하는 것이다. 정의를 이루는 덕은 두 가지다. 첫째 진리를 실행하고 선업을 쌓는 것이다. 선업을 쌓아 내면에 진리의 힘이 축적되면 선한 결과를 얻을 수 있다. 둘째 물질의 억압과 속박에서 벗어나 내면의 초월적 자유를 통해 다르마를 실현하려 했다. 물질을 더러운 것으로 보았던 이들은 물질의 세계를 변화시켜 새롭게 만들기 보다는 내면의 순수한 의식 속에서 진리를 지키며 초월적인 자유와 해탈을 누리려고 했다. 이들이 추구한 궁극적인 덕은 외부의 물질적 상황과 조건에 흔들리지 않는 초연함(초월적 자유)이다. 내적 초월의 자유를 통해서 법도와 질서(다르마)의 정의를 실현하려고 하였다.

인도 원주민 문명과 힌두문명

5~7천 년 전에 시작된 인도 원주민 문명은 매우 평등하고 자연친화적이며 조화로운 세계관을 가졌다. 인도의 북서쪽 인더스강 계곡에 형성된 인도문명은 고대문명으로는 보기 드물게 평화롭고 평등한 사회를 이룩한 것으로 보인다. 정치나 종교를 위한 큰 건축물이 없으며 큰 성벽을 쌓지 않고 주택의 규모와 크기가 비슷하고 수도와 하수시설이 발달하고 큰 창고와 목욕 시설이 있어서 편리하고 효율적으로 생활할 수 있도록 설계되었다. 이런 사실에서 인도문명사회가 평화롭고 평등한 사회임을 알 수 있다. 인도문명이 남긴 풍만한 몸매의 여신상, 가부좌를 하고 커다란 머리 장식을 한 남신상, 의례와 관련 있음직한 동식물의 문양을 보거나 인도 원주민들이 반인반수(伴人半獸)의 신을 숭배하고 동물을 신화화한 신을 숭배했다는 데서

인도문명이 자연친화적이고 낙관적인 세계관을 가진 것으로 추정된다. 반인반수(伴人半獸)의 신은 사람과 짐승의 공존과 일치를 나타내고 이것은 사람의 정신적 지성과 영성이 신체적 본능이나 감정과 조화와 일치 속에 있음을 시사한다.(Indus Valley Civilization, Wikipedia) 이런 사고에는 몸의 본능과 감정을 부정하고 통제하고 억제하는 관념이 없다. 인도문명의 후예로 여겨지는 드라비다족 원주민인 불가촉천민의 전통 문화에는 본능적 욕망, 쾌락에 대한 억제나 금기가 없다. 오늘날에도 불가촉천민들은 원초적 본능과 욕구의 자유로운 분출을 춤과 노래와 공연으로 나타낸다.

3천 500년 전에 침입한 아리안족이 세운 힌두문명은 로고스 중심적이며 정복·침략적 역사와 문화를 가지고 있었다. 아리안은 유목민으로서 인도유럽어를 사용하는 인종인데 언어와 역사에 비추어 볼 때 유럽의 게르만, 라틴, 그리스인들과 같은 인종이다. 이들의 언어는 주어가 문장을 지배하며 매우 논리적이고 분석적이다. 인칭과 명사와 형용사는 성수격에 따라 변화하는데 성은 남성, 여성, 중성으로 나뉘고 수는 단수, 복수로 나뉘며 격은 주격에서 탈격까지 5격으로 나뉜다. 동사는 시제가 매우 복잡하게 발달했고 능동태와 수동태와 중간태로 구분되어 변화한다. 논리적이고 분석적인 로고스적 사유를 발달시킨 이들은 원주민 문화와 융합했으나 정복적이고 이원론적인 세계관을 확립했고 불평등한 신분질서인 카스트제도를 확립했다.

불교와 힌두교뿐 아니라 요가철학과 관행에 큰 영향을 미친 상키야(數論) 학파의 철학은 수론(數論)에 근거한 이원론 철학을 확립했다.

그것은 정신 푸루샤와 물질 프라크리티를 이원론적으로 대립시키는 철학이다. 순수의식 푸루샤는 수(數)의 세계를 반영하며 물질 프라크리티는 물질과 몸의 세계, 생명의 욕망과 감정의 세계를 나타낸다. 푸루샤는 정태적이고 관조적인데 프라크리티는 능동적이고 변화한다. 이들은 푸루샤의 관점에서 생각하고 판단함으로써 물질과 결합된 세상은 고해(苦海)라는 비관적 세계관에 이르렀다. 힌두문명은 윤회와 업이라는 사상을 갖게 되었는데 윤회라는 생각은 인도 원주민 문명에서 나왔다고 생각된다. 인도문명의 자연친화적 세계관에 비추어 보면 윤회는 인간과 자연생명세계의 순환과 교류를 뜻하고, 자연과 생명에 친화적이고 긍정적인 의미로 사용되었을 것이다. 정복자 아리안족의 힌두문명은 물질과 자연과 생명에 대한 억압적이고 이원론적이며 염세적인 세계관에 따라서 윤회하는 생명세계를 고해(苦海)로 보고 윤회에서 해탈하고 탈출하는 종교체계를 확립한 것으로 생각된다.

본래 '요가'는 '몸동작과 숨과 정신의 결합, 연결'을 뜻했는데 후에 '멍에, 통제 지배'를 뜻하게 되었다. 평등하고 조화로운 사회를 이루고 자연물질과 생명에 대해서 긍정적인 생각을 가졌던 인도문명에서는 요가를 통해서 몸동작과 숨과 정신의 결합과 연결을 추구했다. 그런데 정복적이고 신분차별적인 사회를 이룩하고 물질과 생명에 대해 부정적이고 비관적인 생각을 가졌던 아리안족의 힌두문명에서는 요가가 몸을 지배하고 통제하는 방편이 되었다. 요가의 몸동작이 인위적이고 극단적인 형태로 표현되는 것은 몸에 대한 힌두문명의 철학이 반영된 것으로 보인다. 몸을 인위적이고 극단적으로 통제하고 표현하는 요가는 역설적으로 억눌린 몸을 해방하고 몸속 깊은 곳에 잠든 의식과 힘을 깨워 일으키고 몸의 욕망과 감정에서 자유로운 내적 초월과 평화로 이끌 수 있다. 억제되고 절제된 요가의 몸동작은 생명과 감정의 조화와 균형을 우아하게 나타내는 중국의 기체조나 생기와 감정을 너울너울 둥실둥실 자연스럽게 드러내는 한국의 춤 동작과 비교하면 그 차이가 두드러진다. 몸을 억제하고 절제하는 요가가 생명과 감정의 조화와 균형을 드러내는 기체조, 생기와 감정을 자유롭게 표현하고 실현하는 한국의 춤과 만날 때 몸의 주체와 전체가 더욱 깊고 풍부하고 온전하게 표현되고 실현되고 완성될 수 있을 것이다.

물질의 더러움과 정신의 깨끗함

물질을 더럽게 보고 정신을 깨끗하게 여기며, 물질과 정신이 결합된 생명의 세계(인간과 자연세계)를 고통의 바다로 보고 인간의 몸을 영혼의 감옥으로 보는 생각은 어디서 비롯된 것일까? 지극히 논리적이고 분석적인 언어를 사용한 아리아인들(그리스인, 라틴인 등)은 로고스(이성)의 사유세계를 물질에 오염되지 않은 영원한 정신의 세계로 여겼던 것 같다. 로고스는 말, 논리, 법, 원리, 수를 헤아림을 뜻하는 말이다. 기본적으로 로고스는 수를 헤아리는 것이고 사물에 대해서 설명하는 것이다. 고대인들에게 산술과 도형의 기하학적 세계는 보이지 않는 정신세계를 드러내고 증명하는 확실한 증거였다. 산술과 기하학적 도형의 정확성과 일관성, 수의 신비하고 아름다운 질서와 조화와 비율은 정신세계의 영원함과 아름다움을 보여준다고 생각했다. 2차원적 평면세계인 산술과 도형의 세계는 물질이 개입하지 않는 순수하고 변함없는 영원불멸의 세계다. 이것은 오염되지 않은 세계요 고통과 번민이 없는 세계다. 이들은 수학과 기하학에 비추어 자연만물과 생명의 세계를 평가하고 이해하였다. 이것은 고대 인도의 아리안족과 지중해 그리스인들의 철학적 오류였다. 정지된 평면에서 이루어지는 산술과 기하학은 자연만물과 생명의 주체와 전체를 드러내거나 실현할 수 없고 논리적 인과 관계로 설명할 수 있을 뿐이다.

수와 산술의 평면세계는 인과관계와 기계적 결정론과 논리적 환원론을 가장 잘 드러낸다. 모든 수는 다른 수들로 이루어져 있고 다른 수들로 분해되고 환원되며 덧셈, 뺄셈, 곱셈, 나눗셈의 산술은 인과관계를 가장 순수하고 일관성 있게 보여준다. 수와 산술은 자성과 실체가 없으며 서로 의존되고 서로에 의해서 결정된다. 5는 1이 다섯이 모여서 이루어진 것이고 2과 3을 더해서 된 것이며 7에서 2를 빼서 된 것이다. 수와 산술의 세계는 물질과 생명세계가 서로 의존되고 이어져 있음을 나타내고 설명하는데 유용하다. 만물은 다른 모든 것들로 이루어졌다는 우주론적 통찰을 수와 산술은 잘 보여준다. 수와 산술은 논리적 일관성과 기계적 필연성을 보여주지만 존재의 깊이와 자유, 주체를 나타낼 수 없고 존재의 전체 하나 됨을 나타낼 수 없다.

물질과 생명과 정신은 존재의 깊이와 자유, 전체와 일치를 지닌 것이다. 물질도 존재의 한없는 깊이와 전체적 결속을 드러낸다. 작은 물질 속에 무한하고 무궁한 힘과 에너지가 들어 있다. 물질은 한없는 깊이와 신비를 지녔으며 저마다 무게를 가지고 중력과 인력을 가지고 있다. 생명과 정신은 저마다 저다운 주체와 깊이를 가진 것이며 물체도 저마다 존재의 깊이와 힘을 가진 주체다. 산술계산과 이성적 논리만으로는 물체의 깊이와 풍부함을 다 드러내고 설명할 수 없다. 개념과 논리, 말과 이론으로 아무리 설명하고 해석해도 물체와 생명과 정신은 다 밝혀질 수 없는 차원과 영역이 남아 있다. 따라서 세상의 만물과 생명세계가 자성과 실체가 없이 서로 의존하고 이어져 있다고 보는 연기설(緣起說)은 절반만 옳은 가르침이다. 다른 면에서 보면 생명과 물질의 세계는 자성과 실체와 주체를 가진 것이다. 만물은 저마다 저다운 것이며 존재의 깊이와 힘을 가진 것이며 존재의 거룩한 씨올을 지닌 것이다. 따라서 2차원 평면세계인 산술의 원리와 진리를 3차원 물리세계, 4차원 시공간세계, 5차원 생명세계, 6차원 맘의 세계, 7차원 역사세계, 8차원 예술신명의 세계 9차원 영의 세계에 적용하는 일은 신중하고 제한적으로 이루어져야 한다.

수론(산술과 도형)에 비추어 물질과 생명의 세계를 더러움과 죄악과 고통의 세계로 본 것은 지나치게 관념적이고 비역사적이다. 인도인들이 보기에 자연물질과 생명의 세계는 끊임없이 생성소멸하며 변전(變轉)하는 세계이고 산술과 도형의 세계는 움직임과 변화가 없는 세계다. 정신과 의식을 나타내는 푸르샤는 정태적이고 관조적이며 물질과 자연을 나타내는 프라크리티는 능동적이고 변화한다. 수동적이고 정태적이며 관조적인 푸루샤와 능동적이고 변화하는 프라크리티의 결합으로 윤회하는 고통의 세계가 시작되었고, 윤회하는 고통의 세계에서 해탈하는 것이 구원이다. 관조적이고 수동적인 순수 의식과 정신의 정지된 세계가 구원의 세계다. 물질과 육체를 가진 것이 죄이고 더러운 것이고 감옥에 갇힌 것이다. 육체를 가진 생의 윤회의 굴레에서 벗어나 의식의 순결함과 순수함에 이르는 것이 깨끗함이고 구원이다. 수학, 수론, 의식의 순결함과 순수함이 깨끗이고 구원이며 이것이 물질 육체 속으로 들어온 것이 죄악이고 더러움이며 형벌이다. 신체, 물질을 통제 정복하는 것 제어하는 것이 해탈에 이르는 길이다.

물질을 부정하고 통제하는 관념과 윤회전생의 사상이 정복자들의 지배욕과 결합됨으로써 사회적 신분을 차별하는 카스트제도가 생겨났고 불가촉천민은 죄와 더러움을 옮기는 존재로 규정되었다. 카스트제도의 가장 낮은 노예계급인 수드라 계급과 카스트제도에도 들지 못한 불가촉천민은 전생에서 악업을 지었기 때문에 다르마(진리)의 법질서에 따라서 현생에서 고난과 괴로움을 겪는 것으로 여겨졌다. 힌두교는 이들에게 현생에서 다르마에 충실하게 카스트와 사회질서에서 주어진 운명과 과제를 충실히 감당하고 수행함으로써 전생과 현생의 악업을 씻고 다음 생에서 좋은 신분과 지위와 운명을 얻어야 한다고 가르쳤다. 힌두교의 이러한 가르침은 정치사회역사의 불의하고 부당한 억압과 차별, 지배와 정복을 종교와 철학으로 정당화한 것이다.

불가촉천민의 정신과 영혼을 종교와 철학으로 억압하고 감금한 것이다. 또한 최상위 카스트인 브라만계급의 피부는 비교적 밝고 흰 편이며 수드라와 불가촉천민의 피부는 어둡고 검은 편이다. 어둡고 검은 색은 죄와 더러움을 나타낸다고 함으로써 인종적으로도 차별과 정죄를 정당화하였다. 힌두교의 카스트제도는 3~4겹의 억압과 차별을 3~4겹의 정당화로 고정시켰다. 결국 불가촉천민은 3~4겹의 감옥에 갇혀서 3,500년을 꼼짝 못하고 살아온 것이다.

다르마(법과 질서)와 초월(초연)의 덕

아트만과 브라만의 합일을 뜻하는 범아일여(梵我一如)는 인간과 우주신의 정신 의식적 동일성을 나타낸다. 관념, 의식, 정신의 동일성이 가장 중요한 원리이고 가치이며 실재다. 윤회하는 세계에서 다르마 법 질서 원리 진리에 충실하게 업을 쌓는 것이 구원에 이르는 길이다. 다르마는 하늘과 땅을 규정하는 질서와 원리, 도다. 다르마는 로고스와 비슷한 것이다. 다르마와 로고스는 하늘을 지배하고 규정한다.

다르마(질서, 법)에 따라 신분질서에 맞게 사는 것이 선업(善業)을 쌓는 것이다. 물질과 욕망을 억압하고 정복하여 주어진 운명과 신분과 질서에 충실하게 살아야 한다. 정복자의 지배이념에 굴복하여 카스트제도를 충실히 지키고 따르는 것이 구원의 길이 되었다. 진정한 구원은 순수 의식인 아트만이 브라만과 합일에 이르는 것이다. 아트만과 브라만의 합일은 관념적이고 정신적인 일치와 합일이다. 이것은 몸과 사회질서와 역사의 굴레에서 벗어나는 것이다. 이것은 신적인 합일에 이른 사람들의 탈사회적이고 탈역사적인 정신적 구원을 가져다 줄 수 있지만 불평등하고 불의한 사회와 역사 속에서 살아가는 인간과 생명의 몸, 민중의 주체와 전체를 부정하고 속박한 것이다. 신과 하나로 될수록 역사의 주체와 전체의 실현과 해방에서 멀어진다. 범아일여의 해탈은 카스트제도를 정당화한다.

신체를 가진 생명의 진화와 변화를 비관적이고 부정적으로 보았다. 수학적 로고스적 정신적 세계가 구원과 해탈의 세계다. 후대 인도의 종교와 철학에 큰 영향을 미쳤고 특히 요가의 철학적 배경을 이룬 상키야학파의 상키야는 수론(數論)을 뜻한다. 수론적 사고는 법칙적이고 인과적 사고를 강화하였다. 그리하여 인과의 업보, 인과율의 지배가 더욱 강조되었고, 다르마에 충실하게 선업을 쌓는 것이 정의를 이루는 것으로 여겨졌다. 생명과 인간의 주체와 전체는 부정되고 탈 생명, 탈 역사에서 해탈과 구원이 이루어진다.

순수한 정신과 진리, 원리와 이념, 법칙과 법도를 나타내는 다르마와 로고스가 종교와 철학의 사유에서 하늘(신의 세계)보다 위에 있고 중심에 있다. 다르마는 하늘과 땅의 온 우주를 지탱하고 지배하고 규정하는 진리이고 질서와 법도이지만 우주와 생명, 역사와 사회를 창조하고 변혁하는 것은 아니다. '다르마'란 말이 '~을 유지하는 자, 질서 지우는 자'란 의미를 가진 데서 다르마의 이런 성격을 확인할 수 있다. 고대 인도인들에게 구원은 물질과 생명의 속박과 더러움에서 벗어나 순수한 의식에 이르는 것이다. 다르마를 구현하려고 했던 인도인들은 주어진 신분과 질서를 혁신하여 새로운 신분과 질서를 창조하기보다는 주어진 신분과 질서 속에서 그 신분과 질서를 초월하여 순수 정신과 의식에 이르려고 했다.

이러한 정치종교의 사유세계에서 인도인에게 궁극적으로 요구되는 덕목은 주체적이고 능동적으로 무엇을 창조하고 변화시키는 힘과 지혜가 아니라 주어진 상황과 조건을 초연하게 받아들이고 그 상황과 조건 속에서 수직적으로 또는 내적으로 초월하여 자유를 누리는 것이다. 인도인들이 추구한 덕은 몸과 맘, 욕망과 감정을 정화하고 지배 통제함으로써 순수한 의식 속에서 누리는 내적 초월의 자유였다. 인도인들은 내적 초월의 자유에서 해탈과 구원에 이르고 다르마의 진리와 정의를 실현할 수 있다고 보았다. 물질적 생명의 속박과 더러움에서 벗어난 순수한 정신의 초월적 자유는 인간의 영혼과 우주 신 브라만의 합일로 표현되었다. 아트만과 브라만의 합일을 뜻하는 범아일여(梵我一如)는 인간과 우주 신(神)의 정신적 동일성을 나타낸다.

신과의 합일은 몸과 사회질서와 역사의 굴레에서 벗어나는 구원으로 여겨졌지만 이러한 구원은 순수하게 관념과 정신과 의식에서 이루어졌을 뿐 역사와 사회의 구체적인 현실에서는 아무런 변화를 가져오지 않았다. 아트만과 브라만과의 합일은 내면의 초월적 자유를 가져다주는 대신에 불의한 역사와 사회의 고통스럽고 수치스러운 현실을 잊게 하고 외면하게 한다. 범아일여의 구원과 해탈은 신적인 합일에 이른 사람들의 탈사회적이고 비역사적인 정신적 구원을 가져다 줄 뿐 고통스럽고 불의한 현실과는 관련이 없다. 오히려 신인합일은 불평등하고 불의한 사회와 역사 속에서 짓밟히는 인간과 생명의 몸을 낮추어 보게 하고, 민중의 주체와 전체를 은폐하고 외면하게 한다. 신과 하나로 될수록 역사와 사회의 불의한 현실에서 멀어지고 생명과 정신의 주체와 전체를 실현하고 진화와 고양을 이루는 일에 무관심하게 된다. 결국 범아일여의 초월적 자유(해탈)를 추구하는 힌두교의 종교적 노력은 카스트제도를 정당화한다.

우주신 브라만과 인간 영혼 아트만의 일치를 추구한 힌두교의 신앙이 탈 역사 탈 사회의 경향을 보인다는 것은 힌두교 신앙의 경향성을 나타내는 말일 뿐 논리적으로나 내용적으로 결정적이거나 확정적인 주장은 아니다. 힌두교 신앙에 충실했던 간디는 역사와 사회의 변혁운동을 이끌었다. 간디는 중세에서 근현대로 새로운 역사를 펼쳐온 서구문명과 기독교의 영향을 깊이 받았던 것으로 보인다. 한국의 동학운동에서는 하나님(천주)을 모시는 시천주체험이 자유와 평등의 사회혁신운동을 가져왔다. 1997년에 인도에서 열린 '민중신학과 달릿신학의 대화'에서 나는 인도의 불가촉천민 해방신학자와 운동가에게 하나님을 깊이 체험할수록 해방운동을 더욱 깊고 힘차게 할 수 있을 것이라고 역설한 일이 있었다. 인도의 해방신학자들은 나의 말에 매우 당혹스러워 했다. 신과 하나로 되는 체험을 강조할수록 사회와 역사의 현실에서 멀어진다고 그들은 한결같이 주장하였다.

업보(業報)의 인과법칙과 정의

구원과 해탈에 이르는 진리인 다르마는 물질과 정신을 대립시키는 이원론적 질서와 법이다. 다르마가 지배하는 세상은 인과율(인과의 업보)의 지배를 받는다. 선업을 쌓으면 선한 결과가 따르고 악업을 쌓으면 악한 결과가 따른다는 업(業)의 인과법칙이 다르마다. 인도인들에게 삶과 죽음은 끊임없이 되풀이 되는 윤회(reincarnation) 속에 있다. 다음 생에서 좋은 삶을 타고 나려면 다르마의 인과법칙에 충실하게 선한 업을 쌓아야 한다. 선업을 쌓으면 선한 보답을 받고 악업을 쌓으면 악한 보답을 받는다. 선업과 악업의 인과는 절대적이어서 아무도 업(카르마)의 인과법칙에서 벗어날 수 없다. 선업과 악업의 기준은 다르마다. 다르마를 지키는 행위는 선업이 되고 거스르는 행위는 악업이 된다. 선업을 쌓는 것은 다르마를 구현하고 정의를 실현하는 것이다. 다르마의 인과법칙이 강고하게 지배한다고 생각했기 때문에 인도인들은 외부 세계의 질서와 체제를 변화시키려는 생각을 하지 못했다. 다르마의 정의를 실현하기 위해서 인도인들은 내적으로는 초월의 자유를 추구하고 외적으로는 선업을 쌓음으로써 인과법칙에 따라 선한 결과를 얻으려고 했다.

인도인들에게 정의는 다르마의 인과율과 인과관계를 지키는 것이다. 인과법칙으로서의 정의 관념은 인간의 주체를 인과율과 인과관계에 예속시킨다. 다르마의 인과율과 인과관계는 생명과 정신의 실체와 주체와 전체를 해체하고 인간의 생명과 정신을 인과율과 인과관계 속에서 보게 한다. 인간과 생명은 끊임없고 덧없는 순환적 변화(윤회)의 굴레에 매여 있으며 인과응보의 결정론에 갇혀 있다. 인과응보의 결정론은 역사와 사회를 창조하고 변화시키는 얼과 혼의 자유로운 주체를 허용하지 않는다. 이성적 법칙적 진리(다르마)의 인과적 결정론적 속박은 윤회와 업의 인과적 결정론적 속박을 가져온다. 윤회와 업의 인과적 결정론적 속박은 사회와 역사의 불평등한 사회체제의 인과적 결정론적 속박을 가져온다. 다르마의 인과율적 정의가 지배하는 인도사회에서 대다수의 사람들은 논리적 관념과 종교적 사상과 사회적 현실의 3중의 속박 속에서 살아야 한다. 이들은 3중의 속박 속에서 주어진 불의한 운명을 다르마의 질서로서 감수하고 사후의 보다 나은 생을 기대해야 한다.

다르마의 법도에 따라 카스트제도의 주어진 신분과 의무를 충실히 이행하며 살아야만 윤회와 업의 굴레를 벗어난다는 주장은 결과적으로 억눌린 인간의 영혼을 짓밟고 불의한 카스트제도를 정당화하는데 이른다. 이런 사고체계에서는 불의한 신분체제를 타파하고 자유롭고 평등한 세상을 실현할 수 있는 길을 찾기 어렵다. 타율적 인과관계에 의해서 생의 주체와 전체가 규정되고 결정되기 때문이다. 또한 물질을 죄와 더러움의 근원으로 보는 사고체계는 물질로 이루어진 몸의 주체와 전체를 인정할 수 없고, 몸의 욕망이나 충동과 결합된 맘의 자유로운 주체와 옹근 전체를 인정할 수 없다. 인도 종교철학의 근본 핵심을 이루는 다르마는 자연 우주 사회 질서의 규범, 법이다. 카스트제도의 주어진 신분과 운명에 충실히 사는 것이 다르마에 충실한 것이고 선한 업을 쌓는 것이며 좋은 생으로 태어날 수 있는 길이다. 다르마 법, 질서, 길이 하늘과 땅을 주재한다. 하늘도 다르마를 따른다. 인도종교철학의 이런 사유와 신념은 하늘을 우러르고 하늘을 받든 한국인의 정서와 다르다. 인과율이 지배하는 이들의 철학은 다르마 진리의 법(질서, 길)과 순환적 시간관이 결합되어 있으며 생명의 진화와 역사의 진보가 결여되어 있다.

업보의 인과법칙은 극복될 수 있는가

인과율과 인과법칙은 생명과 정신의 세계에서 어디까지 존중되고 받아들여야 할까? "뿌린 대로 거둔다.", "콩 심은데 콩 나고 팥 심은데 팥 난다."는 속담이 보여주듯이 인과율과 인과법칙은 일상생활에서 널리 상식으로 받아들여지는 진리다. "너희가 비판하는 그 비판으로 너희가 비판을 받을 것이요 너희가 헤아리는 그 헤아림으로 너희가 헤아림을 받을 것이니라."(마태7,2), "무엇이든지 남에게 대접을 받고자 하는 대로 너희도 남을 대접하라."(마태7,12)고 말하는 데서 알 수 있듯이 예수도 인간의 행위와 관계에서 도덕적 인과율과 법칙을 분명히 전제하고 있다. 동서고금의 모든 종교문화전통은 어느 정도까지는 종교 도덕의 인과율과 인과관계를 인정하고 강조한다.

생명과 정신의 세계에서 인과율과 인과관계는 절대 진리인가? 인과율과 인과관계는 산술계산과 논리에서 가장 분명하고 확실하게 성립하고 물리현상과 법칙에서도 확인하고 검증할 수 있다. 수학과 물리학에서처럼 직접적이고 명확하지는 않지만 생리와 심리에서도 상당한 정도로 인과관계와 인과법칙을 확인할 수 있다. 심리적으로나 사회적으로 어떤 행동과 생각이 어떤 영향과 작용을 가져오는지는 심리학적으로나 사회인지학적으로 확인된다. 선한 행위와 생각은 선한 결과를 가져오고 악한 행위와 생각은 악한 결과를 가져온다는 것은 심리적으로나 사회적으로 상식적으로는 인정하고 확인할 수 있는 사실이다.[10]

이런 인과관계가 인간의 자유로운 주체를 부정하는 것은 아닐 것이다. 물질세계에서는 인과법칙이 작용하지만, 생명과 정신에는 스스로 하는 자유로운 주체가 있다. 물질의 인과관계는 물질이 작용하고 영향을 미치는 한에서 성립하는 것이다. 생리와 심리에서는 인과율

10) 심리학과 사회인지학의 관점에서 업의 존재를 입증하려는 노력에 대해서는 파멜라 M. 앨런/존 A. 에드워드/윈스턴 맥컬러프 "업은 존재하는가-불교, 사회인지 그리고 업의 입증" 신항식 옮김 《불교평론》 70호 2017 여름 343,354,358~360쪽 참조.

과 법칙을 넘어서는 측면과 차원도 있다. 물질적 인과관계와 작용이 생리와 심리에서 꼭 같은 결과를 가져오지 않는다. 같은 음식과 약물을 먹고도 사람의 몸에 따라 다른 결과가 나온다. 같은 사고를 당하고 같은 상처를 입고도 사람에 따라 심리적 영향을 다르게 받는다. 훨씬 복잡하고 모호하기는 하지만 역사와 사회에서 성립하는 도리의 세계에서도 어느 정도 도덕적 정신적 인과관계와 법칙을 주장할 수 있다. 그러나 역사와 사회에서는 수리와 물리에서처럼 분명하고 확실하게 인과관계와 법칙을 증명할 수 없다. 인과관계와 법칙이 아예 성립하지 않는 것처럼 보이기도 한다. 착한 사람이 꼭 성공을 거두고 승리하는 것도 아니고 악한 사람이 실패하고 패배자가 되는 것도 아니다. 우주자연과 생명세계에서 인과법칙과 인과율이 작용하는 것은 사실이지만 생명과 인간의 주체는 인과율과 인과법칙에 예속된 존재가 아니라 인과율과 인과법칙을 이용하고 활용하는 창조자적 주체일 것이다. 안창호는 자연세계뿐 아니라 생명과 정신과 도덕의 세계에서도 인과관계를 인정하면서도 원인과 결과를 변화시키고 만들어내는 힘과 지혜를 기르자고 하였다. 그러므로 그는 비상하고 큰 위기를 맞을 때 더욱 큰 힘을 길러서 더욱 큰일을 할 수 있다고 하였다. 도산은 "비상한 원인은 비상한 결과를 낳는다"면서 "한국인민이 자기 아들 사랑하듯 나라 사랑하면" 나라를 구할 수 있다고 하였다.[11]

함석헌에 따르면 뭇 사람의 속에 '인(仁)', '하나님의 씨'가 있다. 이

11) 안창호, '삼선평 연설', 『안도산전서』 증보판 흥사단 2015. 582~5쪽.

것은 죽을 수도 없는 불멸체, 더러워지지도 않는 불염체(不染體)다.[12) 역사와 정치의 주체인 씨올은 궁극적 존재인 하나님과 직결된 존재다. 하나님과 직결된 씨올을 지배하고 통제할 다른 어떤 정치·사회·종교적 존재도 어떤 원리나 법칙, 율법과 규정도 함석헌은 인정하지 않았다. 하나님의 씨올을 지닌 인간은 하나님과 더불어 창조와 은총이 이루어지는 신리(神理)의 세계에 참여하고 창조자적 자유를 가진 존재다. 인간과 신과의 관계에서 성립하는 신리의 세계는 자유로운 주체와 전체의 세계이며 인과율과 인과법칙에서 자유로운 창조자들의 세계다. 자유로운 창조자들은 인과율과 법칙이 지배하는 산술계산과 논리, 조건과 규정을 초월하여 흘러넘치는 사랑과 자유로 창조하고 혁신할 수 있다. 생명과 정신의 참된 주체와 전체는 인과율과 인과법칙을 초월한 자유로운 창조자다. 참된 주체와 전체를 가진 자유로운 창조자들은 인과율과 인과법칙 자체를 부정하는 것이 아니라 인과율과 인과법칙의 속박과 매임을 부정한다. 생명과 정신의 주체와 전체를 가진 인간은 인과율과 인과법칙의 적용을 받으면서도 인과율과 인과법칙을 초월하며 인과율과 법칙에서 자유롭다. 본디 생명은 물질 안에서 물질을 초월한 것이다. 몸을 가지고 물질세계 안에서 산다는 점에서 생명은 인과율과 인과법칙의 지배를 받는다. 그러나 생명이 물질을 초월한 존재이며 물질이 아니라는 점에서 생명은 인과율과 인과법칙에서 자유로운 것이다.

12) 함석헌, "人間革命", 함석헌전집2. 한길사 1983. 92쪽.

인도종교가 닦아낸 초월의 덕

다르마의 인과법칙과 윤회의 순환적 시간관이 결합된 인도 종교 철학에는 생명의 진화와 역사의 진보에 대한 성찰도, 진화와 진보의 창조적 주체로서의 인간에 대한 이해도 결여되어 있다. 인도의 종교 철학에서는 내적 초월의 자유와 외적 인과관계의 속박이 결합되어 있다. 외적 인과관계에 매인 내적 초월의 자유는 역사와 사회에서 창조적 변화를 일으키는 주체의 자유가 될 수 없다. 다르마는 자연·우주·사회를 지배하는 질서와 규범(법)이다. 다르마(법, 질서, 길)가 하늘과 땅을 주재한다. 하늘도 다르마를 따른다. 다르마의 인과법칙을 최종적이고 궁극적인 진리로 신봉하는 인도인의 사고는 하늘을 우러르고 하늘을 받든 한국인의 사고와 다르다. 하늘과 땅을 초월한 다르마(인과법칙, 질서)가 인간을 지배한다면 인간의 참된 주체와 자유는 없다. 하늘과 땅을 초월한 영원한 법도와 질서가 지배하는 세계에서는 생명진화와 천지인합일이 일어날 수 없고 인간은 자유롭고 창조적인 얼과 혼을 가질 수 없다. 자신의 생명과 정신 속에서 하늘을 만나고 체험했던 동학은 생명진화와 천지인합일의 체험을 할 수 있었고 자유롭고 창조적인 얼과 혼을 가지고 새 역사와 사회를 창조하는 혁명운동을 일으킬 수 있었다.

힌두교의 영성과 불평등한 사회제도는 긴밀히 결합되어 있다. 힌두교에서 말하는 비폭력 불살생의 고매한 윤리와 영성은 정복자 아리안족의 불의하고 폭력적 지배와 공존한다. 카스트제도의 불의를 청산하지 않는 한 그것은 위선적 도덕과 영성에 지나지 않는다. 범아일여의 높은 종교적 해탈과 구원은 힌두문명의 불의하고 폭력적인 역사·사회적 죄악에 대한 위선적인 은폐와 외면으로 여겨질 수 있다. 이것은 사회역사의 정의에 비추어서 그리고 오랜 세월 불의와 고난의 무거운 짐을 지고 살아온 불가촉천민의 관점에서 하는 말이다. 많은 문제와 한계를 안고 있음에도 인도종교철학은 엄청난 영성의 지혜와 힘을 지니고 있다. 개인적으로 진지하고 철저한 종교수행과 치열한 금욕생활을 통해서 비폭력 불살생의 높고 깨끗하고 거룩한 경지에 이른 위대한 영들과 수행자들이 인도에는 수없이 많다. 인도 경전인 우파니샤드와 바가바드기타에는 비할 수 없이 높고 깊은 초월적 자유의 영적 진리와 깨달음이 담겨 있다.

외적 상황과 조건에 흔들리거나 좌우되지 않는 초월적이고 초연한 자유의 덕은 인도인들이 인류를 위해 닦아낸 위대한 유산이다. 힌두교의 경전 '바가바드기타'는 삶과 죽음, 이김과 짐, 성공과 실패, 선과 악을 초월하여 초연하게 행동하는 자유를 강조했다. 비록 이것이 다르마의 질서와 법도 안에서 주어지는 자유이기는 했지만 삶과 죽음, 이기고 짐, 선과 악을 초월하여 초연하게 행동하는 자유는 인성을 실현하고 완성하기 위해 꼭 필요한 덕이다.

석가의 무아와 열반(니르바나)

석가는 힌두문명의 전통적 사상과 사회적 유산을 그대로 받아들였다. 그는 세상을 고해로 보고 모든 것을 인과관계로 보는 연기설을 받아들였다. 그러나 그는 인과적 결정론과 숙명론에 빠지지 않고 주체적 자각과 전체적 평등의 나라를 열었다. 석가는 태어나자마자 한 손으로 하늘을 가리키고 다른 손으로 땅을 가리키며 "하늘 위 하늘 아래 오직 나만이 홀로 존귀하다"(天上天下 唯我獨尊)고 선언했다고 전해진다. 이것은 우주만물 가운데 인간의 정신적 주체인 '나'가 가장 존귀하다는 깨달음을 나타낸다. 사람의 몸, 맘, 얼은 우주에서 가장 깊고 높고 존귀한 것이다. 몸, 맘, 얼의 주체인 '나'는 물질세계를 부정하고 초월한 존재이며 물질세계로부터 자유로운 주체다. 이것은 물질세계와 관련된 욕망, 감정, 의식, 의지를 초월한 전적으로 자유로운 주체로서의 나다. 전적으로 초월적이고 자유로운 '나'는 역설적으로 물질, 몸, 생명, 감정, 의식, 의지에 붙잡힌 '자아'를 부정한다. 하늘 위 하늘 아래 홀로 존귀한 '나'는 '나 없는 나', '나 아닌 나'였다. 그것은 물질세계와의 모든 관련을 떨쳐버린 나, 물질과 생명과 정신의 속박과 제약 속에 있는 나를 부정하고 초월한 나였다. 그것은 끊임없이 자기를 부정하고 초월함으로써만 존재하는 나였다. 석가는 자기(나)를 철저히 부정하고 초월함으로써만 참된 나가 될 수 있었다. 석가의 참 나는 개별적 주체로서의 나가 아니라 보편적 진리와 전체로서의 나였고 그것은 진리 자체, 불성(佛性) 자체였다. 불성으로서의 참 나는 개별적 주체로서의 나를 부정하고 초월하는 보편적이고 전체적인 진리 자체였다.

물질과 생명의 모든 속박과 제약에서 벗어난 석가는 무아를 말함으로써 범아일여(내적 초월)와 카스트제도(인과응보)의 연결고리를 끊었다. 다르마의 실체인 아트만은 인과응보사상과 카스트제도의 토대를 이룬다. 그가 나의 실체인 아트만을 부정한 것은 불의한 카스트 체제를 무너트린 것이다. 석가가 '나'를 부정한 것은 윤회와 업보(카르마)의 모든 인과율과 인과관계를 끊고 벗어버린 것이다. 아트만을 부정함으로써 석가는 안으로 인과법칙을 깨트리고 밖으로 불의한 카스트제도를 무너트렸다. 안과 밖의 모든 장애와 벽을 단번에 무너트린 것이다. 석가가 아트만을 부정한 것은 자신의 목을 스스로 자른 것이다. 그는 자신의 목을 자름으로써 자아의 종교적 이기주의와 국가의 불의를 잘랐다. 고대의 정신사에서 석가처럼 인간의 정신혁명과 사회혁명을 철저하게 이룩한 인물을 찾기 어렵다. 개별적 주체인 자아의 실체를 부정한 석가는 생명의 보편적 본성과 진리인 불성이 인간에게 있다고 보았다. 이 생명의 보편적 본성과 진리인 불성은 물질적 실체도 관념적 실체도 아니고 빈 것이고 없는 것이다. 그는 보편적 진리인 불성(空·無)을 자각하고 고통스러운 삶에서 벗어나 차별과 고통(번뇌)이 없는 열반에 이르려 했다. 석가도 브라만교의 철학과 세계관을 계승하여 물질과 몸의 생명세계를 고통의 바다로 보고 생의 윤회와 업의 굴레에서 벗어나려 했다. 물질과 몸을 가지고 윤회하며 업을 쌓는 자연생명세계는 생성소멸의 끊임없는 변화 속에 있다. 그는 이러한 생의 현실을 부정적으로 보고 생의 물질적 욕망과 감정에서 벗어나려 했다. 탐진치를 멸하고 무념무상의 열반적정에 들어가려고 한 석가의 가르침은 순수 의식에서 내적 초월의 자유를 누리려 했던 힌두교의 가르침과 연결되어 있다.

자연만물의 존재와 활동은 자성과 실체가 없고 원인과 결과로 서로 의존하고 얽혀 있다는 석가의 연기설(緣起說)은 수학의 산술적 사고, 이성적 과학적 사고에서 나온 것 같다. 산술계산과 수들은 실체가 없고 인과적으로 서로 의존되어 있고 분해될 수 있다. 산술과 인과적 사고에서는 실체가 없고 서로 의존되고 분해되고 환원될 수 있지만, 물질과 생명의 세계에서는 원인과 결과로 분해되고 환원되지 않는 차원이 있다. 물질과 생명은 산술과 로고스적 설명으로 소진될 수 없는 존재의 깊이와 전체적 연관성이 있다. 물체도 물질의 주체이며 존재의 한없는 깊이를 지녔고 무한한 전체와 뗄 수 없이 결합되어 있다. 주체와 전체는 산술적 계산과 인과적 논리로 온전히 파악하거나 설명할 수 없다. 따라서 물체도 인과관계나 산술(算術)로써 완전히 분해되거나 환원될 수 없다. 스스로 새로워지고 변화하는 주체적 생명의 진화와 인간역사의 진보는 산술·물리적 인과율과 인과관계로 결정되거나 환원될 수 없다. 따라서 세상의 만물과 생명세계가 자성과 실체 없이 서로 의존하고 이어져 있다고 보는 연기설(緣起說)은 절반만 옳은 가르침이다. 생명과 물질을 그 자체의 깊이에서 보면 생명과 물질은 자성과 실체와 주체를 가진 것이다.

무아를 말하고 탐·진·치를 멸함으로써 석가는 물질과 욕망의 지배에서 벗어나서 생명의 본성과 진리 자체(眞如, 如來藏, 佛性)에 이르렀다. 그가 깨달은 생명의 본성과 진리 자체는 인간의 주체와 전체를 오롯이 드러낸다. 생명과 인간의 주체와 전체는 모든 인과율과 인과관계를 벗어난 것이다. 주체와 전체의 일치를 드러내는 생의 진리에 이름으로써 그는 윤회와 업보의 인과율과 인과관계를 깨트리고 큰 자유와 기쁨을 얻었다. 그는 탐·진·치를 멸하고 무아를 주장함으로써 불의한 사회체제와 국가폭력과 전쟁을 정당화하는 종교적 위선의 탈을 벗겨 버렸다. 그는 내적으로 종교적 이기주의와 위선을 잘라

버리고 카스트제도와 국가폭력의 종교적 근거와 토대를 무너트렸다. 그의 해탈은 철저한 평등과 정의의 나라로 이르는 출구였다. 그는 생의 기쁨과 자유에 이르렀으나 탐·진·치(貪瞋痴)를 멸하고 해탈의 세계로 직행하였다. 석가가 깨달은 진리인 불성은 물질과 생명의 욕망과 집착에서 벗어난 보편적이고 초월적인 참 나였다. 불성으로서의 참 나는 역사와 사회의 구체적인 현실 속에서 역사와 사회를 새롭게 창조하고 변화시키는 주체로서의 나는 되지 못했다. 이러한 석가의 가르침에는 생명의 진화와 역사의 진보에 대한 관심이 없거나 부족하고, 있다고 해도 약화되고 후퇴되어 있다고 여겨진다. 불의한 역사와 사회 속에서 고통당하면서 역사와 사회를 개혁하는 민중의 주체를 바로 세우고 이끄는 교육과 실천의 방안을 석가는 제시하지 못했다. 이것은 석가 개인의 한계라기보다, 생명진화와 역사진보를 몰랐던 고대사회의 시대적 제약과 한계를 나타낸다.

시대의 제약과 한계를 넘어서 힌두교와 석가의 철학에 담긴 핵심 진리를 오늘 우리의 삶 속에서 새롭게 이해하고 받아들이려면 무엇보다도 먼저 '진리'(다르마)를 비판적으로 평가하고 그 의미를 확대해서 이해할 수 있어야 한다. 생명진화와 역사진보의 관점에서 우주의 이성적 질서와 정의(다르마)를 새롭게 정립하고 확대해서 이해할 수 있다. 인도의 전통종교에서 다르마는 인과응보의 원리와 질서로 이해되고 있다. 인과응보로서의 진리관은 숙명론과 결정론으로 이어진다. 이런 진리관은 현대의 역동적 우주관, 진화론적 생명관, 역사와 사회의 창조적 주체로서의 민주적 인간관에 어울릴 수 없다. 우주와 생명과 인간의 정의와 진리는 수리물리학적 인과관계와 인과법칙을 넘어서 생리와 심리와 도리와 신리의 다양하고 깊고 높은 질서와 정의를 나타내는 것으로 확대해서 이해할 수 있다. 생리는 수리와 물리에서 해방된 것이고 심리는 생리를 초월한 것이다. 도리는 심리를 넘어선 것이고 신리(神理)는 도리보다 더 깊고 큰 진리와 정의를 나타낸다. 인과관계와 논리관계의 결정론적 사고를 넘어서 심층적이고 역동적인 진리관에 이를 때 뭇 생명과 민중의 주체와 전체를 실현하고 완성할 수 있으며 생명과 정신의 차원변화와 탈바꿈을 통해서 창조와 진화를 이루어갈 수 있다.

석가가 인류를 위해 닦아낸 덕은 '나'없는 초월의 자유다. 석가처럼 안팎으로 매임과 걸림이 없는 초월의 자유를 실현해 보인 이가 없다. 그가 비록 생명의 진화와 역사의 진보를 말하지 못하고 사나운 욕망과 거친 감정 속에 생의 주체와 전체가 깃들어 있음을 강조하지 못했어도 그가 이룩하고 실증해 보인 정신의 초월적 자유는 인류정신사의 위대한 유산이며 인성을 실현하고 완성하는데 꼭 필요한 덕이다.

3. 서양에서 본 죄와 도덕과 정의

1) 히브리 기독교에서 본 죄, 신앙, 정의

죄: 신에 대한 반역과 배신

히브리 기독교 경전과 전통에서 죄를 나타내는 다양한 개념들이 있지만 '신에 대한 반역과 거스름'을 뜻하는 '페솨'가 전체적인 맥락과 내용에 비추어 가장 중요하고 핵심적인 의미를 지닌다. 히브리어에서 죄는 신을 떠난 것이고 신을 배신하고 거역한 것이다.[13] 히브리인들에게는 신(하나님, 하늘)을 떠나 신과의 관계를 끊은 것이 죄이고 참된 의미에서 죽음이다. 삶의 근원과 목적인 하나님을 떠나서 하나님을 버리고 사는 것이 죄다. 하늘, 하나님을 잊고 사는 것은 저를 잊고 제 뿌리와 고향을 잊고 사는 것이다. 저를 잊은 것, 저를 버린 것, 저 자신의 뿌리이고 목적인 하늘, 하나님을 잊고 사는 것이 모든 악의 근원이고 죄다. 회개는 신을 떠난 삶에서 신과 더불어 사는 삶으로 돌아오는 것이며, 삶의 근원과 방향을 잃은 삶에서 삶의 근원과 목적인 신께로 돌아오는 것이다.

히브리 성경의 예언자들은 신을 배신하고 신의 뜻을 저버리고 신을 떠나 사는 백성들에게 끊임없이 "신께로 돌아오라!"고 호소한다. 이들이 죄를 씻고 구원을 받는 길은 현재 살아가는 삶의 길을 버리

13) '페솨'의 원뜻은 '반역하다', '거스르다(어기다).' 허물, 잘못, 과오, 특히 하나님께 대한 범죄를 말한다(출 22:9; 삼상 24:11; 시 51:1).

고 돌이켜서 하나님께 돌아가는 것이다. 예언자들과 마찬가지로 예수도 백성들에게 현재의 불의한 삶을 버리고 하나님께 돌아오라고 호소했다. 히브리 신앙전통에서는 삶의 길과 죽음의 길, 하나님의 길과 타락한 인간의 길이 나뉘어 있다. 구원에 이르는 참된 삶은 타락과 죽음의 길을 떠나서 하나님께로 향하는 구원의 길로 가는 것이다. 히브리인들에게 참된 신은 사랑과 정의의 신, 생명과 공동체와 영혼을 살리는 신이다.[14] 신이 이들에게 준 율법은 신의 명령이고 말씀과 뜻이다. 율법의 핵심은 신의 사랑과 정의다. 신의 자녀로서 신과의 깊은 관계 속에서 산다는 것은 신의 사랑과 정의 속에서 사는 것이다. 그것은 몸과 맘과 얼을 다해서 신의 뜻과 계명, 신의 사랑과 정의를 지키며 사는 것이다. 이에 반해 다른 신은 재물의 신 맘몬, 농업생산력과 출산능력을 나타내는 거짓 신이다. 우상은 물질과 물질적 힘과 본능적 욕망을 신격화한 것이다.

참된 신과 더불어 사는 히브리인들의 삶은 사랑과 정의를 실현하는 삶으로 규정되었으며, 다른 신들을 따르고 우상숭배에 빠진 이방인들의 삶은 재물과 권력을 탐하고, 성적 문란과 도덕적 타락에 빠진 불의한 삶으로 규정되었다. 이방인은 먹고 즐기는 사람, 육체적 욕망에 따라 본능으로 살며 이기적으로 제 배만 섬기는 사람이다. 이방인은 국가권력과 부를 추구하고 섬기는 사람, 폭력과 쾌락을 따르는 사람이다. 그러나 하나님과 더불어 사는 사람은 사랑과 정의(신의 뜻, 말

---

14) 히브리성경에서 하나님은 사랑과 자비의 신이며, 정의와 심판의 신이다. 구약성경학자 김이곤에 의하면 사랑과 정의의 신 야훼(YHWH)는 "영고성쇠하는 인류사에 끊임없이 생명을 부여하며 그 생명을 붙드시는 분"이다. 김이곤, 「고난신학의 맥락에서 본 야훼 신명 연구」《신학연구》27, 한신대학 신학부, 1986. 189쪽.

씀)에 따라 사는 이다. 히브리 성경에 따르면 사랑과 정의의 신을 떠나서 신과 관계를 끊는 것이 저주와 죽음에 이르는 것이며 신과 더불어 사는 것이 영원한 생명과 축복에 이르는 것이다.

새 나라를 찾는 아브라함의 순례

기독교, 이슬람교, 유대교의 신앙적 조상은 아브라함이다. 아브라함은 기원전 18세기 경 억압적이며 폐쇄적인, 낡고 쇠퇴한 나라와 고향 땅을 떠나서 자유롭고 평등하며 정의롭고 평화로운 나라를 향한 순례의 길을 떠났다. 그는 낡고 쇠퇴한 나라, 불의하고 폭력적인 나라에서 생의 주체적 깊이와 자유를 느낄 수 없었고 공동체적 사귐을 이룰 수 없었다. 아브라함은 신의 사랑과 정의 속에서만 생의 주체적 깊이와 자유를 누리고 온전한 공동체를 실현할 수 있다고 믿었다. 그는 인간다운 삶의 주체적 깊이와 자유에서 전체의 하나 됨에 이르는 나라, 하나님의 사랑과 정의가 다스리는 나라를 간절히 소망하였다. 당시 나라와 부족을 떠난 떠돌이 생활은 생활터전을 잃고 목숨을 잃을 수 있는 위험한 것이었다. 아브라함의 무리를 '히브리인'이라고 부른 것은 이들이 낯선 땅에서 떠도는 가난한 이들이었기 때문이다. 이들은 크고 좋은 나라를 이루어 주겠다는 신의 약속을 믿고 정처 없는 편력의 길을 걸었다. 사랑과 정의의 신만을 믿고 헤매는 이들이 가진 것은 다만 지금 여기의 삶뿐이고 몸과 맘뿐이고 미래에 대한 꿈과 희망뿐이었다.

이들의 순수한 신앙과 삶 속에서 생명의 주체적 깊이와 공동체적 전체성이 뚜렷이 드러났다. 이들은 가난과 굶주림을 겪어보았고 권력자와 부자들의 횡포와 학대를 경험했고 강대국의 억압과 수탈을 당해 보았다. 이들은 삶과 역사의 불의와 무자비를 겪었고 온 몸과 맘으로 고난을 당했다. 몸의 고통과 맘의 괴로움을 겪으면서 몸과 맘의 주체성과 전체성을 뚜렷이 느꼈다. 몸도 맘도 인간존재의 표면이나 부분이 아니라 주체이고 전체임을 절실히 깨달은 것이다. 히브리 기독교 성경에서는 인간의 몸, 감정, 맘, 양심, 영혼은 모두 주체이고 전체이지 부분이나 표면이 아니다. 하나님이 인간을 눈동자처럼 사랑하고 인간의 머리털까지 헤아린다는 말에서 하나님이 몸을 얼마나 소중히 여기고 알뜰하게 보살피는지 알 수 있다.(신명 32,10 시편 17,8 잠언 7,2 마태 10,30 누가 12,7; 21,18) 인간의 신음소리와 울부짖음은 하나님의 맘을 움직이고 하나님은 죽은 예수의 몸을 다시 살린다. 히브리인들과 이들의 하나님에게는 몸, 맘, 감정, 뜻, 영혼이 모두 절절하고 사무치도록 중요한 것이다.

아브라함과 그 후손들은 고대 제국주의 강대국들의 불의한 통치 아래서 고통을 겪고 거기서 벗어나기 위해 오랜 세월 떠돌이 생활을 했다. 따라서 이들은 과거에 매일 수 없었고 현재에 안주할 수 없었으며 오직 지금 여기의 삶에 충실하고 불확실한 미래의 나라를 향해 나아갈 수밖에 없었다. 이들은 역사와 사회의 현실 속에서 인간의 죄, 특히 불의한 권력자의 죄를 누구보다 예민하게 느꼈다. 이들은 다른 어느 민족보다 인간의 죄를 깊고 예민하게 느끼고 표현했다. 이들은 불의한 역사와 사회 속에서 힘없이 고난을 겪으면서 사랑과 정의의 하나님을 간절히 불렀고 하나님과의 관계 속에서 자신들의 존재를 이해했다. 이들에게는 인간관계와 사회관계보다도 하나님과의 관계가 근본적이고 중요했다. 하나님과의 관계는 인간관계와 사회관계로는 대체될 수 없는 깊이와 높이를 가지고 있었다. 아무리 힘없고 부족한 사람도 하나님과 긴밀한 관계를 가지고 있었으며 하나님을 아버지로 부를 수 있었다. 사람마다 하나님과 직결되어 있었다. 하나님과의 긴밀하고 친밀한 관계가 인간의 존엄과 인권의 근거였다. 히브리 성경의 하나님은 구체적인 사람의 구체적인 삶에 관심을 가진 신이며 히브리 성경의 사람은 누구나 제 이름을 가지고 제 삶을 사는 존재다. 하나님과 더불어 사는 히브리인의 삶은 가난하고 위험하고 고통스러웠지만 깊고 풍성하고 고마운 삶이었다.

이들은 사랑과 정의가 없는 현실 속에서 사랑과 정의의 하나님을 믿고 기다렸다. 인간이 다스리는 왕국을 부정하고 신만이 왕이 되어 다스릴 수 있다고 생각했다. 이집트 제국의 종살이에서 벗어난 이들이 세운 나라 '이스라엘'은 성경학자 폰 라드(Gerhard von Rad)에 따르면 '하나님이여! 다스리소서.'라는 뜻을 가졌다. 이스라엘은 인간을 왕으로 세우지 않고 하나님만이 그들의 왕이라는 신념을 가지고 부족연맹체로서 2백년 가까이 존속했다. 히브리인들은 이스라엘 나라를 세운 후 자신들을 이스라엘 사람들이라고 일컬었다. 그들은 신의 사랑과 정의가 다스리는 자유롭고 평등하며 정의롭고 평화로운 하나님 나라를 열망했다. 그들은 율법을 신의 명령과 뜻, 말씀과 계명으로 보고 율법 속에 신의 사랑과 정의가 담겨 있다고 보았다.

죄와 하나님 이해

히브리인들처럼 죄를 깊고 철저하게 생각한 사람들을 찾기 어렵다. 불의한 역사와 사회의 현실 속에서 인간의 불의와 죄악을 속속들이 경험했기 때문에 인간의 죄를 깊고 철저하게 구체적이고 체험적으로 이해할 수 있었다. 이들은 신이 창조한 물질과 생명을 신의 선물로 생각하고 고맙고 좋은 것으로 여겼으며 결코 더러움과 죄로 여기지 않았다. 이들은 자연만물과 생명세계를 신격화하거나 신비화하지 않았으나 더럽고 죄로 물든 것으로 여기지도 않았다. 이들은 물질과 몸을 인간영혼의 감옥으로 여기지 않았다. 이들은 땅을 생명의 어머니로 보고 나라의 토대로서 매우 소중하게 여겼고 생명을 낳고 후손을 많이 두는 일을 신의 축복이며 거룩한 일로 여겼다. 이들은 남녀의 사랑과 먹고 마시는 일, 식욕과 성욕을 결코 나쁘게 보지 않았으며 생의 본능적 욕구와 갈망을 죄로 여기지 않았다. 또한 인간의 사나운 감정과 거친 주장을 죄로 여기지도 않았다.

이들은 다만 신 아닌 것을 신으로 여기고 신 대신에 신 아닌 것을 숭배하고 따르는 것을 죄로 여겼다. 물질과 재산을 신으로 여기고 물질적 생산력과 성적 쾌락을 신성화하고 절대화하여 거기에 탐닉하는 것, 왕과 국가를 신격화하는 것을 죄로 여겼다. 신은 생과 역사와 사회의 가장 깊은 중심과 가장 높은 꼭대기에 있는 존재다. 신은 생과 정신, 역사와 사회의 깊은 중심과 근원과 목적 속에 있는 초월적이고 창조적인 힘이다. 신을 배신하고 떠나는 것은 생의 깊은 중심과 목적을 배신하고 떠난 것이고, 자기 자신을 버리고 망치는 것이며 생의 근본적인 태도가 잘못되고 왜곡된 것이다. 생명의 주체와 전체를 창조하고 살리는 신은 사랑과 정의의 신이다. 사랑과 정의의 신이 아닌 거짓 신을 섬기고 우상을 숭배하는 것은 생명과 정신의 근본적인 자세와 태도가 잘못된 것이며 중심과 방향, 길과 목적을 잃은 것이다. 그것은 인성을 파괴하고 인간다움을 잃는 것이고 생명진화와 인류역사의 길을 거스르는 것이고 다 함께 파멸과 죽음의 길로 가는 것이다. 그것은 생의 근원과 중심에서 볼 때 영원한 생명의 길을 떠나서 영원한 죽음에 이르는 길로 가는 것이다.

히브리인들에게 신은 어떤 존재인가? 가진 것 없이 떠도는 이들에게 현실은 매우 불리하고 절망적이었다. 이들은 정치 사회 경제적으로 불리한 지위와 조건을 가지고 살았다. 계산과 조건을 따지면 이들은 희망을 가지고 살 수 없었다. 어렵고 절망적인 현실 속에서 당당하고 힘차게 미래를 향해 나아가려면 합리적 계산과 현실적 조건을 뛰어넘는 절대자 하나님에 대한 신앙이 필요했다. 또한 이들은 험난한 역사와 무자비한 사회 속에서 사회적으로나 도덕적으로 잘못을 저지르며 살아야 했고 부족하고 아쉬움이 많은 삶, 실패와 좌절, 흠집과 흠결이 많은 삶을 살아야 했다. 따라서 자신들의 의로움과 완전함을 자랑할 수 없었고, 역사적 도덕적 정당성을 내세울 수 없었다. 이들은 역사적 인과법칙과 도덕적 인과율에 따른 역사적 도덕적 승리를 기대할 수 없었다. 이들이 보기에 지배자나 피지배자나 인간은 모두 죄인이고 하나님만이 흠 없이 의로운 이였다.

이들은 역사와 도덕의 인과율과 법칙을 뛰어넘는 사랑과 은총의 신을 바랐고 그런 신을 그들의 힘겨운 삶 속에서 만났다. 그들의 신은 창조자 구원자 해방자다. 신의 창조와 구원과 해방은 계산과 조건을 뛰어넘는 생명과 사랑의 흘러넘침이다. 신은 인과율과 법칙을 뛰어넘는 자유로운 창조자이고, 역사와 사회의 불의한 권력과 속박을 깨트리는 초월적 절대자다. 신은 어찌하여 세상을 창조하고 역사를 이끌어 가는가? 신은 무엇이 결핍되어 있거나 필요하거나 부족하고 아쉬워서 세상과 인간을 창조하고 역사를 이끌어가는 것이 아니다. 신의 창조는 신의 존재와 생명, 사랑과 정의의 나눔이며 흘러넘치는 은총이다. 신의 창조의 목적은 신과 인간이 주체와 주체로서 사귐을 가지기 위한 것이다. 조건 없이 나누고 주는 은총의 하나님은 인과율과 법칙을 뛰어넘는 창조와 갱신의 힘이다. 하나님은 역사와 사회의 불의한 현실을 뒤집고 깨트리고 돌파하여 새로운 미래를 열고 창조한다. 신의 존재와 사랑의 흘러넘침은 물질적이고 기계적인 유출이 아니라 역사와 사회를 돌파하고 혁신하는 힘이고 생명과 정신의 내적 초월과 거룩함이며, 조건 없는 사랑의 의지이고 사귐이다.

예수: 하나님 나라 운동을 일으킨 이

예수는 로마의 식민지 백성으로서 하나님 나라 운동을 일으킨 농촌의 젊은이였다. 그가 사는 세상은 하나님의 사랑과 정의를 경험할 수 없는 세계였다. 당시 식민지 백성들은 로마제국, 헤롯 왕가, 예루살렘 성전과 대제사장, 도시의 귀족들, 율법학자들과 서기관들인 바리사이파와 사두가이파로부터 정치·경제·종교·문화적으로 3~4겹의 억압과 수탈과 소외를 겪고 있었다. 수많은 민중이 삶의 터전을 잃고 굶주림 속에서 헤매었으며 온갖 질병과 정신질환이 들끓고 있었다. 그들의 공동체는 파괴되고 영혼은 주체의 깊이와 자유를 잃었다. 예수는 불의한 억압과 수탈 속에서 굶주림과 질병으로 고통당하는 백성들을 구원하는 것이 신의 뜻이라고 보았다. 그는 불의하고 무자비한 세상에서 신의 사랑과 정의의 나라를 선포하였다. 그는 불의하고 악한 세상이 하나님의 심판을 받고 하나님의 정의와 사랑이 가득한 세상이 올 것으로 확신했다. 예수가 선포한 나라는 하나님을 어버이로 모시고 모든 인간이 더불어 형제자매로 사랑하면서 자유롭고 평등하게 사는 하나님 나라였다. 예수는 하나님 나라가 다가 왔으니 회개하고 다 함께 하나님 나라를 맞이하고 하나님 나라로 들어가자고 호소하였다.

예수는 가난하고 병든 민중을 하나님의 자녀로 선언하고 "가난한 사람이 복이 있다! 하나님 나라가 저들의 것이다."고 가르쳤다. 하나님의 맘과 눈으로 보고 생각하고 행동했던 예수는 민중의 영혼과 삶 전체를 뚫어보고 헤아려 알 수 있었다. 참된 주체이고 참된 전체인 하나님의 심정과 눈으로 본 예수는 억눌리고 짓밟힌 민중 속에서 영혼의 한없는 존귀함과 공동체적 사랑의 아름다움을 보았다. 그는 한 사람의 영혼이 온 천하보다 존귀하다고 함으로써 한 사람이 하나님(하나님 나라)과 직결되어 있으며 한 사람 속에 전체가 있고 전체 속에 한 사람이 있음을 알렸다. 잃은 양 한 마리를 찾아 헤매는 목자의 비유를 통해 잃은 양 한 마리가 잃어버리지 않은 99마리보다 더 귀하다는 것을 말했다. 이로써 그는 하나가 전체(100)이고 전체가 하나라는 생명과 영의 공동체적 진리를 알려주었다. 그는 또한 1시간 일한 사람이나 10시간 일한 사람이나 똑같이 하루 품삯을 주는 포도원 주인의 비유를 통해서 하나님 나라의 정의를 말했다. 하나님 나라의 정의는 노동과 업적에 따라 분배하는 정의가 아니라 누구나 사람답게 주체로서 살 수 있도록 배려하는 공동체의 정의다. 예수의 정의는 생명의 주체와 전체를 실현하는 생명 공동체의 정의였다. 그는 또한 "네 이웃을 네 몸처럼 사랑하라."고 하고 "하루에 일곱 번씩 일흔 번이라도 용서하라."고 함으로써 개인의 권리와 주장을 넘어서는 권리 이전의 삶에로 초대하였다. 하나님 나라의 삶은 개인의 업적과 능력, 권리와 주장을 넘어서는, 계산과 조건을 뛰어넘는 자유로운 사랑과 은총의 삶이고 신의 사랑과 정의에 근거하여 인간의 주체와 전체를 실현하고 완성하는 삶이다. 조건 없이 흘러넘치는 사랑과 인정하고 받아들이는 은총의 삶에로 초대하는 것이 예수의 하나님 나라 복음이었다. 인간의 업적과 권리 이전의 삶은 계산과 조건, 인과율과 법칙을 뛰어넘는 흘러넘치는 사랑의 삶이며 이런 흘러넘치는 사랑의 삶에서 주체의 깊이와 자유가 드러나고 전체의 하나 됨에 이르는 길이 열린다.

고난의 종과 십자가: 죄악과 고난의 인과법칙을 넘어서 정의와 사랑의 나라로

고난의 발견

논리적이고 합리적인 이론과 방안을 추구하는 지식인들은 고난을 피할 수 있고 피해야 할 것으로 생각한다. 그러나 고난 없는 생명은 생각할 수 없다. 고난은 선택의 대상이 아니다. 몸을 가진 생명은 고난을 피할 수 없다. 역사와 사회의 바닥에서 사는 민중은 고난을 감수해야 한다. 역사와 사회의 무거운 짐을 지고 사는 인간들은 고난 속에서 삶의 길을 열어가야 한다. 고난의 역사 속에서 자유와 평등, 정의와 평화의 나라를 찾아 헤매면서 믿음과 진리의 길을 열어갔던 히브리인들의 성경은 이사야 53장 '고난의 종'에서 절정에 이른다. 여기서 히브리인들은 죄악과 불의와 고난 속에서 참된 주체와 공동체적 전체에 이른다. 1~6절에 따르면 고난의 종은 초라하고 볼품없는 존재이며 멸시받고 버림받은 인간이다. 그러나 그는 우리를 위해서 우리를 대신해서 고난당하는 구원자다. "그는 실로 우리의 질고를 지고 우리의 슬픔을 당하였거늘 우리는 생각하기를 그는 징벌을 받아서 하나님에게 맞으며 고난을 당한다 하였노라. 그가 찔림은 우리의 허물을 인함이요 그가 상함은 우리의 죄악을 인함이라. 그가 징계를 받음으로 우리가 평화를 누리고 그가 채찍에 맞음으로 우리가 나음을 입었도다. 우리는 다 양 같아서 그릇 행하여 각기 제 길로 갔거늘 여호와께서 우리 무리의 죄악을 그에게 담당시키셨도다." 히브리인들은 신을 믿고 따르려 했으나 끊임없이 고난을 겪었다. 이집트제국에서 오랜 세월 종살이를 하고 종살이에서 벗어나 가나안 땅에서 나라를 세웠는데 오래 가지 못하고 아씨리아와 바빌론제국의 침략으로 나라를 잃고 다시 종살이를 하게 되었다. 이스라엘 백성은 자신들의 고난 속에서 역사와 사회, 생명과 정신의 깊은 진리를 깨닫게 되었다.

그 동안 사람들은 힘이 없고 못났기 때문에 고난을 당한다고 생각했다. 재수와 운수가 나쁘기 때문에 고난을 당한다고 생각했다. 이스라엘 사람들도 죄를 지었기 때문에 하나님이 벌을 내려서 고난을 당한다고 생각했다. 고난은 부끄러운 것이고 죄와 약함, 실패와 패배, 어리석음과 못남의 표시였다. 그런데 어찌하여 하나님을 믿고 따르려고 했던 사람들이 이렇게 줄곧 고난을 겪어야 하는가? 우상을 숭배하고 부와 권력을 누리며 사는 불의하고 악한 인간들은 어찌하여 떵떵거리며 힘차게 살고 있는가? 처음에는 이스라엘 사람들도 자신들이 죄를 짓고 못났기 때문에 나라를 잃고 고난을 당한다고 생각했다. 이들도 고난당하는 사람을 하나님의 징벌을 받는 자로 멸시하였다. 이들도 역사와 사회, 종교와 도덕의 인과율과 법칙에 매여 있었다.

오랜 고민과 반성을 거쳐 이들은 고난 속에서 신의 사랑과 정의를 발견하고 고난 속에서 치유와 구원, 정의와 평화에 이르는 길을 찾았다. 이들은 고난당하는 동포형제를 보면서 그리고 고난당하는 자신들을 보면서 고난당하는 사람을 주체와 전체의 자리에서 하나님의 심정과 눈으로 보게 되었다. 주체와 전체의 자리에서 고난당하는 사람을 보았을 때 그의 고난은 남의 고난이 아니고 나(우리)와 직결된 고난임을 알게 되었다. 그 고난은 나(우리)의 죄와 허물 때문에 당하는 고난이고 나(우리)의 죄와 허물을 씻어주고 고쳐주기 위해서 겪는 고난임을 깨닫게 되었다. 하나님의 심정과 눈으로 본다는 것은 사물과 생명과 인간을 그 근원과 중심과 목적에서 보는 것이고 그 주체와 전체의 자리에서 보는 것이다. 주체와 전체의 자리에서 고난을 본다는 것은 역사와 사회, 종교와 도덕의 객관적이고 보편적인 인과율과 인과법칙을 넘어서서 고난 받는 사람의 자리에서 고난 받는 사람을 위해서 그 고난을 보는 것이다. 이사야 53장에서 히브리인들은 단순하게 인과율과 인과법칙을 부정하지는 않았다. 역사 사회의 현실세계와 종교도덕의 정신세계에서 인과율과 인과법칙이 작용한다는 것을 어느 정도 인정하고 받아들였다. 죄악과 불의가 있기 때문에 고난을 당한다는 것도 부정하지 않았다. 그러나 이들은 죄악과 불의와 고난의 인과응보 관계를 주체적이고 공동체적으로 파악하고 극복하고 넘어서려 했다. 죄악과 불의의 현실보다 더 깊고 높은 자리에서 인과율과 인과법칙보다 더 깊고 높은 진리의 자리에서 하나님의 심정과 처지에서 생의 주체와 전체의 자리에서 이들은 고난을 생각하고 이해하고 극복하고 넘어섰다.

이들은 먼저 고난을 주체적이고 공동체적으로 생각했다. 남의 고난을 나의 문제로 생각했다는 점에서 주체적으로 생각한 것이고 나와 우리의 죄와 허물 때문에 나와 우리를 정화하고 치유하기 위해서 나와 우리 대신 저들이 고난당한다고 본 점에서 공동체적으로 전체의 자리에서 생각한 것이다. 지금 고난당하는 사람의 고난은 그 사람만의 고난이 아니라 나(우리)를 대신해서 당하는 고난이라는 점에서 나(우리)의 고난이다. 그의 고난은 우리 사회와 역사가 불의하고 사랑이 없고 잘못되었기 때문에 일어난 것이다. 나와 우리가 사회와 역사 속에서 마땅히 할 일을 하지 않았기 때문에 그가 고난을 당하는 것이다. 그의 고난에서 사회와 역사의 불의와 사랑 없음이 뚜렷이 드러난다. 주체적이고 공동체적으로 생각한다면 고난을 가져오는 역사와 사회의 죄악과 불의와 사랑 없음은 더 이상 운명적으로 감수해야 할 것이 아니다. 개인적으로 운명론과 결정론의 틀에서 생각하면 역사와 사회의 죄악은 숙명적으로 받아들여야 할 업보가 된다. 그러나 주체의 자리에서 그리고 공동체 전체의 자리에서 생각하면 운명론과 결정론의 굴레에서 벗어날 수 있다. 그리고 운명론과 결정론의 굴레에서 벗어나면 역사와 사회의 모든 죄악과 불의는 나와 네가, 우리가 처리하고 극복할 수 있는 대상으로 된다. 이제 역사와 사회의 죄악과 불의는 짊어질 수 있고 청산할 수 있는 것이다. 지금 고난을 당하는 사람은 이미 그 죄악과 불의를 짊어지고 청산하고 있는 것이다.

고난의 의미를 깨닫고 죄악과 불의를 청산하기 위해서는 먼저 참된 나를 찾아야 한다. 참된 나를 찾고 발견하기 위해서는 먼저 역사와 사회의 불의와 죄악의 실상을 알아야 한다. 역사와 사회의 불의와 죄악의 진상을 알기 위해서는 지금 고난당하는 사람이 무엇 때문에 그리고 무엇을 위해서 고난당하는지 알아야 한다. '고난의 종' 이야기는 고난당하는 사람이 고난당하는 이유와 목적을 알려준다. 지금 고난당하는 사람은 우리 사회와 역사의 불의한 죄악과 폭력의 짐을 짊어진 것이다. 지금 고난당하는 사람은 우리의 불의한 역사와 사회를 치유하고 구원하고 있는 것이다. 불의와 죄악에서 벗어나 정의와 평화, 사랑과 진리에 이르는 길은 그의 고난 속에서 우리의 죄와 악, 거짓과 폭력을 볼 때 비로소 열린다. 우리가 인과율과 인과법칙의 운명론과 결정론에서 벗어나 참 나를 찾고, 참된 전체의 하나 됨에 이르러야 한다. 그리하여 우리가 그의 고난에 참여하여 그와 함께 그 고난의 짐을 지고 죄악과 불의와 폭력을 극복하고 청산해야 한다. 그의 고난에서 우리의 죄악과 불의를 깨닫고 그의 고난의 짐을 함께 짐으로써 그 죄악과 불의를 극복 청산할 수 있다. 고난당하는 사람과 함께 나의 나, 너의 나, 그의 나가 모두 저답게 주체로 서고 전체의 하나 됨에 이르는 것이 역사와 사회의 치유이고 화해이며 구원이다. 지금 고난당하는 사람의 고난 속에서 생명과 정신의 주체는 뚜렷이 드러나고 전체가 하나로 이어졌음이 밝혀진다. 히브리인들은 그들의 고난 속에서 하나님의 사랑과 정의, 영원한 생명을 보았으므로 고난 속에서 사랑으로 하나가 됨으로써 참된 생명의 길로 나아가는 용기와 희망을 가지게 되었다.

십자가의 고난 속에서 정의와 평화에 이르다

나라를 잃고 바빌론에서 포로생활을 하던 유대인들[15]은 고난에 대한 깊은 자각과 통찰을 '고난의 종'으로 제시하였다. 고난의 종을 통해 표현된 고난에 대한 유대인의 자각과 통찰은 역사와 사회의 밑바닥에서 신음하는 민중의 고난과 삶에 대한 주체적 자각과 전체(공동체)적 깨달음이다. 이것은 고난 받는 사람들의 삶과 고난을 주체적으로 '나의 문제'로 파악한 것이며 고난 속에서 전체(하나님, 우주, 생명, 역사)에 대한 깊은 인식과 통찰에 이른 것이다. 하나님나라를 선포하고 민중의 주체와 전체를 실현하기 위해 앞장섰던 예수가 로마군과 대사제에 의해 체포되고 십자가에서 처형되었다. 예수를 따르던 이들은 예수의 십자가처형과 죽음을 어떻게 이해하고 받아들여야 할지 큰 고민과 혼란에 빠졌다. 이들이 예수의 고난을 인류의 치유와 화해와 구원의 사건으로 하나님의 정의와 평화, 사랑과 진리를 실현하는 사건으로 이해하고 받아들일 수 있었던 것은 고난의 종 이야기를 통해서였다.

---

15) 이스라엘은 솔로몬 왕이 죽은 후 남 유다와 북이스라엘로 분단되고 BC 8세기에 앗시리아에 의해 북이스라엘이 망했다. 그 후 이스라엘인들은 유대인으로 불리게 되었다.

예수의 십자가 고난과 죽음이 어떻게 인류의 화해와 구원, 정의와 평화에 이르는 자리가 되었을까? 종교도덕과 역사사회의 인과율과 인과법칙을 넘어서서 고난과 죽음에 대한 깊은 성찰과 깨달음에 이르렀기 때문이다. 생명진화의 역사를 살펴보더라도 생명의 진화는 개체의 죽음과 함께 시작되었다. 세균들만 살아 있을 때는 몸이 둘로 쪼개지는 세포분열을 통해 번식하면서 죽음을 경험하지 않아도 되었지만 진화도 이루어지지 않았다. 만일 개체의 죽음을 감수하지 않았으면 생명세계는 세균과 곰팡이 수준을 넘어서지 못했을 것이다. 그러다가 진핵세포가 나오고 씨알을 통해 번식하면서 개체의 죽음을 감수하게 되었을 때 비로소 눈부신 생명의 진화가 시작되었다. 생명진화의 역사를 크게 보면 전체 생명은 육체적인 생존을 연장하는 데는 큰 관심이 없는 것처럼 보인다. 생명의 정신적 고양과 향상, 개체의 주체적 깊이와 자유에 이르고, 전체의 큰 하나 됨을 이루기 위해서 전체 생명은 개체의 육체적 생존을 포기하면서 생명진화의 길을 열어갔다. 전체 생명은 개체의 고난과 죽음을 감수하면서 생명의 내적 깊이와 고양을 추구하는 길로 진화했다. 고난과 죽음을 통해서 평화와 구원에 이르는 인간의 길은 생명진화의 역사를 통해서 확증된 것이다.

예수의 십자가 고난과 죽음은 속죄와 구원을 위한 어린양의 희생으로 형상화되었다. 인간의 정신과 역사에서 희생의 개념이 깊이 뿌리를 내렸다. 물질의 제약과 속박에서 벗어난 생은 본디 상생과 공존의 세계를 열었으나 물질에 의존해서 사는 생명체는 서로 먹고 먹히는 관계 속에서 살아간다. 먹고 먹히는 생명세계는 다른 생명체의 희생을 근거로 생존을 이어간다. 인류사회도 서로의 수고와 희생으로 생존을 이어간다. 인간을 비롯하여 모든 생명체는 홀로 살 수 없고 자연환경과 다른 생명체의 존재와 활동에 의지해서 살아간다. 부모는 자신을 희생하여 자식들을 먹여 살린다. 서로 희생하여 먹여 살림으로써 상생과 공존의 세계를 이루어가는 것이 생명진화와 인류역사의 동인이고 목적이고 방향이다. 인류도 기본적으로는 희생과 헌신을 바탕으로 상생과 공존의 삶을 이어간다. 그러나 모든 생명체들과 인간들에게 생존을 유지하는 일은 매우 힘들고 어려운 것이었다. 인간을 비롯한 모든 생명체들은 겨우겨우 생존을 이어왔다. 따라서 생존경쟁과 투쟁이 끊이지 않았다. 힘과 꾀가 생긴 인간들은 남에게 희생을 강요하고 편하게 살려고 서로 싸우게 되었다. 겉으로 보면 인류역사는 집단적인 생존경쟁과 전쟁의 역사였다. 똑똑하고 힘센 이들이 힘없고 못나고 착한 이들을 정복하고 지배했으며 억압하고 수탈했다. 강한 자들이 약한 자들에게 불의를 저지른 역사이며, 강한 자들이 약한 자들의 희생과 헌신을 강요한 역사다.

인류역사는 늘 강자와 정복자 중심으로 썼기 때문에 불의한 강자와 정복자를 정당화하였다. 이에 반해 패배한 억눌린 약자는 어리석고 부도덕하고 못난 죄인으로 규정되었다. 정복자인 강자 중심의 역사관에서는 고난은 어리석음과 게으름, 죄와 부도덕함의 결과로 여겨졌다. 이런 역사관은 불의를 정당화할 뿐 아니라 고통당하는 민중의 주체성과 전체성을 부정하고 해치는 반민중적이고 반공동체적인 역사관이었다. 이런 역사관은 인과율과 인과법칙에 매인 것이다. 인과율과 인과법칙은 수학에서 가장 명확하게 적용되고 확증되며 우주자연의 물질적이고 물리적인 세계에서 확인되고 증명된다. 인과율과 인과법칙은 생명과 역사와 종교도덕의 세계에서도 상당한 정도로 적용되고 확인된다. 그러나 인과율과 인과법칙은 수리와 물리에서만 엄격히 적용되고 확인되는 것이지 생명과 정신의 주체와 전체에게는 적용되거나 증명할 수 없는 것이다. 주체와 전체는 인과율과 인과법칙에서 벗어난 것이다. 스스로 하는 주체의 자발성은 인과율과 인과법칙을 초월한 것이고 하나로 통일된 전체는 인과율과 인과법칙이 적용될 수 없는 것이다. 고난 받는 사람의 자리에서 고난을 보고 고난 속에서 구원과 해방, 신생과 부활에 이르는 길을 보는 것은 인과율과 인과법칙을 수용하고 극복하고 초월한 것이다. 고난을 짊어지고 견뎌냄으로써 인과율과 인과법칙을 수용하고 극복하고 초월하여 정의와 평화와 사랑의 세상을 열어가는 것이다.

고난 받는 이들의 자리에서 역사와 사회를 보는 것은 역사와 사회의 불의와 죄악을 드러내고 고발하는 것이다. 이것은 죄악과 불의가 지배하는 낡은 시대를 청산하고 정의와 사랑이 가득한 새 세대를 여는 것이다. 고통 받고 신음하는 사람들을 신의 사랑과 정의의 관점에서 볼 때 역사의 불의와 죄악을 극복하고 화해와 평화에 이르는 길이 열린다. 역사와 사회의 바닥에서 고난을 당한 히브리-유대인과 초대 기독교인들은 패배하고 고난 받고 죽은 사람(희생자)의 심정과 처지에서 고난을 이해했으며 고난 속에서 인간의 주체적 깊이와 자유에 이르고 전체의 하나 됨에 이르렀다. 이로써 고난 받는 민중의 참된 주체성과 전체성을 드러내고 실현할 수 있는 길이 열렸다.

예수의 고난과 죽음의 자리(십자가)는 인과율의 사슬과 인과법칙의 굴레에서 벗어나 죄와 불의의 사슬을 끊고 새 인간이 태어나는 자리이고 불의한 역사의 구원이 이루어지는 자리다. 불의한 역사 속에서 십자가에 달린 예수는 하나님께 "어찌하여 나를 버리십니까?" 하고 외치며 죽었다. 함석헌은 예수의 십자가 죽음이 생명과 역사의 가장 깊은 비밀과 진리를 드러낸다고 보았다. 그는 예수의 십자가 죽음을 이렇게 해석했다. "이날에 예수가 아니라 억만 고해와 억만 미래에 있을 모든 혼이 부르짖은 것이고 한 사람이 죽었다 살아난 것이 아니라 전 인류가 죽었고 또 산 것입니다. 그러므로 그 고통은 슬픔의 고통인 동시에 또 무한한 기쁨의 부르짖음입니다."[16] 생명의 깊은 자리에서 보면 고난 받고 죽은 예수뿐 아니라 오늘 고난 받고 죽어가는 많은 사람들이 오늘 나의 생명과 역사 속에 살아 있다. 예수와 함께 그리고 오늘 고난당하는 많은 사람들과 함께 나는 인과율과 인과법칙의 사슬을 끊고 역사와 사회를 새롭게 창조하는 주체로서 사람다운 사람으로 새롭게 태어나야 한다.

기독교의 덕: 인과율을 넘어서 주체와 전체의 일치에 이르는 덕 믿음, 희망, 사랑

히브리인들과 초대기독교인들은 불의한 역사 현실에서 죄와 악을 생각했다. 삶과 역사의 구체적 현실 속에서 불의와 죄악을 절실하게 경험했기 때문에 히브리-기독교인들은 남달리 예민한 죄의식을 가졌고 철저한 죄 이해에 이르렀다. 역사와 사회의 현실에서 경험하는 죄는 단순히 역사, 사회의 사건이 아니라 신과의 관계에서 인간 내면의

16) 함석헌, "씨올의 제소리", 함석헌전집9. 한길사 1984. 283쪽.

깊은 곳에서 일어나는 사건이다. 이들은 죄를 하나님과의 관계에서 그리고 인간의 깊은 내면에서 이해했다. 따라서 히브리-기독교 전통에서는 다른 어느 전통에서보다도 치열한 죄의식과 정의감에 이르렀다. 히브리 기독교 전통은 거짓 신과 우상숭배를 비판하고 거부하며 불의한 권력에 맞서 싸우는 정신과 태도를 확립했다.

고대 중동의 종교문화와 히브리 종교문화도 더러운 물건이나 음식이 사람을 더럽게 만든다고 생각했다. 특히 히브리 종교는 더러운 물건과 음식에 대한 자세한 규정을 가지고 있었고 다른 민족들의 종교의식과 문화를 더럽고 죄스러운 것으로 여겼다. 예수 시대의 율법학자나 종교지도자들은 율법이나 규정, 종교의식을 지키지 못한 사람, 사회관습이나 도덕을 지키지 못한 사람을 죄인으로 규정하고 비난하였다. 대체로 가난하고 힘없는 이들이 죄인으로 낙인이 찍히고 비난받고 소외당했다. 율법과 규정, 관습과 도덕은 인과율과 인과법칙을 따른 것이다. 예수는 가난하고 힘없는 사람들을 죄인으로 규정하고 비난하는 바리사이파와 율법학자들을 위선자들로 규정하고 이른 바 가난한 '죄인들'을 하나님의 자녀로 하늘나라의 주인으로 선언하였다. 예수는 인과율과 인과법칙이 지배하는 율법과 도덕습관의 굴레에서 가난한 민중을 해방하였다. 더 나아가서 낡고 불의한 세상을 심판하고 새 세상을 창조하는 하나님 나라 운동을 일으킴으로써 새 하늘과 새 땅을 열고 새 역사와 사회를 지으려 했다.

예수는 자신의 시대와 삶의 자리에서 히브리 성경을 주체적으로 새롭게 해석하고 창조적으로 행동했다. 그는 하나님을 아버지로 여기고 하나님의 아들로서 하나님의 심정과 눈으로 보고 생각하고 말하고 행동했다. 예수는 겉으로 드러난 말이나 행동만이 아니라 마음 속 생각과 동기도 죄라고 보았다. 음욕을 품으면 벌써 간음한 것이고 미워하면 이미 살인한 것이다. 예수는 입으로 들어가는 것이 아니라 입에서 나오는 말이 사람을 더럽게 한다고 했다. 예수에 따르면 물질이나 율법 규정이 사람을 더럽게 하는 것이 아니라 사람의 내면에서 나오는 더러운 동기와 잘못된 의도가 사람을 더럽게 한다. 동기와 의도의 더러움과 깨끗함, 죄와 의의 기준을 예수는 사회와 종교의 규범과 관습에서 찾지 않고 하나님의 사랑과 정의에서 찾았다. 하나님의 사랑과 정의가 더러움과 깨끗함, 죄와 의를 구분하는 기준이다. 하나님의 사랑과 정의는 생명과 인간의 주체와 전체를 살리고 온전히 실현하는 것이다. 따라서 인간이 자기의 본성과 목적을 거스르고 파괴하는 것이 자신을 더럽게 하고 죄인으로 만드는 것이다. 사람을 더럽게 만드는 것은 사람 자신이고 사람을 죄인으로 만드는 것도 사람 자신이다. 외부의 어떤 물건이나 법칙이나 규정이 나를 더럽게 하고 죄인으로 만드는 것이 아니다. 나를 더러운 죄인으로 만드는 것은 나의 주체와 전체를 부정하고 파괴하는 나 자신의 잘못된 동기와 의도이다. 인간의 주체와 전체를 부정하고 파괴하는 것은 인간의 주체와 전체를 사랑하고 온전히 실현하려는 하나님의 뜻과 목적을 외면하고 거스르는 것이다. 예수는 더러움과 죄의 문제를 물질과 법(인과율)의 문제에서 내면적 주체의 문제로 하나님과의 인격적 관계의 문제로 만들었다. 예수는 물질과 몸을 더러움과 죄의 근원으로 보는 관념을 거부하고, 인간을 인과율(법)의 속박에서 해방했다.

사랑과 정의의 하나님은 인간(생명)의 참된 주체이며 전체다. 하나님은 "나는 나다!"[17]고 선언함으로써 인과율과 법칙을 초월하는 분이고 인간과 만물을 창조하고 해방하고 구원하여 자신에게 이끄는 분이다. 죄는 하나님(사랑과 정의)을 떠나서 인간 자신의 주체와 전체를 왜곡하고 파괴하는 것이며 의는 하나님(사랑과 정의) 안에서 인간의 주체와 전체를 실현하고 완성하는 것이다. 하나님에게로 돌아오는 것이 죄악의 삶을 버리고 의로운 삶에로 돌아오는 것이며 인간의 주체와 전체를 실현하고 완성하는 것이다. 히브리 기독교 종교전통에서는 역사와 사회의 구체적인 삶 속에서 인간의 죄악을 체험하고 하나님과 관련해서 죄와 의를 생각했기 때문에 예민하고 철저한 죄의식을 지녔으며 죄에 대한 반성과 회개를 강조하였다.

히브리 기독교 전통에서는 역사와 사회의 근본적인 죄악과 불의를 생각했기 때문에 점진적인 수행이나 개선을 생각하지 않고 근본적인 참회와 전환을 주장했다. 개인도 사회도 불의와 죄악으로 물들어 있으므로 하나님이 철저한 심판을 통해서 새로운 인간과 세상을 만들어 줄 것을 믿고 기다렸다. 히브리 기독교 전통에서는 세상의 죄악을 극복하고 정의로운 세상을 만드는 개인의 주체적 역량인 덕이 강조되지 않았다. 불의와 죄악의 세상을 깨트리고 새 세상을 이루어가는 하나님의 활동을 믿고 기다리면서 새 세상을 만들어가는 하나님의 일(하나님 나라)에 사랑과 희망을 가지고 참여하려 했다. 죄악을 극복하고 정의로운 세상을 이루어가는 기독교의 덕은 기본적으로

---

17) 이집트에서 종살이하는 백성을 해방시키라는 명령을 신으로부터 받은 모세가 당돌하게 하나님의 이름들 묻자 하나님은 "나는 나다!"(I am who I am)고 대답한다. "나는 나다!"라는 신의 주체 선언은 이집트에서 주체를 잃고 종살이하는 히브리 백성과 대조된다. 히브리 성경 출애굽기 3장 14절

인간 내면의 도덕적 역량이 아니다. 기독교의 덕은 개인과 사회의 삶 속에서 죄악과 불의를 극복하고 의로운 세상을 이루어가는 하나님에 대한 믿음과 사랑과 희망으로 제시되었다. 믿음과 사랑과 희망은 개인의 내면적 역량이라기보다 개인과 사회 속에서 새 세상을 이루어가는 하나님에 대한 인격적이면서 공동체적인 맘가짐과 실천의 자세와 원리다. 율법의 행위를 통해 정의(구원)에 이를 수 있다는 유대교 율법학자들의 주장을 부정하고 '믿음과 은총만!'으로 정의(구원)에 이른다는 원리를 내세우고 흘러넘치는 신의 아가페 사랑에 근거한 기쁜 복음을 선포함으로써 기독교는 종교 도덕의 인과율과 법칙을 깨뜨리고 자유로운 영혼들의 공동체를 실현하려고 했다.

히브리 기독교정신에 대한 반성

히브리 기독교 전통은 개인과 사회의 죄와 불의에 대한 깊은 감수성을 가지고 사랑과 정의의 하나님에 대한 깊은 신앙을 가졌다는 점에서 높이 평가될 수 있다. 히브리의 예언자들과 예수의 제자들은 개인구원과 사회구원을 통합하고 개인과 사회의 근본적인 변화를 추구했으며 개인과 사회의 지평을 넘어서 초월적 하나님과 친밀한 인격적 관계와 사귐을 가졌다. 그러나 히브리 기독교는 불의하고 악한 세상의 절박한 현실 속에서 정신의 자유와 여유를 가지기 어려웠다. 이들은 불의하고 악한 세상을 하나님이 심판하고 정의와 사랑이 가득한 하나님 나라가 곧 다가올 것이라는 종말의식을 가지고 살았다. 따라서 이들은 차분히 이성적으로 생각할 여유를 갖지 못했고 자신들의 덕성과 역량을 높이고 기르기 위해서 훈련하고 교육할 철학과 제도를 마련하지 못했다. 이스라엘 사람들도 가정과 회당에서 토라(율법, 히브리 성경)를 암송하고 가르쳤으나 인간의 덕성과 역량을 기르고 생각하는 능력과 방법, 이론과 지식을 가르치기 위해서 체계적으로 교육한 것은 아니다.

히브리 기독교인들에게 아쉬운 것은 역사와 사회의 주인으로서 인간의 주체적 역량(덕성)을 강조하지 못했고 역사와 사회를 개혁하고 진전시키는 혁신과 진보의 주체로서 인간을 확립하지 못한 점이다. 기독교 경전에서도 인간은 예수를 믿고 따르는 자들로 나타나고 하나님의 구원을 믿고 기다리는 자들로 나온다. 하나님에 대한 깊은 신앙을 가진 인간이 역사와 사회를 개혁하고 진전시키는 민주적 주체로서 제시되지 못한 것은 그 시대의 한계와 제약을 나타낸다. 삶의 구체적 현실 속에서 죄와 정의를 깊이 철저하게 생각했기 때문에 기독교는 개인의 믿음과 정신 속에서 인간의 주체와 전체를 드러낼 수 있었다. 기독교는 인간의 주체와 전체를 드러내기는 했지만 사회와 역사의 불의와 죄악 속에서 인간의 주체와 전체를 제대로 실현할 수 없었다. 그렇기 때문에 히브리 기독교 전통은 차분한 여유를 가지고 명상을 하거나 객관적으로 논리적 이론적 탐구를 발전시키지는 못했다. 또한 히브리기독교 전통은 고난 받는 민중의 관점에서 죄와 불의에 대한 예민한 의식을 가지고 현실을 비판하고 저항하는 정신을 발달시켰으나 배타적이고 독단적인 정신과 경향도 발달시켰다. 히브리 기독교 전통은 합리성과 포용성이 부족했다. 그럼에도 히브리 기독교 전통은 인격적이고 초월적 하나님 신앙과 함께 세상의 불의와 죄악에 대한 예언자적 비판과 저항의 정신을 지킬 수 있었다. 불의와 죄악에 대한 비판과 저항의 정신을 물려받은 서양의 정신사에서는 낡고 부패한 종교체제를 거부하는 종교개혁이 일어나고 낡고 불평등한 지배체제를 깨트리고 민주적인 사회로 나아갈 수 있었다.

히브리 기독교인들이 인류를 위해 닦아낸 덕은 인과율과 인과법칙의 사슬에서 벗어나 불의한 권력과 우상을 부정하고 거부하는 영적 자유의 덕이며, 계산과 조건을 넘어선 흘러넘치는 아가페 사랑의 덕이다. 절대자 하나님 외에 어떤 권력과 체제에도 굴복하지 않는 자유로운 정신과 어떤 상황과 조건에서도 계산과 인과관계를 초월하여 흘러넘치는 아가페 사랑의 자발성과 헌신성은 인성을 실현하고 완성하여 새로운 인류공동체를 형성하는데 꼭 필요한 덕목이다.

2) 고대 그리스인들이 본 죄, 덕, 정의

그리스의 죄, 하마르티아: 과녁을 맞히지 못함

그리스어에서 죄는 하마르티아인데, 그리스어 하마르티아는 과녁을 맞히지 못하는 것을 나타내는 말이다. 히브리어에는 죄를 나타내는 말이 여럿 있는데 그 가운데 '핫타트'의 원뜻은 '빗나가다', '과녁을 맞히지 못하다'로 목표 혹은 중심을 벗어난 실패를 의미한다. 이것은 하나님의 기준 곧 올바른 길에서 벗어나는 죄와 악을 가리킨다(창 20:9; 출 10:17; 레 4:14). 그리스어와 히브리어에서 과녁을 맞히지 못하는 것을 죄로 여긴 것은 수렵시대의 생활에서 유래된 것으로 여겨진다. 수렵시대에는 사냥을 해서 먹고 살았다. 돌이나 창을 던지거나 화살을 쏘아서 새나 짐승을 맞추어 잡았다. 목표물을 맞히는 것이 생존기술이고 능력이었다. 목표, 과녁의 중심을 맞히지 못하는 것은 잘못이고 실수일 뿐 아니라 생존의 기회와 가능성을 잃게 되는 무능하고 불행하고 나쁜 일이었다. 과녁을 맞히지 못하는 것은 자신의 생존의 가능성과 기회를 잃는 손실과 좌절이었다. 그것은 또한 다른 가족과 친지의 기대와 요구를 저버리는 나쁘고 악한 일이었다. 과녁을 맞히는 것은 좋고 선하고 멋진 일이며 훌륭하고 뛰어난 일이고 과녁을 맞히지 못하는 것은 나쁘고 악하고 부끄러운 일이며 못나고 부족하고 열등한 일이었다.

히브리어에서는 죄의 의미가 신과의 관계에서 새롭게 형성되고 신에 대한 배신과 반역의 의미로 바뀌었으나 그리스에서는 하마르티아가 죄를 나타내는 말로 확정되었다. 하마르티아는 과녁을 맞히지 못한 것이며 핵심이나 정곡을 찌르지 못하고 빗나가서 허투루 낭비한 것이다. 이것은 효율성과 합리성과 정확성을 추구한 그리스인의 로고스 지향적 성향과 일치한다. 이것은 개인의 능력과 자질을 중시하고 현실적이고 효율적인 성과를 강조하는 그리스인의 성향을 나타낸다. 구체적인 목표물을 맞추고 실효(實效)를 얻는 뛰어난 능력과 합리적 과정이 그리스인에게는 중요했다. 허물을 죄로 여긴 한국인이나 비행을 저질러 법망에 걸린 것을 죄로 여긴 중국인이나 물질과 결합된 삶의 윤회와 업을 죄로 여긴 인도인과 비교하면, 과녁을 맞히지 못한 것을 죄로 여긴 그리스인의 구체적이고 실용적인 성향이 드러난다.

그리스인의 이런 성향은 언어 정치 역사 문화적 전통과 맞물려 있다. 인도의 아리안족과 같은 인도유럽어족에 속한 그리스인의 언어는 매우 논리적이고 분석적이며 정확성을 가지고 있고 주어가 객어와 술어를 지배하고 주도하는 언어다. 이런 언어에 걸맞게 아리안족은 끊임없이 이주하면서 원주민들을 정복하고 세력을 확장해 갔던 호전적 종족이었다. 끊임없이 이주하면서 낯선 세력과 맞서 싸워서 정복하고 지배하려면 현실의 주어진 상황과 조건을 합리적이고 효율적으로 지배하고 주도할 수 있어야 한다. 적대세력과 현실의 상황과 조건에 적합하고 적중하는 생각과 행동을 해야 적과 상황을 정복하고 지배할 수 있다. 특히 그리스인은 로고스적 효율성과 합리성을 추구하는 특수한 정치사회적 역사를 경험하였다. BC 1200년 경 지중해 지역의 왕조들이 거의 동시에 무너지고 무정부적 혼란과 무질서가 이어졌는데 그리스세계는 특별히 혼란과 무질서의 암흑기가 BC800년경까지 오래 이어졌다. 이 오랜 혼란과 무질서 속에서 그리스정신의 특징과 성향이 형성되었다. 왕조가 무너지고 무정부적 혼란 속에서 귀족들과 농민세력이 결합하여 민주도시국가를 형성했다.[18] 귀족들과 농민대중의 자유로운 결합과 연맹은 합리적 대화와 설득, 상호존중과 실리를 추구하는 정치사회적 상황을 조성했다. 서로의 이익을 위해서 연대하고 결합하면서 세력을 확장해갔고 자유롭게 식민지를 개척하면서 자연세계와 타민족의 효율적인 지배와 정

---

18) 토머스 R. 마틴/이종인 옮김 『고대 그리스인의 역사』 가람기획 2003 Ancient Greece by Thomas R. Martin Yale University 1996 68쪽 이하 참조.

복을 위해서 그리스인들은 로고스적 합리성과 정확한 계산, 질서와 효율을 추구했다. 전쟁과 현실정치에서는 자신과 상대, 조건과 상황에 대한 정확한 계산과 효율이 추구되고 합리적 대화와 설득이 요구되었다. 이런 상황에서 그리스인들은 로고스적 사고와 행위를 더욱 강조하게 되었다. 이 시기에 그리스인들은 우주와 사물을 과학적으로 탐구하는 자연철학을 발전시킴으로써 철학적 사유를 시작했다.

로고스적 정확성과 효율성과 합리성을 추구한 그리스인들의 정치사회문화적인 상황은 건국신화에 여실히 반영되었다. 이들의 건국신화에 따르면 이들은 하늘(독재자인 아버지 우라노스)을 제거하고 거세하여 죽인 다음에 합리적이고 질서 있는 로고스적 세계를 건설하였다. 이들이 보기에 하늘과 땅의 자연세계는 혼란스럽고 무질서하며 적대적이고 기괴한 세계였다. 따라서 하늘과 땅을 가르고 자연세계에 로고스적 질서를 부여한 것이다. 그리스인들이 정치사회적 혼란과 무질서를 극복하고 합리적이고 민주적인 도시국가를 건설한 것은 그들의 건국신화와 일치한다. 이들은 자연세계와 분리하는 성벽을 쌓고 합리적이고 효율적인 로고스적 정치사회질서를 형성하였다. 이들에게 자연세계와 다른 민족은 지배하고 정복해야 할 낯설고 적대적인 타자였다. 낯설고 적대적인 타자를 인식하고 정복하고 지배하는데 로고스적 사유와 실천의 합리적 효율성과 계산적 정확성과 논리적 일관성이 요구되었다.

그리스인들에게 죄(하마르티아)는 과녁을 맞히지 못하는 것이며 죄의 일차적인 문제는 과녁을 맞히지 못한 행위자의 실수와 잘못, 무능이었다. 그리스어로 덕은 아레테인데 아레테는 뛰어난 능력을 뜻한다. 수렵시대의 그리스인들이 추구한 덕(德)은 과녁을 맞히는 뛰어난 능력과 솜씨였을 것이다. 정치와 전쟁을 통해서 도시국가를 형성하고 세력을 확장해가는 시대에 그리스인들이 추구한 덕은 사유와 실천에서 합리적 설득력과 전투적 효율성, 계산적 정확성과 논리적 일관성, 사물과 상황의 핵심과 원리를 꿰뚫는 이성적 통찰력이었을 것이다. 현실을 정확히 파악하고 대처할 수 있는 능력과 함께 설득력과 진정성을 가진 사람만이 지도자가 되고 전쟁과 경쟁에서 이길 수 있다.

그리스인들은 자연의 인과관계와 법칙을 탐구하는 자연철학을 발전시켰으며 수학과 기하학을 발전시켰다. 동양인들이 수의 신비한 질서와 조화에서 인생과 국가의 운명을 보려 했던 것과는 달리 그리스인들은 수와 도형 자체의 이치와 원리를 탐구하였다. 이들은 수를 수로, 도형을 도형으로, 수와 도형을 그 자체로서 탐구하였다. 수와 도형을 그 자체로서 탐구한 진리와 원리를 논리적으로 증명하려고 했다는 점에서 고대 그리스인들의 학문 활동은 과학적이었다. 이들은 수와 산술, 기하학적 도형의 변함없고 완벽한 이치와 원리와 질서에서 변함없이 객관적이고 완벽한 이성적 존재의 세계를 보았다. 수학과 기하학의 완벽한 질서와 원리가 그리스인들의 표준이고 목표였다. 수학과 기하학의 로고스적 원리와 기준에서 벗어난 것이 죄였다. 그리스인들에게는 수학적 기하학적 완벽함(이데아)에 이르지 못한 것이 결함이고 과오였으며 죄였다. 삶의 표준과 목표인 수학적 이성적 완벽함(이데아)에 이르지 못하고 거기서 벗어난 것이 죄다. 그리스인들

에게 악은 완벽한 존재와 선의 결핍과 부재다.[19)]

수학과 기하학에서 보이는 로고스적 질서와 원리는 인간의 내면 뿐 아니라 국가사회와 우주를 지배하고 형성한다. 인간과 국가와 우주를 지배하고 형성하는 로고스적 질서와 원리에 맞추어 살면 자아를 실현하며 행복하게 사는 것이다. 로고스적 질서와 원리에 어긋나게 살면 불행하고 비극적인 삶을 살게 되는 것이다. 죄는 우주와 사회의 로고스적 조화와 질서에 맞지 않게 행동하는 것이다. 사회의 로고스적 질서에 완벽하게 딱 맞는 처신을 해야 하는데 거기에 맞지 않은 행위를 하는 것이 죄였다. 죄는 그 질서에 부응하지 못한 과오, 약점, 결함이었다. 하마르티아는 '과오', '약점', '비극적 결함'이라고 번역된다. 그것은 역사의 운명, 로고스적 질서, 필연에 맞지 않는 것이다. 그러므로 인간은 자신의 하마르티아(결함, 약점, 과오)로 인해 자기 자신의 몰락에 대해 책임을 져야 한다. 인간의 결함, 약점, 과오로서의 죄는 탁월한 이성적 능력과 기능이 작용하지 못한 것이고 완벽한 이념(이데아)에 이르지 못한 것이다. 한국인에게 죄는 올바르고 옹근 삶을 살지 못한 흔적인 허물과 흠결인데 그리스인에게 죄는 완벽한 이념의 목표를 실현하지 못한 인간의 이성적 무능력이며 실패와 과오다.

---

19) 플라톤철학을 재해석하여 체계화한 신플라톤주의자 플로티노스는 악을 무엇인가의 부재, 완전성의 결핍, 형상의 결핍으로 보았다. 새뮤얼 이녹 스텀프·제임스 피저 『소크라테스에서 포스트모더니즘까지』 이광래 옮김 열린 책들 2004. 2011(14쇄). 202쪽.

그리스의 덕과 정의

그리스인에게 죄는 과녁을 맞히지 못한 무능력과 실패이며, 덕(아레테)은 탁월함, 훌륭함, 기능적 능력을 나타낸다. 전쟁에서나 정치에서 지도자는 탁월함을 보여주어야 한다. 하늘을 제거하고 로고스적 질서를 세운 그리스인들은 명확한 목표를 설정하고 목표를 합리적이고 효율적으로 획득하는 능력과 방법을 개발하였다. 이들에게 덕은 인간 본성의 요소들이 제 기능을 하도록 하는 능력이며 인간 본성을 로고스적 질서와 원리에 맞게 실현하는 능력이다. 덕은 로고스적 질서와 원리에 따라 인간 본성과 국가사회를 실현하고 완성함으로써 행복하고 보람 있는 삶을 사는 능력이다. 아리스토텔레스에게 인간의 목적은 행복이고 행복은 좋음(善) 자체다. 좋음은 기능을 잘 하는 것이고 기능을 잘 하는 사람이 좋은(선한) 사람이다. 인간의 고유한 능력과 기능은 이성이다. 이성적으로 사유하는 "철학자만이 안정적인 법률과 정의롭고 고귀한 행동을 만들어 낼 수 있다."[20] 덕(아레테)은 탁월한 능력이며 인간의 가장 중요한 덕은 이성의 탁월한 능력이다. 인간의 행복은 인간의 고유한 능력인 이성을 탁월하게 잘 실현하는 데 있다. 아리스토텔레스에 따르면 좋은 삶의 목표는 인간 안에 있는 신성한 요소인 이성을 사용하는 데 있다. 이성에 의한 지식의 추구가 인생의 목적이며 지식의 추구는 이성의 고요한 관조를 통해 이루어

---

20) 제임스 밀러, 『성찰하는 삶-소크라테스에서 니체까지, 좋은 삶의 본보기를 탐구한 철학자 12인의 생애』. 박중서 옮김, 현암사 2012. 175쪽.

진다.[21)]

하늘을 제거하고 땅에서 과녁을 맞히는 데 몰두한 그리스인들의 사고방식은 목표(과녁) 지향적이다. 지식을 추구하는 이성의 목표는 완벽한 이념(이데아)이다. 완벽한 이념을 추구한 이성의 사고방식은 관념적이고 이론적이다. 목표 지향적이고 이론적인 사고방식으로는 생명의 주체와 전체를 실현하는 정의에 이를 수 없다. 아리스토텔레스가 이성의 관조를 최고의 덕과 행복이라고 했지만 이성의 관조는 생명의 주체와 전체를 볼 수 없다. 주체와 전체는 감각과 이성의 인지대상이 될 수 없다. 감각은 표면을 감지하고 이성은 부분을 파악하는 것이다. 감각이나 이성으로는 주체와 전체를 볼 수 없다. 그리스의 이성 중심적 철학과 사유는 이론과 지식에 이를 뿐 생의 주체와 전체를 실현하는 생명 철학에 이를 수 없고 몸 맘 얼의 통합, 지성과 영성의 통합, 과학과 철학과 종교의 통합에 이를 수 없다.

완벽한 이데아의 세계를 추구한 플라톤도 인간의 욕망과 감정과 이성을 조화시킴으로써 정의와 평화에 이르려 했다. 인간의 영혼을 탐욕과 기개와 이성으로 파악한 플라톤은 국가를 탐욕을 가진 농민, 기개를 가진 군인, 이성을 가진 통치자로 파악하였다. 국가는 확대된 인간이었다. 그는 국가를 철인 통치자, 군인, 농민의 계급적 구조로 파악했다.[22)] 그의 이러한 국가이해에서 국가의 토대이고 실질적 담지자인 민의 주체에 대한 관심은 조금도 드러나지 않는다. 그에 따르

21) 같은 책. 201~2쪽 참조. 제임스 밀러. 『성찰하는 삶-소크라테스에서 니체까지, 좋은 삶의 본보기를 탐구한 철학자 12인의 생애』. 박중서 옮김, 현암사 2012. 163쪽.

22) 인간과 국가의 요소와 기능에 대해서는 새뮤얼 이녹 스텀프·제임스 피저 『소크라테스에서 포스트모더니즘까지』 이광래 옮김 열린 책들 2004. 2011(14쇄). 113~7쪽 참조

면 국가의 정의란 통치자인 철학자, 용감한 군인, 탐욕을 가진 일반농민이 '각각의 업무'에 힘쓰고, 거기에 통치자의 지혜와 군인의 용기와 농민의 절제가 실현된 조화로운 상태다. 국가의 통치자인 철인의 이성적 지혜를 따를 때 군인은 용기 있게 싸우고 농민은 절제할 수 있다. 플라톤의 국가정의에는 국민의 대다수를 이루는 일반시민인 농민의 주체에 대한 이해가 없다. 농민은 국민으로서 자기의 탐욕을 절제하고 철인의 지혜로운 통치를 따를 뿐이다.

지배자 철인의 통치가 아무리 이성적이고 합리적이라고 해도 이것은 타율적인 통치이지 민의 주체적이고 자율적인 통치는 아니다. 플라톤의 통치에서는 민이 언제나 통치의 대상일 뿐 주체가 될 수 없다. 그의 정의는 통치하는 지배자의 정의일 뿐 민의 주체와 전체를 실현하는 민주적인 정의가 될 수 없다. 로고스적 철인의 통치는 아무리 지혜롭고 위대한 통치라고 해도 생명과 정신의 스스로 하는 자치가 될 수 없다. 삶을 대신 살아 줄 수 없듯이 정치도 대신해 줄 수 없다. 철인의 통치는 철인이 민을 대신해서 생각하고 판단하고 결정해야 한다. 참된 민주주의를 하려면 민이 자기 이성을 가지고 스스로 생각하고 판단하고 결정할 수 있어야 한다. 생명과 평화의 민주시대에는 민이 정치의 주체다. 민의 자치를 제한적으로 대리하는 대의정치가 있어야겠지만 대의정치가 민의 자치를 대신해서는 안 된다. 민을 대신해서 생각하고 판단하는 플라톤의 철인통치에 반대해서 함석헌은 "생각하는 씨올이라야 산다."고 말했다. 그에 따르면 지금은 철학자가 다스리는 때가 아니라 씨올이, 길거리에 웅성거리는 생활꾼이, 나라를 하고, 임금질을 하는 때다."[23] 민주의 관점에서 보면 철인 통치는 결코 정의로운 정치가 될 수 없다.

소크라테스, 플라톤, 아리스토텔레스로 이어지는 고대 그리스철학자들은 대중민주주의를 비판하고 철인 왕의 이성적 통치를 주장하는 관점을 확고하게 견지했다. 그러나 그 시대 아테네 도시국가는 노예와 여성과 이민족을 배제하였지만 시민들의 직접민주주의를 선구적으로 이어갔다. 자유로운 토론과 민주적 결정과정을 통해서 민이 주체로 직접 참여하는 대중민주주의를 실현하였다. 민이 주체로 참여하여 자유로운 대화와 합리적 설득과 소통과정을 거쳐 의제를 결정해가는 시민민주주의의 전통이 일찍이 고대 그리스에서 불완전한 형태로나마 상당한 기간 실험되고 실행되었다는 것은 서구 정치사에서 매우 중요한 유산이다. 고대 그리스의 이성철학과 함께 대중민주주의전통이 서구정신사와 정치사에서 계승 발전되었다는 것은 서구의 정치문화를 이해하고 평가하는데 매우 의미 깊은 일이다.

아리스토텔레스의 정의론

플라톤이 생각한 국가의 정의(正義)는 두 가지로 이해된다. 첫째 국가사회를 구성하는 농민, 군인, 철인이 각각의 업무에 힘쓰고 서로 조화를 이루는 것이 정의다. 둘째 각 구성원들이 각자의 업무와 기능을 충실히 제대로 하려면 철인 왕의 지혜로운 통치를 잘 따라야 한

23) 함석헌, "새 나라 꿈틀거림", 함석헌전집 2. 한길사 1983. 237쪽.

다. 철인 왕의 이성적 지혜만 통치할 자격이 있고 국가사회의 정의를 실현할 수 있다. 이러한 플라톤의 정의론은 서구철학사와 정신사에서 확고하게 계승되고 있다.

아리스토텔레스(Aristoteles)의 정의론은 플라톤의 정의론을 충실히 계승하면서 그 내용을 좀 더 구체적이고 현실적으로 진전시켰다. 아리스토텔레스에 따르면 정의는 국가사회의 구성원들이 능력과 적성에 따라 제 기능과 구실을 잘 함으로써 국가사회가 본성과 목적에 따라 바르게 움직이도록 하는 것이다. 인간이 제 구실과 기능을 다 하고 국가사회가 제대로 운영될 때 정의는 실현된다. 국가의 구성원들이 제 구실과 기능을 잘 하고 국가가 잘 운영되도록 하려면 국가 구성원들의 적성과 능력과 업적에 따라 적합하게 지위나 재화를 분배해야 한다. 구성원들의 신분과 업적과 능력에 따라 명예(지위)와 재화를 분배하는 것이 정의다. 인간은 국가사회의 일을 수행함으로써 국가에 대한 책임과 의무를 다 할 뿐 아니라 자신의 본성과 미덕을 단련하고 향상시키며 주어진 여건 안에서 최고의 선을 실현해야 한다. 인간과 국가의 정의에 대한 아리스토텔레스의 논설은 세 가지 관점에서 비판되어야 한다. 첫째 인간과 국가의 본성과 목적을 이성으로 보았다는 것이다. 이성이 지배하는 국가에서 본능적인 농민과 감정적인 군인은 통치의 대상으로서 소외되고 몸의 본능과 맘의 감정은 이성에 의해 억압될 수 있다. 둘째 노동자(노예)와 여성은 이성적 사유능력을 갖지 못했다고 보았으며 국가의 시민적 활동에서 배제하였다.[24] 그가 생각한 국가는 노예제를 기반으로 하고 다른 민족을 야만인으로 차별하는 배타적 사회였다. 셋째 이성 중심적 목적론에 의해 인간과 국가의 정의를 이해했다. 그에 따르면 자연만물은 특정한 목적을 위해 유용하다. 자연만물의 유용성은 의도적으로 목적을 지향하고 추구하는 인간을 위한 것이다.[25] 그는 도구적 목적과 본래적 목적을 구분하고 또 결합함으로써 합목적적인 목적론적 체계를 형성했다. 그 목적론적 체계의 꼭대기에, 목적론적 과정의 끝에 인간이 있다.[26] 꽃과 나무, 새와 사슴은 저마다 자신의 본래적 목적을 위해 살아가지만 그것들은 다시 인간의 정신과 목적을 위한 도구적 존재가 될 수 있다. 짐승은 인간을 위해, 물질은 정신을 위해 노예는 자유민을 위해 존재한다.

이런 목적론적 사유는 결국 생명체들을 도구적 존재로 격하시킴으로써 생명의 주체를 부정한다. 인간이 이성적으로 제작한 제품이나 상품은 제작한 본성과 목적이 일치한다. 피리는 피리를 연주하기 위해 다시 말해 피리 연주자를 위해 존재한다. 피리의 본성과 목적은 일치한다. 그러나 스스로 하는 주체를 가진 생명체의 본성과 목적은 자기 자신 안에 근거를 가진다. 모든 생명체는 자기 안에 한없는 깊이와 신비를 가지고 있다. 생명 주체의 존재이유와 가치는 결코 타자와의 관계에서 온전히 소진되고 해소되지 않는다. 아리스토텔레스의 목적론에서는 국가와 국가를 구성하는 인간 그 자체가 최종 목적이

24) 『소크라테스에서 포스트모더니즘까지』 166쪽.

25) 스터얼링 P. 램프레히트. 『西洋哲學史』 김태길, 윤명노, 최명관 공역, 을유문화사 1980(15판) 114~6쪽.

26) 『소크라테스에서 포스트모더니즘까지』. 157쪽 참조.

다.[27] 다른 모든 존재자들은 인간과 국가를 위해 존재한다. 이런 목적론적 사고는 인과율적인 자연과학적 사고에도 어긋나고 생명과 정신의 본성(주체와 전체)에도 어긋난다. 물질인 비와 바람이 인간과 국가를 위해서 이용될 수 있지만 비와 바람이 인간과 국가를 위해 존재하는 것은 아니다. 짐승이 인간을 위해서 먹이가 될 수 있지만 짐승이 인간을 위해 존재하는 것은 아니다. 사람이 사람을 위해 희생하고 헌신할 수 있지만 사람인 노예가 같은 사람인 자유민을 위해서 존재해서는 안 된다. 모든 생명과 존재는 저마다 제 속에 궁극적인 존재이유와 가치를 지니고 있다.

아리스토텔레스에게 정의는 국가 안에서 인간들의 바른 관계와 질서를 의미했다. 일차적으로 정의는 '법을 지키는' 것이며 '공정한' 것이다. 그에게 공정한 것은 동등한 사람이 동등한 몫을 받고 동등하지 않은 사람이 동등하지 않은 몫을 받는 것이다. 사람과 몫 사이에 동등성(같음)이 지켜질 때 정의가 지켜지는 것이다. 유능한 사람이 더 많이 더 좋은 것을 갖고 무능한 사람이 더 적게 덜 좋은 것을 갖는 것이 정의다. 정의는 개개인의 가치와 능력에 따라 지위나 재화를 분배하는 것이며 당사자 간에 발생한 손해와 갈등을 바로 잡는 것이다.

---

27) 아리스토텔레스의 이성 중심적 목적론은 소크라테스에게서 비롯된다. 소크라테스는 사실의 세계 배후에는 사물들의 목적론적이고 가치론적 질서가 존재하며, 그 질서를 정신에 의해 발견할 수 있다고 생각했다. 그는 우주 만물을 목적론적으로 보았다. 사물들은 저마다 나름의 본성을 가지며 하나의 기능이나 목적을 가지고, 선을 향해 나아가는 경향이 있다. 인간이 본성을 소유한다고 말하는 것은 그의 본성[이성]에 적합한 하나의 [이성적] 활동이 존재한다고 말하는 것과 동일하다. 새뮤얼 이녹 스텀프, 제임스 피저, 『소크라테스에서 포스트모더니즘까지』. 이광래 옮김 열린 책들 2011 (초판 14쇄) 76쪽. 인간만이 이성을 가진 존재이므로 이성 중심의 목적론은 결국 인간 중심의 목적론이다. 새뮤얼 이녹 스텀프·제임스 피저, 같은 책. 156~163쪽.

정치사회적 동물인 인간이 '본래 가져야 하는 것'을 갖게 하는 것이 정의다. '본래 가져야 하는 것'이란 정치사회적이고 이성적인 인간이 가지는 권리를 뜻한다. 인간의 가장 탁월한 기능과 능력은 이성적인 기능과 능력이다. 따라서 이성의 능력을 가장 잘 발휘하는 사람에게 가장 좋은 몫을 주어야 한다. 그리스사회에서 권력투쟁과 계급투쟁을 통해서 형성된 것이 국가의 구조와 체계이고 질서와 법이다. 법은 국가 안에서 계층과 세력과 국민 대중이 쟁취하고 확보한 권리를 보장하는 것이다. 정의는 법에 따라 국민의 권리를 지켜주고 보장하는 것이다. 서구의 언어에서 드러나듯이 권리, 법, 정의는 거의 동의어로 쓰인다. 이러한 권리, 법, 정의는 국가사회의 질서와 체계 속에서 형성되고 발전된 것이며 국가사회의 질서와 체계에 의해서 제약된 것이다.

플라톤과 아리스토텔레스가 이성적이고 논리적인 생각을 바탕으로 정의론을 전개했지만 기본적으로 그들의 정의는 국가의 위계질서와 체제를 정당화하는 것이었다. 인간이 본래 가져야하는 것은 인간의 사회적 신분과 능력에 따라 달랐다. 그것은 통치자, 군인, 농민, 노예에게 똑 같은 것이 될 수 없었다. 개인과 집단의 능력과 업적, 신분과 구실에 따라 사회적 지위와 재화를 분배하는 것이 정의였다. 정의에 대한 그리스철학자들의 논의는 주체와 전체의 실현을 추구하는 생명 철학적 관점에서 보면 문제점이 드러난다. 개개인에게 정당한 몫이 무엇인가? 이들의 정의에 대한 논의에서는 농민과 군인과 철인의 차이, 그리스인과 야만인의 차별, 자유 시민과 노예의 차별에 대한 반성이 없다. 그리스철학의 정의론을 계승한 서구의 정의론에서도 개개의 인간을 제삼자로 대상과 타자로 보는 관점이 여전히 지배한다. 동등성과 권리에 기초한 아리스토텔레스와 서구의 정의론은 서로 다름과 흘러넘치는 사랑을 강조한 예수와 기독교의 정의론과는 대조된다. 아리스토텔레스의 정의론에서 동등성이 강조되었다면 예수의 정의론에서는 서로 다름과 차이가 강조된다. 세리와 창녀의 죄와 의로운 하나님의 은총이 만나고 결합된다. 죄가 많은 곳에서 하나님의 은총이 더욱 크다.(로마 5,20) 예수는 죄인들의 친구다. 세리와 창녀 같은 죄인들을 하나님은 더욱 기뻐한다. 이른 바 '의인들'보다 이른 바 '죄인들'이 하나님 나라에 먼저 들어간다.(마태 11,19; 21,32 마가 2,17; 누가 5,32; 15,7) 서로 다르고 모순된 것의 공존과 조건과 계산을 뛰어넘는 사랑에 근거한 예수의 정의는 권리와 의무에 기초한 법적 정의를 넘어서 생의 주체와 전체를 실현하는 정의다.

서구 정의론의 한계

민의 주체와 전체를 실현하고 완성하는 민주시대의 정의론은 민의 자치에 근거하고 민의 자치를 지향한다. 민의 주체와 전체는 민의 자치를 통해서만 실현되고 완성될 수 있기 때문이다. 그러나 동서양을 막론하고 기존의 정의론은 민에 대한 통치에 근거해서 나온 것이다. 정의(正義)에서 정(正)은 정복(征服)의 정(征)에서 온 말이고 정(征)은 정(政)에서 온 말인데 정(政)은 정복자가 피정복민들에게서 공납을 징수하는 것을 나타내는 말이다. 종교적인 희생제사를 나타내는 의(義)와 결합되어서 정의(正義)가 공평하고 공정한 것을 나타내는 말이 되었지만 정의란 말은 본디 민의 희생과 수탈을 가져온 정복과 통치에서 비롯된 말임을 알 수 있다. 그리스철학에서도 정의는 통치자인 철인 왕의 이성적 판단과 결정에 근거하고 그것들을 반영한다. 본질적으로 정의는 통치자의 이성적인 통치행위인 것이다. 그리스의 철학자, 플라톤과 아리스토텔레스에게 민은 통치의 대상일 뿐 통치의 주체가 될 수 없다. 그들의 정의론에서도 민은 대상일 뿐 주체가 될 수 없었다. 민을 통치의 대상으로 보는 그리스철학자들의 정의론은 서구사회에서 확고하게 전승되고 견지되었다.

근현대에 이르러 서구사회가 민주화되면서 정의론도 신분적 위계질서와 인종적 차별에서 벗어나 합리적인 논의에 이르렀다. 그러나 서구철학의 정의론은 인간을 주체와 전체로 보는 관점에는 이르지 못하고 인간을 대상화하여 객관적으로 제삼자적으로 공평하고 효율적으로 평가하고 접근한다. 이것은 서양에서 정의를 상징하는 여신상이 저울과 검을 손에 쥐고 눈을 가린 모습으로 서 있는데서 분명히 드러난다.[28] 이들의 정의에는 민의 주체와 전체를 보살피고 드러낼 눈이 없다. 이들에게 정의는 갈등하고 경쟁하는 세력 사이에 균형을 확립하고, 법적으로 근거 없는 차별을 제거하는 것이다. 이러한 정의는 민의 주체와 전체를 실현해가는 민주사회의 적극적 정의는 되지 못한다.

---

28) 한국의 대법원 앞에 서 있는 정의의 여신상은 한 손에 저울을 들고 다른 손에는 칼이 아니라 법전을 들고 있으며 눈을 뜨고 있다. 한국에서 정의의 여신상이 눈을 뜨고 있는 것은 당사자의 형편을 살펴서 법에 따라 엄정하게 재판한다는 의미를 담은 것이라고 말하지만 당사자의 권력과 신분과 재산을 살펴서 거기에 따라 판결한다는 비판과 조롱도 있다.

서구의 근대정치사상에서 민을 통치의 대상으로 보고 합리적이고 효율적인 정의론을 제시한 공리주의자 J. 벤담(Jeremy Bentham)은 '최대다수의 최대행복' 원리를 내세웠다. 공리주의자들은 민의 행복을 계량화하여 산술적이고 통계적으로 민의 행복이 최대치에 이르는 정책과 방안을 추구하였다. 인간의 욕구와 쾌락과 행복을 계량화함으로써 가장 많은 사람이 가장 많은 행복을 누리는 상태에 이르려고 했다. 이들은 다수의 행복을 위해서라면 소수의 희생이 감수될 수 있다고 보았다. 그렇다면 다수의 시민들을 즐겁고 행복하게 하려고 소수의 그리스도인들을 경기장에서 사자 밥으로 만드는 것이 결코 잘못된 일이 아닐 것이다. 공리주의자들의 문제는 욕망과 쾌락(즐거움)의 질적 차이를 인정하지 않고 철저히 계량화한다는 것과 다수의 행복을 위해 소수의 삶을 희생한다는 데 있다. 여기서 민은 통치자나 정책결정자의 이성적 합리적 계산과 판단에 맡겨지고 계량적 통계의 자료와 대상에 머물고 만다.[29]

인간을 계산과 통계의 대상으로 보고, 다수의 행복을 위해 소수의 희생을 요구하는 부도덕한 공리주의를 철저히 부정하고 비판한 것은 칸트였다. 칸트는 인간을 수단으로 대하지 말고 목적(주체)으로 대하라고 함으로써 인간의 행복을 계량화하고 소수의 희생을 강제하는 공리주의의 기본원리를 부정하였다. 그러나 인간을 주체와 목적으로 대하라는 칸트의 도덕적 주장은 칸트 자신이 내세운 이성철학의 인식론에서나 산업기술사회와 시장경제체제의 현실에서 받아

29) 마이클 샌델, 『정의란 무엇인가』 이창신 옮김 김영사 2010. 59쪽 이하.

들이기 어려운 것이었다. 인식주체로서의 이성은 자신을 제외한 다른 모든 존재자들을 인식대상으로 대상화하고 타자화한다. 이성은 인식주체인 자신마저도 대상화함으로서 인간의 자아를 인식주체와 인식대상으로 분열시킨다. 이성은 인식대상을 대상으로 볼 뿐 주체로 보기 어렵다. 또한 인과율이 지배하는 기계와 기술의 세계에서는 모든 것이 원인과 결과 속에서 파악되는 대상일 뿐 주체로 파악될 수 없다. 이윤추구와 경쟁이 지배하는 시장경제체제에서 만인은 만인의 이윤추구 대상이고 경쟁 대상일 뿐 도덕적 주체와 목적이 될 수 없다.

서구철학에서 제시된 정의론을 평가할 때 민을 주체와 전체로 보는 관점이 있는지 진지하게 물어야 한다. 민주시대에는 민의 주체와 전체를 실현하는 것이 정의다. 예수는 사회의 권리와 의무 체계를 넘어서 생의 주체와 전체를 실현하는 하나님 나라로 억눌리고 소외된 민을 초대하였다. 민의 주체와 전체를 실현하는 하나님 나라운동에 앞장섰던 예수는 형제사이의 유산 분배에 개입해 달라는 요청을 냉정하게 거절했다.(누가 12,13~5) 예수(하나님 나라)의 정의는 형제 사이에 유산을 적절하게 분배하는 것이 아니라 민의 주체와 전체를 실현하고 공존과 상생의 나라를 이루는데 있었다. 주체와 전체의 상생과 공존을 실현하는 것이 선이고 정의다. 선을 행하는 이에게는 "영광과 존귀와 평강"이 주어진다.(로마 2,10) 생의 주체와 전체를 살리는 것이 예수와 기독교의 선이고 정의다. 그러나 실증적 사실과 과학적 기술, 이윤추구와 경쟁, 합리적이고 이성적인 계산과 판단을 중시한 미국 정치경제의 현실에서는 인간을 주체와 목적으로 파악할 수 있는 길이 없다. 실증주의와 공리주의가 지배하는 학문세계에서는 계산과 통계가 중요할 뿐 인간의 도덕적 주체와 목적을 논의하기도 어렵지만 논의할 필요도 없었다. 따라서 미국에서는 정치경제의 분야에서 오랫동안 인간을 도덕적 주체와 목적으로 보는 철학이 나오기 어려웠다.

1971년 하버드대학교의 롤즈(John Rawls) 교수가 칸트의 철학을 끌어들여서 공리주의와 실증주의를 비판하고 인간을 주체로 보고 자유와 평등을 실현하는 정의론을 철학적으로 논의하였다. 정치경제의 현실 속에서는 인간을 주체와 목적으로 볼 수 없기 때문에 롤즈는 가상적인 사유의 공간(무지의 장막)을 상정(想定)했다. 그는 사람들이 서로 자신의 사회적 처지와 형편을 모른다고 가정하면 공정하고 합리적인 사회규칙을 만들 수 있다고 보았다. 이런 무지(無知)의 장막 안에서는 현실에 얽매이지 않고 편견과 당파적 주장에서 자유로울 수 있다고 생각한 것이다. 어쨌든 그는 가상적이고 추상적인 사유공간을 만들어 놓고 이 사유공간에서 자유와 평등을 실현할 수 있는 공정하고 효율적인 규칙을 만들 수 있다고 주장하였다.[30)]

롤즈에 따르면 아무도 자신이 일방적으로 희생당하는 원리와 규칙을 원하지 않을 것이므로 다수의 행복을 위해서 소수의 희생을 강요하는 규칙은 만들지 않는다. 또한 기업가나 고소득자에게 지나친 세금을 징수할 경우에 기업가나 고소득자는 기업 활동이나 창조적인 작업을 하지 않을 것이다. 그렇게 되면 경제사회활동이 위축되고

30) 마이클 샌델, 『정의란 무엇인가』이창신 옮김 김영사 2010. 198~200쪽.

사회 전체가 활력을 잃고 가난하게 될 것이다. 따라서 롤즈는 자유시장경제 체제 안에서 능력 있는 사람들의 자유롭고 창의적인 활동을 위축시키지 않는 한도 안에서 평등을 실현하려고 하였다. 인간의 자유와 평등을 실현하려는 롤즈의 이러한 노력은 매우 합리적이고 진지한 것이지만 매우 추상적이고 관념적인 논의에 머물고 말았다.

롤즈의 정의론을 통렬하게 비판하고 나선 것은 같은 하바드 대학교 철학교수인 마이클 샌델이었다. 그의 책 "정의란 무엇인가?"는 일본서 100만부 한국서 200만부가 팔려서 정의에 대한 사회적 관심과 논의를 불러 일으켰으나 철학적으로 진지한 연구와 논의로 이어진 것 같지는 않다. 그는 롤즈의 정의론이 무지의 장막이라는 마법적인 장치에 의해서 정치경제의 현실을 외면하고 조작적이고 관념적인 정의론을 구성했다고 비판하였다. 인간은 조작적이고 관념적인 사유의 공간에서 살지 않고 구체적인 삶과 복잡한 사회의 현실 속에서 산다. 샌델은 공리주의를 포함한 모든 정책과 원리(자유주의, 시장주의, 평등주의, 소수 인종 우대정책, 공동체주의)들이 정치경제의 현실 속에서 서로 모순되고 충돌한다는 것을 온갖 통계자료와 사례들을 통해서 보여준다. 그는 현실의 인간이 전통과 관습을 지닌 공동체(지역사회나 국가사회) 안에서 살아가며 그 공동체의 구성원으로 살기 위해서는 시민적 덕성을 지녀야 하고 그 공동체에 대한 의무와 책임을 져야 한다는 것을 강조하였다. 그는 정치경제의 논의에 도덕과 종교를 끌어들였으며 자신의 정의론을 정당화하기 위해서 아리스토텔레스의 목적론적 도덕철학을 내세웠다.[31] 그가 현실에 대한 치밀한 분석과 함께 수많은 통계 자료와 사례들을 제시하지만 정의에 대한 그의 철학적 논의는 그다지 치밀하지도 심오하지도 않다. 그가 스스로 인정하듯이 그는 종교에 대한 깊은 이해가 부족하고 세계초강대국인 미국의 국가주의에 대한 반성도 부족하다. 더욱이 낡은 아리스토텔레스의 목적론적 도덕철학을 끌어들여서 정의론을 전개한 것은 그의 정치철학이 지닌 한계를 분명히 드러낸다. 그가 정치경제의 논의에 종교와 도덕을 끌어들이고 미국의 공화주의 전통을 회복하려고 애쓰는 것은 그의 학문적 진정성을 보여준다. 그러나 그의 정치철학에서 국가주의에 대한 반성과 민중의 고통과 희생에 대한 이해가 부족한 것은 그의 정치철학이 민의 주체와 전체를 실현하는 세계시민적 생명철학이 될 수 없음을 말해준다.

오늘 세계의 정치와 행정을 이끄는 원리는 기본적으로 공리주의다. 민의 행복과 복지를 계량화, 수치화하고 통계자료로 평가하고 나타내는 복지정책은 공리주의의 철학과 원리를 크게 벗어나지 못한다. 그럼에도 20세기에 이르러 정의론은 보편적 정의와 개별적 돌봄의 양립 가능성, 사회적 영역의 다원성을 통합하는 복합적 평등의 실현, 불의를 당한 사람들의 호소에 귀를 기울임에 관한 보다 진전된 논의로 전개되고 있다. 이러한 새로운 정의론은 민의 삶을 구체적이고 다양하고 복합적으로 배려하고 돌보려는 노력을 기울이고 있지만 우주, 생명, 인류의 큰 역사 속에서 인간과 인성을 깊이 이해하면서

31) 마이클 샌델, 『정의란 무엇인가』 이창신 옮김 김영사 2010. 270쪽.

민의 자치와 협동, 삶의 주체와 전체를 추구하는 통합적 정의론에 이르지는 못하고 있다.

서구사회가 민주화되면서 정치가 민에 대한 통치에서 민에 대한 봉사와 보살핌으로 바뀌는 흐름이 나타난다. 통치행위로서의 정치가 갖던 권위와 특권, 우월적 지위를 버리고 민과 평등한 자리에서 민의 행복을 추구하는 정치로 변화하고 있다. 그리스철학에서 통치자로서 철인 왕이 이성으로 다스리던 정치의 이념과 행태로부터 위계질서와 권위를 털어 버리고 민과 같은 자리서 합리적이고 이성적으로 민을 돌보고 섬기는 정치로 나아가고 있다. 이런 변화는 북유럽의 스웨덴, 노르웨이, 덴마크, 핀란드와 같은 복지국가들에서 뚜렷이 확인할 수 있다. 비교적 작은 규모의 국가들인 북유럽의 나라들은 러시아, 독일, 프랑스와 같은 강대국들 사이에서 침략과 정복과 지배의 위협을 겪으면서 제국주의적 행태를 벗어버리고 합리적이고 이성적인 정치사회 질서를 형성할 수 있었다. 이들이 합리적이면서 정의로운 사회질서를 형성할 수 있었던 것은 그리스철학에서 물려받은 이성적이고 합리적인 사유전통과 기독교에서 물려받은 '하나님의 정의'에 대한 영적 감수성이 있었기 때문이라고 생각된다. 또한 민이 정치사회의 현실에 주체적으로 참여하는 직접민주주의전통과 아래로부터의 개혁과 혁명을 일으켜온 민주전통이 대화와 소통과 협동의 과정을 통해서 자유롭고 평등한 사회를 형성하는데 큰 힘이 되고 있다고 생각한다. 북유럽의 복지국가들이 자유로우면서도 평등한 매우 합리적이면서도 높은 수준의 복지사회를 형성한 것은 인류사에서 매우 주목할 만한 일이다.

그러나 선진적인 북유럽의 복지국가들도 인성을 온전히 실현하고 완성하는 민주적이고 영성적인 생활철학을 확립하지는 못했다. 고대 그리스에서 근현대 유럽에 이르기까지 서구의 정신과 철학은 민주적이고 영성적인 생명철학에 이르지 못했다. 아직 북유럽의 복지국가들도 몸, 맘, 얼의 주체와 전체를 실현하는 영성적 생명철학을 바탕으로 자치와 협동의 나라를 이루지는 못했다. 이들의 정치경제복지교육의 제도와 관행이 합리적이고 효율적이고 공정하게 여겨지지만 이것은 어디까지나 민을 위한 정치이고 민을 위한 복지이지 민에 의한 민의 정치와 복지는 아니라고 판단된다. 인간사회는 결코 합리적이고 효율적이고 공정한 제도와 체제와 관행만으로 진화되고 완성될 수 없다. 인간사회는 인간의 자발적 주체성과 헌신성에 의해서만 진화하고 진보하며 완성될 수 있다. 인간의 속의 속에서 흘러넘치는 사랑과 헌신에 기초하여 자발적으로 자치와 협동의 공동체를 형성하지 못하면 인간은 결코 보람과 행복을 얻을 수 없고 창조적으로 새로운 사회를 열어 갈 수 없다. 국가가 합리적이고 효율적인 복지제도를 마련하여 민에게 안전하고 안락한 삶을 제공한다고 해도 이것은 결코 민의 행복과 보람을 보장하지 못하고 민으로 하여금 더욱 나은 새로운 삶을 열어 가게 하지 못한다. 국가가 주도하는 복지제도는 민을 가축처럼 사육하는 것이 될 수 있으며 민의 정신을 나약하게 만들 수 있다. 민이 스스로 하는 주체의 자발성과 헌신성을 가지고 인성을 실현하고 완성하는 자치와 협동의 지역 공동체를 형성하는 일이 먼저 이루어져야 한다. 민의 자치에 토대를 둔 복지제도와 관행만이 인성을 실현하는 공동체적인 건전한 복지사회를 이룰 수 있다. 이성적 대화와 소통의 전통, 서구의 직접 민주주의전통, 아래로부터의 혁명전통은 민이 주체로 참여하는 자치와 협동의 민주생활공동체로 나아가는 데 큰 힘이 되고 있다.

그리스인에게 죄는 이성적이고 합리적인 삶의 목표를 적중시키지 못한 것이다. 정의는 이성적이고 합리적인 법과 질서에 따라 신분과 업적과 능력에 따라 지위와 재화를 분배하는 것이다. 덕은 진리를 탐구하고 인식하는 이성의 능력을 잘 사용하는 것이다. 그리스인이 인류를 위해 닦아낸 덕은 이성의 능력을 탁월하게 발휘하여 과학적이고 보편적인 진리를 탐구하고 밝혀내는 생각과 토론의 힘과 지혜다. 이들은 누구보다 맑고 높은 이성을 잘 드러내고 사용함으로써 누구나 자기의 이성을 사용해서 합리적이고 효율적이며 객관적이고 보편적인 진리와 지식을 탐구하는 방법과 자세를 확립하였다. 이들이 확립한 이성적 진리탐구의 자세와 방법은 인류가 인성을 실현하고 인류공동체를 완성하는데 꼭 필요한 덕이다. 그리스로마인들과 서구인들은 아래로부터 줄기차게 권력투쟁과 계급투쟁을 벌임으로써 그들의 역사와 사회를 형성해왔다. 이들은 2천년 가까이 기독교정신을 받아들임으로써 흘러넘치는 자발적 사랑과 헌신의 정신을 닦아왔다. 이성철학과 민주전통과 기독교정신은 아직 창조적 융합에 이르지 못했다. 그러나 서구문명이 닦아온 이성철학과 민주전통과 기독교정신은 새로운 인류정신문명을 형성하는데 중요한 유산이 될 수 있다.

인성을 실현하고 완성하는 덕과 정의

한국인은 허물이 없는 올바름의 덕을 추구했고 중국인은 서로 다름의 균형과 조화를 이루는 중용의 덕을 닦아냈으며 인도인은 환경과 조건에 흔들리지 않는 내적 초월의 덕을 길렀다. 히브리-기독교인들은 불의한 권력에 맞서 싸우며 고난과 역경 속에서 인과율과 법칙을 깨뜨리고 흘러넘치는 사랑의 덕을 드러냈고 그리스인들은 맑고 높은 이성의 능력을 발휘하여 합리적이고 효율적이며 객관적인 진리와 지식을 탐구하였다. 서구인들은 아래로부터 권력투쟁과 계급투쟁을 통해서 민주정신의 전통을 닦아냈다. 그 동안 인류가 닦아온 덕들은 완전하지는 않지만 알뜰하고 값진 정신 유산이다. 앞으로 인류사회가 인성을 온전히 실현하고 자치와 협동의 민주생활공동체를 이루고 살려면 인류가 그 동안 닦아온 정신유산들을 비판적으로 계승하고 완성하여 창조적으로 융합할 수 있어야 한다. 이런 유산들을 창조적으로 융합하여 온전한 덕이 되게 하려면 깊고 높은 생명과 영성의 철학이 요구된다.

인성(인간의 주체와 전체)의 실현과 자치와 협동의 사회를 형성하는 일은 동전의 양면처럼 맞물려 있다. 인성을 온전히 실현하고 완성하려면 자치와 협동의 민주생활공동체를 형성해야 한다. 그리고 민주생활공동체를 형성하려면 인성을 온전히 실현하고 완성해야 한다. 자치와 협동의 민주생활공동체는 정치적 전통과 이성철학의 유산만으로는 실현할 수 없다. 자치와 협동의 삶을 위해서는 조화와 균형의 중용을 이룰 수 있는 심정과 자세가 확립되어야 하고 인성을 실현하고 완성하는 길은 영성과 초월적 자유에 이르러야 한다. 민에 의한 민의 자치와 협동의 공동체를 이루기 위해서 가장 근본적으로 요구되는 것은 인간의 속의 속에서 흘러넘치는 자발적 헌신성과 사랑을 길러내는 영성적 생명철학이다. 속의 속에서 흘러넘치는 자발적 헌신과 사랑의 힘이 없으면 다른 모든 덕들도 시들고 만다. 속의 속에서 흘러넘치는 헌신과 사랑의 힘이 없으면 '스스로 하고 스스로 되는' 사람이 될 수 없다. 스스로 하고 스스로 되는 사람이 없으면 자치와 협동은 이루어지지 않는다. 인성을 실현하고 완성한다는 것은 스스로 하고 스스로 되는 사람이 된다는 것이다. 합리적이고 효율적인 생각과 이해를 추구하는 이성의 능력과 활동을 최대한 존중하면서도 이성을 넘어서 인간의 주체와 전체(인성)를 인식하고 실현하는 초월적 영성의 영역과 차원을 존중하고 확장해야 한다. 인간의 주체와 전체를 실현하고 완성하는 것은 속의 속에서 흘러넘치는 사랑이다. 몸, 맘, 얼의 주체와 전체를 실현하고 완성하는 초월적 사랑의 덕이 확립될 때 올바름과 중용과 초연함과 지력의 덕도 함께 닦여지고 뚜렷이 살아나고 하나로 통합될 수 있을 것이다.

2장

인간과 인성이해의 역사

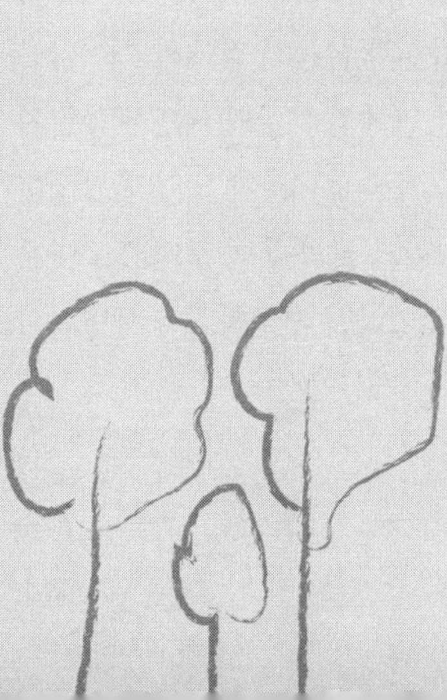

2장
인간과 인성이해의 역사

인간과 인성은 우주역사, 생명진화의 역사, 인류역사를 통해서 오랜 세월에 걸쳐 형성되고 진화해 왔다. 인간과 인성 속에 우주 4차원 시공간 물질세계, 자연생명세계, 인류세계가 반영되어 있다. 인간이 인간과 인성을 이해한다는 것은 우주와 자연생명과 인류를 이해하는 것이다. 인간은 자기 속에서 우주 생명 전체를 자각하고 의식하며 우주 생명 전체와의 관계 속에서 자기를 인식하고 이해한다. 우주는 인간 안에서 비로소 자신을 자각하고 이해하게 되었다. 생명은 인간 안에서 비로소 물질과 본능의 잠에서 깨어나 자기를 자각하고 자유롭게 되었다. 인간 안에서 우주와 자연생명은 자신을 자각할 뿐 아니라 자신의 해방과 자유에 이르게 되었다. 생명이 없었다면 우주의 물질들인 햇빛과 바람과 물과 흙이 값지고 고마운 것임을 어떻게 알았겠는가? 인간이 없었다면 우주물질과 생명의 소중하고 아름답고 고귀함을 누가 알아주겠는가?

인간은 자기 안에서 우주를 보고 우주 안에서 자기를 본다. 인간은 우주와 자연생명세계와 깊은 관계 속에 있다. 인간 속에 우주와 자연생명세계가 있고 우주와 자연생명세계 속에 인간이 있다. 이런 관계를 떠나서 인간은 존재할 수도 없고 자신을 자각하고 이해할 수도 없다. 인간은 먼저 타자를 보고 타자와의 관계 속에서 자신을 이해하게 된다. 아기는 자신을 먼저 알고 엄마를 아는 게 아니라 자신을 사랑으로 돌보고 키우는 엄마를 알고 나서 엄마와의 관계에서 자신을 알게 된다. 인간에게는 우주와 자연생명세계가 엄마와 같다. 인간은 먼저 우주와 자연생명세계를 보고 우주와 자연생명세계와의 관계 속에서 자신을 알고 이해한다. 인간, 우주, 자연생명세계는 뗄 수 없이 결합되어 있다. 우주와 자연생명세계는 인간을 기르고 돌보고 가르치는 어버이 같은 존재이면서 인간의 속의 속에서 깨어나고 자라고 해방되고 고양되는 어린 아기 같은 존재다.

1 인간과 인성이해의 역사

오랜 생명진화 과정을 거쳐 인간은 땅에서 일어나 하늘과 땅 사이에 곧게 섬으로써 인간이 되었다. 물질에서 생명이 나온 것은 땅의 물질적 힘과 속박에서 벗어난 것이다. 생명은 운동의 법칙, 중력의 법칙을 넘어선 것이고, 인과율과 상대성원리가 지배하는 우주시공간의 제약에서 벗어나 새로운 존재의 차원을 연 것이다. 인간이 하늘과 땅 사이에 곧게 선 것은 땅의 물질적 속박과 물질에 매인 본능의 욕망과 집착에서 자유롭게 된 것을 상징한다. 생명이 생겨나고 인간이 출현한 것은 물질이 물질에서 자유롭게 된 것이고 물질 안에서 하늘이 열린 것이다. 하늘은 땅의 물질적 인과관계와 계산적 조건을 넘어선 것이다. 인간에게 하늘은 물질적 제약과 속박으로부터의 자유와 해방을 나타낸다. 하늘에 머리를 두고 일어선 인간은 해방의 자유와 기쁨을 느꼈고, 속에서 그리고 위에서 흘러넘치는 사랑과 힘으로 가득 찼고 자기와 자연만물을 새롭게 창조할 수 있는 자격과 힘을 갖게 되었다. 자유와 기쁨, 사랑과 창조의 신명과 흥으로 가득한 인간은 하늘과 땅을 하나로 소통하고 연락하는 생명과 정신을 춤과 노래로 나타내게 되었다.

인간은 하늘과 땅과 사람을 하나로 만드는 이런 기쁨과 자유, 사랑과 창조의 춤과 노래를 하면서도 땅과 자연생명세계의 품에서 벗어나 홀로 하늘에 비추어진 자신의 모습을 보고는 불안과 두려움, 외로움과 무력함을 깊이 느꼈다. 마치 어머니와 고향의 품을 떠난 듯, 인간은 자연생명세계서 벗어난 자신의 실존적 모습에서 어린 아기처럼 두려움과 불안, 외로움과 무력함을 느꼈다. 하늘은 텅 비고 아무것도 없는 듯, 토대와 뿌리를 잃은 듯 허공에 던져진 듯 불안과 두려움에 빠졌다. 그래서 인간은 자신이 누구인지 자기 속에 얼마나 크고 놀라운 힘과 값이 있는지를 깨닫지 못하고, 밖에서 땅에서 자신의 토대와 뿌리를 찾으려 했다. 나무, 바위, 산, 강물, 곰, 호랑이, 새에서 위대한 힘과 토대를 찾고 영원한 생명의 힘과 근거를 보려고 했다.

인간의 자아 '나'는 몸, 맘, 얼의 내적 통일을 이룬 주체다. 서로 다른 차원의 몸, 맘, 얼의 통일은 고정된 것이 아니라 늘 새롭게 조율되고 조정되는 것이다. '나'는 고정된 것이 아니라 늘 새롭게 생겨나는 것이다. 내적 통일을 이룬 주체로서의 '나'는 안에서는 몸과 맘과 얼이 맞서 있고 밖으로는 자연생명세계, 우주와 맞서 있다. 인간 속에서 하늘과 땅이 맞서고 인간의 실존적 자의식과 우주의식(전체 생명 의식)이 맞선다. 안팎으로 맞선 인간은 불안정한 존재다. 물질의 타성과 본능의 잠에서 깨어난 인간은 자유롭지만 외롭고 불안하다. 인간은 우주와 자연생명세계의 중심과 조화에서 벗어난 외톨이(單獨者)이며 새로운 중심, 주체적 자아 '나'를 찾는 존재다. 물질과 본능의 세계에서 이탈하고 벗어난 인간은 주체의 자유와 전체의 일치를 새롭게 추구한다. 우주와 자연생명 속에서 형성되고 길러진 인간이 우주와 자연생명을 이탈하고 초월함으로써 외로운 단독자가 되었다. 인간은 하늘과 땅의 조화 속에서 새롭게 자아의 중심과 토대와 목적을 찾아야 한다. 인간은 본래 새롭게 나를 찾아야 하는 존재다. 인간의 역사는 나를 찾고 나를 알아가는 과정이다. 인간과 인성에 대한 이해는 인간정신의 성장단계에 비추어 크게 유아기인 원시사회(샤머니즘 巫敎), 성장기인 국가사회(국가종교), 성숙기인 기축시대(고등종교와 철학), 완성기인 세계시대(동서정신문화의 융합), 새로운 창조기인 우주시대(감성, 이성, 영성, 신성의 대통합)로 나누어 볼 수 있다.

1) 유아기: 샤머니즘의 인성이해(몰아적 자기이해)

인류는 직립인간이 된 이래 200만년 이상 수렵채취시대를 지내면서 본성적으로 자신의 존재와 삶 속에서 천지인 합일을 이루고 살았다. 사람이 하늘을 머리에 인 존재임을 깨닫고 영의 세계인 하늘과 통하여서 땅의 생활을 원만하게 하려고 했던 삶과 정신의 흔적이 무교에 남아 있다. 무당의 무(巫)는 하늘과 땅 사이에서 사람들이 춤추는 모습을 나타낸다. 천지인 합일을 이룬 사람은 하늘과 땅의 신령한 기운을 받아서 신명나게 춤추고 산다.

원시사회의 종교는 샤머니즘, 무교(巫敎)다. 원시인류는 자신의 밖에서 땅 위에 있는 자연만물과 생명체들에서 놀랍고 위대한 힘과 신비를 발견했다. 자연만물에 생명과 영이 깃들어 있다고 보고 물건과 생물에서 신령과 숭배의 대상을 찾았다. 자연만물 속에 영원한 생명과 힘이 있다고 보고 자연만물과 하나로 어우러지기를 열망했던 인간은 하늘과 땅 사이에서 자연만물과 하나로 되어 춤을 추고 노래하며 살았다. 이 시대의 종교는 천지인합일의 몰아적 상태를 추구했으며, 욕망·감정·지성·영성이 뒤섞이고 혼합되어 있다. 바깥 자연의 물건, 산, 강, 나무, 짐승에게서 신령한 힘과 중심을 보려 하고 바깥 타자에서 자아를 찾는다는 점에서 유아적이다.

유아기적 종교에서는 자아의 인격과 지성이 발달하지 못한다. 바깥 세계에 신령한 힘이 있다고 본 인간들은 무지와 불안, 두려움과 외로움에서 점을 쳤다. 숫자와 도형, 사물의 변화가 개인과 사회의 미래 운명을 보여준다고 생각했다. 이것은 결정론적이고 비과학적이고 비주체적이며 전근대적이고 타율적인 사고다. 동아시아에서는 주역(周易), 음양오행론, 풍수지리설, 도참설이 그리고 운수(運數), 분수(分數), 기수(氣數)와 같은 말이 이런 사상과 종교의 흔적을 보여준다.

유아기의 종교는 바깥 세계 속에서 자기를 보고 바깥의 타자와 자기를 동일시함으로써 자아를 잊고 열광과 흥분의 감정에 빠진다. 인간과 인성은 밖의 힘과 권위에 의해 지배되고 결정된다. 밖의 신령이 인간과 인성을 지배하고 결정한다. 따라서 밖의 신령에 자기를 내맡긴다. 신령이 자아를 지배하고 좌우한다. 자연생명과 영에 대한 감수성이 발달했으나 개인의 주체적 인격과 이성적 자아는 확립되지 못했다. 물질, 본능, 감정과 자아를 동일시함으로써 몰아적 흥분상태에 빠진다. 이성적이고 인격적인 자아가 확립되지 못했으므로 점술과 기복신앙에 의지하고 한 맺힌 귀신을 달래며 쫓아내는 축귀의식에 의존한다. 외적 권위와 힘에 의존하는 이런 종교는 내적 성숙에 이르지 못하고 지성과 인격을 발달시키지 못한다.

2) 성장기: 국가시대의 인성이해(권력과 집단 숭배)

씨족사회가 부족사회를 거쳐 국가사회를 형성하면서 인류는 국가권력(왕)과 체제와 집단에서 영원한 생명과 가치를 찾았다. 국가를 형성하고 발전시킴으로써 개인의 주체적 의식과 감정을 고양시키고 집단적 공동체적 사회관계를 발달시켰다. 국가시대는 인류정신의 성장기다. 아이들이 싸우면서 크는 것처럼 갈등과 대립, 투쟁과 굴복, 승리와 패배를 통해서 인간의 정신이 깊어지고 커졌다.

약 1만 년 전 농경시대가 시작되었는데 농업이 발달하면서 국가문명시대가 이어졌다. 농업은 땅의 생산력과 물질적 요소들에 의존하는 것이며 국가는 사람 위에 사람을 세우는 신분과 계급을 조성하였다. 농업에 기초한 국가문명은 땅의 물질에 속박되고 사람의 머리 위에 사람을 세움으로써 천지인 합일에서 멀어지게 되었다. 천도(天道)를 중심으로 농본적 국가사회를 형성했던 중국문명은 봉건적인 국가체제의 제약 속에서 하늘과 땅과 인간의 조화로운 관계와 질서를 추구했다. 다행히도 한민족은 중앙아시아에서 만주와 한반도로 이주해오는 오랜 과정에서 유목생활을 했기 때문에 비교적 땅에서 자유로울 수 있었고, 천지인 삼재의식과 사유를 오롯이 지킬 수 있었다.

이 시기에 인간은 가족, 씨족, 부족, 국가민족에서 신령한 힘과 중심을 발견하고 자기를 이해한다. 구체적인 인간관계와 인간집단에서 자기를 찾고 이해한다는 점에서 구체적이고 현실적이다. 국가에서 문자가 발명되고 신분계급이 생기고 군대와 성직제도와 노예제와 창녀제도가 생겼다. 국가들 사이에 전쟁을 치르고 지배 권력의 착취와 억압을 당하면서 인간은 투쟁과 승리와 고난 속에서 자기를 깊이 느끼고 체험하고 알게 되었다. 국가를 통해 인간의 지성과 영성이 개발되었다. 함석헌은 국가의 억압적인 통치와 폭력적인 전쟁 속에서 인간의 개성과 정신이 깊어지고 커졌다고 보았다. 함석헌은 국가가 미성숙한 인간을 가르치고 단련시키는 엄혹한 후견자요 소학(小學)선생이라고 하였다.[1] 인간이 성숙해져서 자율적이고 주체적인 존재가 되면 국가의 후견과 보호에서 벗어나야 할 것이다.

이 시기에 발달한 도덕과 정신은 씨족 부족 혈연집단에 대한 연대와 동포애, 자녀에 대한 사랑(모성애와 부성애), 부모에 대한 효도, 국

---

1) 함석헌, "세계구원의 꿈", 『민족과 국가』 한길사 1984. 271쪽.

가에 대한 애국심과 충성으로 표현되었다. 국가시대에도 인간은 자기 안에서 자기를 발견하기보다는 밖의 집단과 조직에서 자기를 발견하고 집단 조직과 자기를 동일시하였다. 인간의 지성과 영성이 국가시대에도 발달했으나 국가의 체제와 조직, 권력과 질서에 매여 있었다.

3) 성숙기: 기축시대의 인성이해(인성의 자각)

국가시대의 절정기에 기축시대가 시작되었다. 농사를 지으며 인류사회가 발달하기 시작한 것은 1 만 년 전부터이고 국가들이 뚜렷이 나타나기 시작한 것은 5~7천 년 전이었다. 국가의 생산력이 높아지고 경제사회적인 풍요와 번영을 이루고 국가권력이 강성해졌던 약 2,500년 전쯤에 강대국들은 전쟁과 폭력의 소용돌이 속으로 빠져들었다. 이 무렵에 동서양에서 거의 같은 시기에 기축시대의 성현들이 나타나서 고등종교와 철학을 창시하였다. 기축시대의 성현들은 인간의 내면에서 인간의 본성인 지성과 영성 속에서 영원한 진리와 가치를 발견했다. 인간의 주체의 깊이와 자유에서 전체의 하나 됨에 이르는 길을 찾은 것이다. 국가시대의 중심과 절정에서 인간정신의 내적 성숙을 추구하고 인간의 본성과 목적을 실현하는 기축시대가 열린 것이다. 기축시대는 인류의 내적 성숙이 이루어지는 시기였다.

기축시대를 이끄는 정신은 인간 저마다의 깊이와 자유에서 전체의 하나 됨에 이르는 구도자의 영적 깊이와 자유였다. 기축시대의 원리는 물질과 물리의 힘보다 생명과 정신의 이치와 힘을 추구하는 보편적 진리와 사랑이다. 기축시대의 성현들은 탐욕과 폭력을 넘어서 희생과 헌신의 사랑을 강조하고 진리와 이치를 내세웠다. 기축시대의 윤리는 "네가 싫은 것을 남에게 하지 마라."는 황금률로 표현되었다. 성현들은 나의 주체의 깊이에서 남의 주체의 깊이를 헤아릴 수 있었다. 기축시대의 종교와 철학은 국가시대의 질서와 제약 속에서 보편적 진리와 정신적 깊이를 추구하였다. 용서, 사랑, 희생, 진리, 정의, 평화가 기축시대의 정신적 원리와 지표였다. 기축시대의 성현들은 인간의 내면에서 주체의 자유와 전체의 통일적 중심을 발견했다. 기축시대에 비로소 인간의 지성과 영성이 제대로 발현되고 심오하고 보편적인 진리에 이르렀다. 그러나 이들이 깨달은 내적 진리의 궁극성과 보편성은 국가질서의 억압과 지배 속에서 왜곡되고 변질되었다. 성현들이 창시한 종교와 철학은 교리, 체계, 성전, 성직계급, 경전에 매여 있거나 시대의 제약과 한계에 갇혀 있다. 국가시대의 신분질서, 미신적 운명론, 지역과 혈연의 제약으로 기축시대의 자유로운 진리정신과 보편적인 사랑의 영성은 제대로 자유롭고 옹글게 실현되지 못했다.

4) 완성기: 세계시대의 인성이해(주체와 전체의 일치)

세계시대는 국가주의의 한계와 제약을 넘어서 민주화, 과학기술화, 세계화가 동시에 이루어지는 세계시민시대다. 이 시기는 인간의 내적 성숙과 사회 역사의 성장이 함께 이루어지는 완성기다. 이 시기에는 과학기술로 물질의 가치와 힘을 구현하고 물질과 기계의 주인으로서 인간의 인성을 실현하여 자치와 협동의 공동체적 삶을 이루어간다. 국가시대를 넘어서 개인과 세계가 직결되고 동서고금의 정신과 문화가 합류한다. 국가와 국민의 시대에서 세계와 세계시민의 시대로 나아간다. 세계시민의 미덕과 가치는 창의성, 합리성, 민주성, 주체성, 책임성, 영성, 배려, 소통이다. 세계시민의 시대에는 민의 주체적 자각을 바탕으로 깊은 진리와 영성을 탐구하고 실현하는 제2의 기축시대가 열릴 것으로 기대된다.

세계시민으로서 인간은 주체의 깊이와 자유에 이르고 물질과 생명과 인간을 아우르는 생명 공동체를 실현한다. 세계시민은 자신을 세계의 주인과 주체로 자각하고 자연생명세계와 인류사회에 대해서 책임과 의무를 다하는 존재다. 세계시민으로서 인간은 국가주의의 속박에서 벗어나 생명진화와 천지인 합일을 함께 이룸으로써 자연생명세계와 인류사회를 돌보고 진화 향상시켜가는 주체다. 사람이 하늘과 땅 사이에 곧게 서서 천지인 합일에 이르는 것은 우주생명진화를 완성하는 것이고 참 사람이 되는 것이다. 천지인 합일을 이루고 참 사람이 된다는 것은 민주(民主)가 되고 하나님의 자녀(天子)가 되는 것이며 세계평화와 통일의 주체가 되는 것이다. 민주시민은 주체의 깊이와 자유에 이르러 나는 나답게 너는 너답게 자유로이 살면서 세계 전체의 통일과 평화, 상생과 공존을 이루어간다.

세계시민은 하나님의 자녀로서 세계의 주인과 주체다. 세계시민은 세계의 주인으로서 하나님의 뜻을 이루는 자다. 하나님의 뜻은 우주만물과 자연생명과 인류사회가 저마다 존재의 깊이와 아름다움과 존귀함을 드러내고 표현하고 실현하고 완성하는 것이며, 우주만물과 자연생명과 인류사회가 전체로 하나 되게 하는 것이다. 사람이 천지인 합일을 이룬다는 것은 하늘과 땅과 사람이 저마다 주체의 깊이와 자유에서 전체의 하나 됨에 이르는 것이다. 그것은 사람의 몸과 맘과 얼이 저마다 저답게 본성과 이치에 따라 실현되고 완성되어 몸, 맘, 얼의 조화와 통일에 이르는 것이다. 사람은 생명의 가장 깊은 본성을 실현하고 생명의 가장 아름답고 고귀한 가치를 드러내는 존재다. 생명은 물질의 아름다움과 소중함을 드러내고 체험하는 것이다. 생명이 있음으로써 햇빛과 공기와 물과 흙이 얼마나 소중하고 고마운가를 알고 체험할 수 있다. 지성과 영성을 가진 사람은 세계의 주인으로서 우주물질의 아름다움과 값을 드러내고 실현할 뿐 아니라 서로 살리고 더불어 사는 생명의 본성과 목적을 실현하고 완성하는 사명을 가졌다. 세계시민은 개별적 주체의 깊이와 자유에서 자연만물과 생명과 인간의 평화로운 공존과 상생을 이루어가는 존재다.

5) 창조기: 우주시대의 인성이해(우주의 구원과 해방)

우주시대는 인간이 지구와 태양계를 넘어서 우주의식을 가지고 우주의 주인으로서 우주를 새롭게 창조하고 변혁하는 시대다. 인간은 지구의 생명진화과정에서 생겨난 존재다. 지구와 태양계는 50억 년 후에는 파괴되고 소멸한다. 인간은 지구와 태양계를 넘어서 우주 전체와 소통하고 사귀며 우주 전체를 알고 이해하고 경험하는 존재가 되었다. 먼 미래에 인간은 지구와 태양계를 넘어서 새로운 삶의 터전을 찾고 마련해야 한다. 인간은 자기 속에서 우주의 물질적 제약과 한계를 넘어서 영원한 생명과 보람을 얻어야 하고 새로운 생명과 정신의 차원을 열어가야 한다.

우주 전체의 자리서 우주의 주인으로서 인간은 지구생태계를 보전하고 지구와 태양계를 넘어서 우주 전체를 품고 우주 전체의 존재 이유와 가치와 목적을 실현해야 한다. 인간은 먼지처럼 작은 존재지만 우주 전체를 생각하고 품고 산다. 우주시대의 인간은 우주의식을 가져야 한다. 우주의식을 가지려면 내 몸과 맘이 우주를 품고 우주와 하나로 될 뿐 아니라 우주를 넘어서야 한다. 그러기 위해서는 우주가 하나의 점에서 시작했듯이 내 맘이 하나의 점으로 되고 그 하나의 점을 찍어 버려서 없음과 빔의 세계로 들어가야 한다. 없음과 빔의 세계는 순수한 정신과 영의 세계다. 이것은 우주보다 깊고 우주보다 높고 큰 세계다. 하늘의 없음과 빔에서 몸과 맘과 얼이 줄곧 뚫리면 몸과 맘과 얼 각각의 차원에서 우주와 연락하고 소통할 수 있다. 몸, 맘, 얼의 세 차원에서 우주와 연락하고 소통하면 우주의식을 가지고 우주인으로 살 수 있다.

인간의 몸, 맘, 얼 속에 우주가 씨올로 심겨져 있다. 인간은 우주를 몸, 맘, 얼 속에 품고 있다. 인간 속에서 우주를 해방하고 구원하고 완성하는 길이 열린다. 생성과 소멸의 사슬에 매인 우주만물은 허무와 죽음의 운명에 빠져 있다. 천지인 합일을 이룬 사람 안에서 비로소 우주만물은 허무와 죽음의 운명에서 벗어나 영원한 생명의 보람과 기쁨에 참여할 수 있다. 천지인 합일을 이루는 것은 인간이 우주의 창조자이며 구원자인 하나님의 딸/아들이 되는 것이다. 인간 속에서 하나님의 아들/딸이 태어나야 한다. 하나님의 아들과 딸 속에서 우주가 소멸과 죽음의 운명에서 벗어나 하나님의 기쁨과 보람에 참여할 수 있다. 인간은 자기 속에 물질과 기계의 인과율과 법칙을 초월하여 흘러넘치는 창조적 자유와 사랑의 마르지 않는 샘을 가진 존재다. 우주시대는 인간이 신과 더불어 창조와 구원의 기쁨에 참여하는 시대다. 신의 창조와 구원의 기쁨에 참여하려면 인간이 우주의 물질적 생물학적 제약과 속박을 벗어나서 신과 더불어 생명과 정신의 새로운 차원을 끊임없이 열어가야 한다. 이 시기의 도덕적 원리와 가치는 창조와 신생, 초월과 통일이다.

2. 한국근현대와 동서 문명의 만남 속에서 본 인간이해

한국근현대사는 동서 문명이 합류하는 두물머리다. 오늘 한국인의 정신과 문화 속에서 동서 문명의 정신문화들이 합류하고 있다. 그리고 현재 한국인의 정신과 문화는 한국정신종교문화사를 반영한다. 현재 한국인의 정신과 문화 속에는 한민족이 체험하고 형성한 종교문화의 역사가 압축되어 있다. 한국의 근현대사는 동서 문명의 합류가 일어나는 두물머리이면서 민중(민족)의 주체적 자각이 일어나는 시대다. 민중이 주체적으로 자각하는 것은 민중이 자신의 본성과 정체를 깨닫고 이해하는 것이다. 인간으로서 자신의 본성과 정체를 깨닫고 이해하는 것은 인간으로서 자신의 인성을 깨닫고 이해하는 것이다. 인간과 인성은 인간과 인성의 근원적인 깊이와 높이에서 그리고 인간과 인성의 토대와 중심과 목적인 신(하늘)과의 관련에서 제대로 이해될 수 있다. 따라서 인간과 인성에 대한 깊은 자각과 이해는 종교철학적으로 표현된다. 인간과 인성에 대한 한민족의 자각과 이해는 한민족의 종교철학과 문화 사상 속에 표현되고 구현되었다. 한민족은 한사상, 샤머니즘, 유불도, 실학, 동학을 거치면서 서구의 기독교, 서양철학을 받아들이고 동서정신문화의 만남 속에서 씨올사상을 형성했다. 한민족의 종교철학적 사상들 속에서 한민족의 인간과 인성 이해가 어떻게 형성되고 변화 발전했는지 살펴보자.

1) 한민족의 인간과 인성 이해: '한'으로서의 인간과 인성

한민족의 근원적 종교정신문화는 '한'으로 표현되었다. 한은 우리 민족을 나타내면서 '하늘, 하나님, 큰 하나'를 나타낸다. 우리 민족과 하늘, 하나님을 동일시하는 '한'의 관념과 의식이 민족정신 속에 원형질로 잠재되어 있다. 한민족은 '한'(하늘, 하나님)을 속에 품고 있으며 하나님과 직결되어 있다. 한민족은 스스로 천자(天子), 천손(天孫)의 의식을 가졌다. 하늘의 밝음과 어짊을 품은 한민족의 인성과 품성은 생명 살리기를 좋아하고 평화를 사랑하는 민족으로 알려졌다. 함석헌에 따르면 '한'은 우리 겨레를 가리키는 말이기도 하고 '한님, 하나님', '한울'(하늘)을 가리키는 말이기도 하다. 그는 이렇게 말한다. "한 혹은 훈이 우리 정신생활의 등뼈다. 우리 사람은 한 사람이요, 우리나라는 한 나라요, 우리 문화는 한 문화다. 그리고 그것을 인격화하여 대표하는 것이 한님 곧 하나님, 환인(桓因)이다."[2] '한, 하나님'은 '큰 하나임'

2) 함석헌, 『뜻으로 본 한국역사』 함석헌전집1. 한길사 1983. 105쪽. 김광식에 따르면 하나님은 한국적 고유성(PROPRIUM KOREANUM)이며, 단군신화의 하나님은 인간성,

을 추구하는 한민족의 고유한 정신과 성격을 이룬다. 한민족은 인간과 인성 속에서 하나님을 보았다.

한민족이 자신과 하늘(하나님)을 동일시한 것은 한민족의 정신 속에 밝고 떳떳하고 크고 높은 이념과 뜻이 있음을 나타낸다. 한민족의 높은 정신과 이념은 동학혁명, 삼일혁명, 419혁명, 민주시민항쟁, 촛불시위 등을 통해서 일시적으로 분출하고 실현되기도 하지만 민중의 일상생활과 사회정치문화의 현실 속에 구체적으로 실현되지는 못하고 있다. 하늘과 자신을 동일시하는 한민족의 정신과 이념은 내적으로 깊고 높은 철학으로 정립되지 못했고 역사와 사회의 현실 속에 구현되지 못했다.

한민족의 '한' 정신과 이념은 안이하고 피상적이며 낙관적이고 모호한 감정과 기분에 머물고 있는 것처럼 여겨진다. 그것은 현실적인 체험과 삶 속에서 확증된 것은 아니다. 한민족의 하나님 경험은 낙관적이고 감정적이며 도덕적인 의식의 차원에 머물러 있다. 한민족에게는 치열하고 철저한 자기부정과 깊은 죄의식과 참회의 전통이 없고, 고통스럽고 절망적인 죽음과 신생의 체험이 결여 되어 있고, 구체적인 삶과 역사의 고통스러운 현실 속에서 치열하고 절박한 영적 번민과 고뇌가 부족하다. 한민족의 하나님 체험은 도덕적이며 낙관적이지만 깊이가 없다. '한'의 종교와 문화를 밝힌 최남선의 한밝 문명론(불함문화론)은 낙관적이다. 그는 한민족의 정신문화의 뿌리로서 밝은 해와 하늘을 생각했다. 최남선이 밝힌 한민족의 정신문화적 정체성

"사람다움"이 인격화된 것이다. Kwang Shik Kim, God in Humanity: The Belief in Hananim and the Faith in God. Chungmyung Verlag Seoul, 1992. pp.44-45.

은 밝고 낙관적이지만 이런 정신문화적 정체성으로는 일본 군사제국주의의 어둡고 고통스러운 억압과 통치를 이겨낼 수 없었다.

'한'사상과 정신에서는 나와 하나님이 느슨하게 결합되어 있다. 한국인의 하나님은 인과응보를 실현하고 정의를 실현하는 도덕적인 신이지만 기독교 신앙에서처럼 한 사람 한 사람과 구체적이고 깊은 인격적 관계를 맺고 있지는 못하다. 우리 민족의 신은 아버지-아들과 같은 깊고 친밀한 인격신이 아니고 흘러넘치는 은총과 아가페 사랑의 신이 아니다. 그러나 한민족의 하나님 신앙은 종교적으로 아름답고 풍부한 가능성과 잠재성을 지니고 있다. 한민족에게 하나님은 누구나 믿고 우러르는 하늘이고 신이다. 민에서 왕까지 하나님께 호소하고 의지했다. 서구의 유신론전통과는 달리 한국인은 하나님의 이름으로 전쟁을 하거나 살인을 하고 민을 억압하고 수탈하지 않았다. 누구나 우러르고 받들었다는 점에서 한국인의 하나님은 보편적이고 도덕적이며 보살피고 감응하는 정의롭고 자애로운 신이다. 이러한 하나님 신앙이 있기 때문에 한민족은 서양의 낯선 종교인 기독교신앙을 깊이 그리고 널리 받아들일 수 있었다.[3)]

한민족과 하나님(하늘)은 쉽게 동일시된다. 인간과 인성의 뿌리를 하늘에서 찾는 한민족의 인간(인성) 이해는 심오하고 원대하지만 낙관적이고 안이하다. 이념적으로 '나'와 하늘, 하나님이 동일시되지만 현실적으로 나와 하나님, 나와 이웃 사이에는 다름과 불일치도 쉽게 확인된다. 정이 많은 한국인은 '하나 됨', 일치와 소통을 바라고 내세우

---

3) 함석헌, 『뜻으로 본 한국역사』 함석헌전집1. 한길사 1983. 105쪽.

지만, 피상적이고 거짓된 동일성에 머물기 쉽다. 서로 다름과 차이를 불편해하고 싫어하기 때문에 한국인은 감정적이고 관념적인 동일성, 배타적이고 독단적인 동일성을 내세우기 쉽다. 분열을 내포한 거짓되고 불안정한, 관념적이고 감정적인 동일성은 쉽게 깨지고 갈등과 다툼에 빠진다. 서로 하나 됨을 느끼지 못하면 하나 됨을 느낄 수 있는 단위로 갈라지는 경향이 우리 민족에게 있다. 그러나 깊이 따져보면 갈라지고 갈등하는 경향도 하나 됨에 대한 열망에서 나온 것이다.

하늘은 인간 속에서 발견되고 체험되는 것이면서 인간에게 한없이 멀고 높은 것이다. 인간의 얼과 혼은 하늘에 닿아 있지만 몸은 땅에 매여 있다. 인간과 하늘이 같다고만 보는 것은 인간과 하늘(하나님) 사이에 건널 수 없는 높은 장벽과 깊은 바다가 놓여 있음을 보지 못한 것이다. 하늘이 잡힐 것처럼 가까이 보이더라도 실제로 하늘에 이르려고 하면 하늘은 까맣게 높고 한없이 깊다. 아무리 높은 산에 올라가도 하늘은 까맣게 높고 한없이 깊음을 알 수 있다. 사람의 내면을 깊이 파고들어 갈수록 사람과 하늘(하나님)의 차이를 실감하게 된다. 자기부정과 죽음의 치열한 과정을 거치지 않고는 하늘과 하나님을 말할 수 없다. 오직 모름과 어둠 속에서만 사람과 하나님은 만나고 연락하고 소통할 수 있다. 밝은 대낮에는 우주가 얼마나 큰지 볼 수 없고 캄캄한 밤의 어둠 속에서 호대(浩大)한 우주가 드러나듯이 어둠과 모름 속에서 인간은 하늘, 하나님의 존재와 깊이를 헤아릴 수 있다. 최남선과 친구였던 유영모는 최남선과는 반대로 생명과 정신의 깊은 어둠, 저녁을 생각하고 자신의 호를 '많은 저녁'(多夕)이라고 했다. 하늘은 밝고 환한 것이면서 한없이 깊고 어두운 것이다.

건국신화에 따르면 한국은 하늘 열고 세운 나라다. 한민족은 하늘과 인간과 동물(곰, 땅)이 하나가 되고 '널리 사람을 이롭게 하고'(弘益人間), '이치로 세상을 교화시키는'(在世理化) 아름답고 높은 건국이념을 보여주었다. 한민족은 밝고 당당하며 아름답고 높은 도덕과 이념을 내세우고 나라를 시작하였다. 그러나 한국인은 이런 밝고 당당하고 아름답고 높은 건국이념과 도덕을 실현할 정신과 능력의 깊이가 부족했다. 이런 건국이념과 도덕을 실현하기 위해서는 깊은 영성과 확고한 철학을 닦아내야 했다. 한민족은 착하고 평화로운 민족이었으나 깊은 영성과 철학이 없었기 때문에 나라는 갈수록 쇠퇴하고 분열과 갈등의 늪으로 빠져들었다. 한민족이 겪은 역사의 고난과 실패는 한민족의 깊은 심성과 높은 품격을 다듬고, 깊은 철학과 영성을 닦아내기 위한 단련과 교육의 과정이었다.

하나님과 자신을 동일시한 한민족은 높은 이념과 품격, 큰 자부심과 원대한 목적을 가졌기 때문에 현실의 실패와 좌절 속에서 더욱 아리고 쓰라린 고통을 느꼈고 한스럽고 사무친 감정의 응어리를 품게 되었다. 현실 속에서는 아리고 쓰린 아픔과 사무친 한(恨)의 감정을 느끼면서도 속에서는 하늘, 하나님으로부터 오는 자유와 기쁨, 신명과 흥과 멋이 솟아났다. 한민족에게는 신명과 한(恨)의 역설적이고 모순적인 이중성이 형성되었다. '한', 하나님, 하늘을 품은 한민족은 깊은 공감과 소통의 능력을 가지면서 한과 흥, 신명과 구슬픔, 멋과 애달픔이 공존하는 정서를 지니게 되었다. 아리랑 노래는 한과 신명의 노래이고 공감과 소통의 노래다. 아리랑 노래는 아리고 쓰린 몸과 맘을 삭이고 달래며 위로하는 노래이면서 슬픔과 한을 녹여서 새로운 힘과 의지를 북돋우는 노래다. 그러나 아리랑 노래가 아픔과 신명의 감정에만 머물러서는 새 인간과 새 역사를 낳을 수 없다. 모름의 어둠 속에서 인간의 감성과 지성과 영성을 더 깊이 파고 고양시키는 철학과 정신을 닦아내야 한다.

2) 샤머니즘의 인간과 인성이해: 원혼이 깃든 인간과 인성

오랜 역사 속에서 고난과 좌절과 실패를 겪고 가난과 질병과 죽음을 맛보면서 한국 민중의 맘과 정신은 위축되고 변질되었다. 밝고 떳떳하고 큰 하늘(하나님)을 그리워하고 우러르며 품고 모시던 한민족의 몸과 맘에는 한 맺힌 귀신과 질병이 깃들게 되었다. 무속에 따르면 인간은 원귀(寃鬼)와 원혼(寃魂)이 깃든 존재이며 본능과 욕망에 휘둘리는 존재다. 인간은 높은 지성과 깊은 영성을 잃고 본능적 욕망과 원초적 감정의 지배를 받는 존재로 전락했다. 홍익인간과 재세이화의 높은 이상과 뜻 대신에 원한과 저주, 미움과 분노, 갈등과 다툼, 시기와 분열, 원한과 저주, 두려움과 불안이 가득하게 되었다. 무속은 아름다운 꿈과 높은 품격과 밝고 환한 미래를 잃고 어둡고 낮고 천한 자리에서 가난하고 병들고 지친 민중을 달래고 위로하고 치유하거나 욕망과 불안에 떠는 인간들에게 위안을 주는 종교가 되었다.

'한'사상이 보편적이고 이상적인 이념과 열망을 담고 있다면 샤머니즘, 무속(巫俗)은 나와 우리의 구체적인 삶과 직결되어 있다. 그것은 나와 우리의 어두운 욕망과 본능, 몸의 갈망과 맘의 어두운 감정과 직결된 것이다. 무속종교의 영성은 감정적 본능적 물질적이다. 인격과 지성은 위축되고 물질, 몸, 본능, 감정이 신령과 직결된다. 무속종교는 한풀이와 기복신앙에 머문다. 무교는 신을 구체적인 삶 속에서 욕망과 원한 속에서 물질적이고 감정적으로 만나고 경험했다. 무속인들에게 하나님은 보편적이고 전체적인 신이 아니라 구체적인 나와 너에게 관련된 신이다. 이 점에서 무교를 민중의 종교로 평가할 수 있다. 그러나 이들의 신은 낮은 욕망과 감정에 결탁된 신이며 민중의 지성과 영성을 약화시킨다. 고대와 중세의 사회에서 억압과 수탈 속에서 고통 받는 민중의 영혼 '넋'은 해코지하고 병들게 하고 해를 끼치는 변덕스럽고 위험한 존재다. 그래서 넋은 달래고 위로해야 하며 맺힌 한을 풀어주어야 할 존재다.

하늘과 하나님은 한 맺힌 귀신으로 변질되고, 홍익인간과 재세이화의 높은 뜻과 광명정대한 이념은 기복신앙과 한풀이로 오그라들었다. 무속은 민중의 아픔과 감정을 달래주고 병든 민중을 치유하고 힘을 주지만 높은 지성과 밝은 이념과 떳떳한 도덕을 잃고 본능과 욕망의 음습한 늪과 어두운 굴속에 빠져들었다.

3) 한국의 근현대에서 합류한 종교철학들의 인성이해

기축시대에 창시된 종교와 철학들이 한국근현대사에서 창조적으로 합류하였다. 일찍이 중국의 유교와 도교는 인도서 생겨난 불교와 합류하였고 중국의 유불도가 2천 년 전에 한국에 유입되었다. 그리고 17세기 이래 한국사회는 무교와 유불도의 정신문화를 바탕으로 서양의 기독교, 민주정신과 이성철학, 현대적 과학기술문명을 만났다. 현대한국인들의 정신과 문화 속에는 한국정신, 샤머니즘, 유불도, 기독교, 그리스 이성철학, 과학기술, 민주정신이 결합되어 있다. 한국인의 인간과 인성이해에는 이러한 모든 정신문화적 요소들과 관점들이 뒤섞여 있다. 근현대 한국인들이 인간과 인성을 어떻게 생각하고 이해하는지 파악하려면 이런 모든 종교철학들의 핵심과 특징, 문제와 한계를 이해해야 한다.

여기서는 기축시대에 형성된 유불도와 기독교, 그리스철학에서 인간과 인성을 어떻게 이해했는지 살펴보기로 하자. 기축시대는 인간과 인성을 자연생명세계와 관련해서 그리고 신과 관련해서 파악했다. 인간과 인성이해는 그 자체로서 단독으로 이해되기 어렵고 언제나 자연생명세계와 관련해서 그리고 신(하나님, 하늘)과 관련하여 이해된다. 왜냐하면 인간의 존재와 삶은 고립된 것이 아니라 우주자연생명의 토대 위에 있고, 우주자연생명의 일부이면서 인간의 존재와 삶의 깊이와 높이는 헤아리기 어려울 만큼 깊고 하늘에 닿을 만큼 높기 때문이다. 자연생명세계는 인간의 존재와 삶의 바탕이 되고 신은 인간의 생명과 인성의 깊이와 높이를 드러낸다. 또한 인간의 존재와 삶은 고정된 것이 아니라 역사와 사회 속에서 새롭게 형성되고 표현되고 실현되므로 역사와 사회에 비추어 이해되어야 한다. 기축시대의 종교와 철학들은 크게 보아 공통성과 보편성을 가지면서도 그 특정한 사회와 역사의 성격에 따라서 그리고 자연생명과 신에 대한 관점에 따라서 인간의 존재와 인성을 다르게 이해하고 표현하였다.

(1) 중국의 유교, 도교에서 본 인성이해

중국문명에서 닦아낸 대표적인 종교철학사상은 유교와 도교다. 제자백가와 묵자사상도 있지만 중국사회 전체에 지속적으로 영향을 미친 것은 유교, 도교, 불교인데 불교는 유교와 도교에 깊은 영향을 주고 중국사회에 큰 비중을 차지하지만 인도서 수입한 종교다. 따라서 중국의 정신과 문화를 잘 드러낼 뿐 아니라 중국인들의 인간이해와 인성이해를 가장 특징적으로 잘 드러내는 것은 유교와 도교다.

주역의 인성이해

유교와 도교의 사상적 근원과 뿌리는 주역(周易)이다. 주역은 말 그대로 주(周)나라의 운명과 운세의 변화를 알기 위해 점을 치는 책이다. 고대 중국인들은 자연과 국가와 인생은 하늘 상제의 뜻(天命)에 따라 변화한다고 생각하였다. 따라서 알 수 없는 운명의 변화를 미리 알고 대처하기 위해서 상제의 뜻을 알고자 점을 쳤고 점을 치기 위해서 만든 책이 주역이다.

주나라는 농업본위의 사회였고 농업사회는 천지자연의 질서와 변화에 순응하는 사회였다. 주나라는 국가사회의 이념과 구조에 비추어 천지자연과 인간을 이해했다. 주역은 세 가지 관점에서 인간과 인성을 이해했다. 첫째 천지자연의 질서와 변화에 순응하는 농본사회였으므로 천지자연 속에서 인간과 인성을 이해했다. 농본사회는 하늘의 햇빛과 바람과 비, 땅의 흙과 물에 의존하는 사회다. 하늘과 땅의 품 안에서 하늘과 땅의 힘과 도움으로 농사를 지었으므로 하늘과 땅에 의지하고 하늘과 땅을 존중했다. 하늘과 땅과 인간이 하나로 어우러지는 천지인 합일의 삶 속에서 인간과 인성을 이해했다.

둘째 하늘과 땅과 인간의 관계를 가족 관계로 이해했다. 농업본위 사회인 주나라는 가부장적 가족제도에 기반을 두었고 가족관계와 질서가 국가적으로 확대되었다. 따라서 황제와 관료는 부모이고 백성은 자녀였다. 더 나아가 천지자연을 가족관계로 이해했다. 하늘과 땅은 만물과 뭇 생명과 인간을 낳고 기르는 부모다(天地父母). 따라서 주역에서는 하늘을 아버지라 하고(乾稱父), 땅을 어머니라 하였다(坤稱母). 하늘과 땅의 은덕으로 자연만물과 인간이 살아가는 것이다.

셋째 치민(治民)의 관점에서 인성을 보았다. 주나라는 은나라를 정복하고 세운 나라다. 은나라의 정복과 주나라의 건국을 정당화하고 합리화하기 위해서 천명(天命)을 내세웠고 주나라의 군왕들이 덕과 의(仁義)로 다스림을 역설하였다. 하늘과 땅의 덕으로 부모의 심정으로 다스린다는 주장과 이념을 내세웠으나 주나라도 엄연히 중국인민을 다스리는 거대한 제국이었다. 천명과 덕치를 내세웠지만 근본 관심은 백성을 다스림(治民)에 있었다. 민을 정치의 근본으로 삼는 민본(民本), 민의 생활을 돌보는 민생(民生), 민을 사랑하고 아끼는 애민(愛民)을 말하지만 민을 정치의 주체로 생각하지는 못했다. 어디까지나 민은 정치의 대상이었다. 인의는 다스림의 원리일 뿐 아니라 하늘의 도리이고 인성과 도덕의 근본이었다.

주역의 세계관은 하늘과 땅과 사람을 연속적이고 통합적으로 볼 뿐 아니라 실재적으로 긍정하고 존중하였다. 하늘과 땅을 부모로 여기고 자연생명과 인간을 존중하고 살리고 돌보고 키우는 부모의 심정으로 세계를 보았다. 따라서 주역의 세계는 하늘과 땅과 인간이 서로 연결되고 감응하는 유기체적 전체로 이해되었다. 하늘과 땅이 서로 대조되면서도 서로 감응하고 서로 도우며 뭇 생명과 인간을 살리고 기르듯이, 모든 것은 서로 맞서면서 서로 돕고 살리며 공존하고 있다. 만물은 이중적이고 대립적인 긴장 속에 있으면서 상보상생(相補相生)의 관계 속에 있다.

주역은 이런 세계를 음양(陰陽)의 관계로 이해하였다. 양(陽)은 햇빛이 비치는 밝은 면을 나타내고 음(陰)은 그늘진 어두운 면을 나타냈다. 자연만물과 인생과 국가사회의 일들은 모두 음양의 양면을 지니고 있다. 음과 양은 그 자체가 독립된 실체가 아니라 실재하는 사물과 존재와 생명의 이중적이고 대조적인 두 경향과 원리, 두 측면과 관점을 나타낸다. 음과 양은 서로 반대되면서도 함께 전체를 형성하고 드러낸다. 자연만물과 생명은 끊임없는 변화 속에 있으므로 음과 양의 관계도 끊임없이 변화한다. 양이 크고 힘 있게 되면 음은 작고 힘이 약해지며 음이 크고 강해지면 양이 작고 약해진다. 그러나 결코 음과 양 어느 한쪽이 완전히 소멸되는 경우는 없다. 음과 양은 서로 균형과 긴장 속에서 상보와 포용의 관계를 이룬다. 주역의 세계는 하늘과 땅, 인간과 자연에 대해서 근본적으로 낙관적이고 긍정적인 신뢰의 자세를 가지고 있다. 여기서는 불교처럼 절대부정의 공(空)을 말할 수 없고 기독교처럼 절대초월의 신을 말할 수 없다. 무극(無極)과 태극(太極)을 말하더라도 그것들은 결코 자연만물과 분리되거나 단절되어 있지 않다. 없음(無)은 있음(有)과 짝을 이루고 큰 것(大)은 작은 것

(小)과 짝을 이룬다. 이처럼 모든 것은 서로 반대하면서 함께 이루고(相反相成) 서로 대립하면서 보완한다. 서로 대립하면서 보완하는 만물은 대대(待對)의 관계를 이루고 있다. '대대(待對)'란 음양·동정(動靜)·고저(高低)·장단(長短)등과 같이 서로 대립하면서도 대립적인 상대가 있어야 비로소 의미를 가질 수 있는 관계를 가리킨다. 만물은 서로 이어져 있고 서로 영향을 주고받으며 서로를 규정하고 형성한다. 아인슈타인의 상대성원리는 서로 맞서면서 서로 규정하고 형성하는 주역의 사상과 일맥상통하는 것 같다. 만물은 끊임없이 생성소멸하면서, 서로 형성하고 서로 제약하며, 서로 규정하고 규정된다. 이러한 우주자연세계서 스스로 하는 독자적 주체는 없다. 이런 주역의 세계관은 땅의 물질세계에 토대를 둔 자연생명세계의 유기체적 관계와 변화를 반영한다. 이것은 수리와 물리와 생리의 이치와 변화와 작용을 드러내는 세계관이다. 이러한 유기체적 세계관에서는 절대부정의 공(空)을 말할 수 없으므로 인간의 절대자유를 말하기 어렵고 절대초월의 신을 말할 수 없으므로 인간의 창조자적 주체를 말할 수 없다.

유교와 도교의 인성이해

유교의 인성이해

유교는 자연 질서와 국가체제를 중심으로 형성된 주역의 세계관을 가장 충실하고 적극적으로 이어받고 발전시켰다. 공자가 창시한 유교는 하늘(상제)의 뜻, 천명(天命)을 인간의 본성과 직결시켰다. 주역에서는 상제의 뜻을 알기 위해 점을 쳤지만 유교는 상제의 뜻, 천명을 인간의 본성에서 찾았다. 《중용》(中庸) 첫머리에 "천명을 본성이라고 한다."(天命之謂性)고 말함으로써 주역의 자연·국가·종교적 세계관을 인간내면의 도덕적 형이상학으로 바꾸었다. 하늘의 본성과 인간의 본성을 일치시키고 천명과 일치된 인간의 본성을 바탕으로 애민(愛民)과 덕치(德治)의 이념을 제시하였다.

공자는 모든 인간의 내면에 천명, 천성(天性)과 일치하는 인간의 본성과 덕이 있음을 확인하고, 인간의 주체적이고 보편적인 덕에 근거하여 덕스럽고 의로운 국가질서와 제도를 실현할 수 있다고 보았다. 공자가 가난하고 신분이 낮은 안회를 후계자로 여기고 높였다는 것은 신분과 재산에 따라 인격과 진리와 덕을 평가하지 않았음을 보여준다. 그러나 그에게는 사람과 인간관계보다 사회질서와 예법이 중요했다. 그는 사회생활의 행위와 관계에 있어서는 철저히 국가사회의 신분질서에 따른 예법과 규칙을 지켰다. 안회가 죽었을 때 공자는 "하늘이 나를 버렸다."고 탄식하며 슬퍼했지만 안회의 아버지가 장례식에 쓰도록 수레를 빌려달라고 했을 때 단연히 거절했다. 평민인 안회의 장례에 수레를 쓰는 것이 예법에 맞지 않았기 때문이다. 유교가 민본, 민생, 애민을 내세우지만 시종일관 군왕과 관리의 관점에서 치민(治民)을 생각했을 뿐 정치에서 민주(民主)를 생각하지는 못했다. 민을 정치의 주체와 주권자로 생각하지 못하고 봉건적 왕도정치에 머문 것이 유교의 근본적인 시대적 한계였다.

유교는 천성과 인성을 일치시킴으로써 천지자연과 인간의 조화와 일치를 추구하였다. 유교에 따르면 천지자연과 인간의 일치와 조화의 자리는 인간의 내면에 있는 본성이고 본성을 실현하는 것은 덕

(仁義)과 이치(理致)다. 하늘과 인간과 땅(자연만물)을 조화와 합일에 이르게 하는 것은 인의의 덕이고 인의의 덕은 천성과 인성을 일치시키는 이치이고 그 이치를 따르는 것이 도(道)다. 하늘과 땅과 인간, 우주와 자연과 인간을 소통시키고 하나로 되게 하는 자리는 하늘로부터 타고난 인간의 본성이다. 이 본성을 본성 그대로 실현하고 지키는 것이 인의의 덕이고 도다. 그리고 인의의 덕과 이치와 도로써 지키는 인간의 본성이 자연과 생명과 인생의 가운데(中)다. 이 가운데를 지키고 실현하려면 물질에 대한 본능적 욕망과 감정을 조화롭고 고르게 정화하고 순화해야 한다. 유교는 원초적 생명의 욕망과 충동에서 나오는 여러 가지 감정들을 적대적으로 멸절시키기보다는 승화하고 순화시킴으로써 타고난 본성과 감정이 조화와 통합 속에 있도록 하였다. 감정을 순화시킴으로써 타고난 본성과 감정의 조화에 이르는 것을 중화(中和)라고 하였다. 유교는 이기적인 욕망과 감정을 극복하여 인성을 지키고 도덕적인 사회질서에 순응하는 삶에 이르려고 하였다(克己復禮). 이기적 욕망과 감정을 조화롭게 극복하려는 유교의 노력은 탐·진·치를 멸절시키는 불교의 철저한 금욕적 자기부정과 다르다. 이런 유교의 노력은 근본적인 죄악에 사로잡힌 낡은 인간의 죽음과 새 인간의 거듭남(新生)을 추구한 기독교의 초월적 부활신앙과도 다르다. 유교에서는 초월적 하늘과 신은 사라지고 하늘(天命)은 자연생명과 국가와 인간의 유기체적 질서 속에 편입되었다. 자연생명세계와 인간의 덕성에 기초한 국가질서 속에서 자연과 인간과 하늘은 조화와 일치를 이루며 통합되어 있다.

도교의 인성이해

유교가 국가의 통치 질서를 중심으로 사상을 형성한 것과는 달리 노자와 장자가 주도한 도교는 자연생명질서와 민생을 중심으로 사상을 형성하였다. 인간의 본성에서 인의(덕)와 천도를 본 유교와는 달리 도교는 자연생명의 질서에서 도를 보았다. 유교의 통치이념과 주장이 자연생명과 인성과 민생을 억압하고 훼손하는 데 대해서 도교는 반대하고 비판하였다. 국가의 통치이념과 주장이 자연생명과 인성을 억압함으로써 자연 질서와 도를 거스르고 해친다고 보았던 것이다. 따라서 노자는 인간과 국가의 인위적인 정치와 노력을 비판하고 스스로 하고 스스로 되어가는 자연과 인성의 법도와 질서를 존중하고 따르자는 의미에서 무위자연을 주장하였다.

노자에게 인간의 본성은 자연생명질서와 밀착된 것이고 자연생명을 바탕으로 이해되었다. 그가 "배를 채우고 맘을 비우게 하라"(實其腹虛其心)고 한 것은 정치적 이념과 도덕적 주장보다는 먹고 사는 몸의 생활에 충실할 것을 역설한 것이다. 몸의 자연생명은 자연의 도와 결합되고 일치된 것이다. 유가들에 비해서 노자는 인간과 인성을 더욱 낮은 자리서 자연생명의 질서와 운행의 자리서 이해했다. 자연의 도와 인간의 덕은 일치되는 것이고 자연과 인간을 존중하는 자리서 국가와 통치를 생각했기 때문에 노자는 자연과 민에 대한 통치를 최소화하는 '작은 나라, 적은 국민'(小國寡民)을 이상적인 국가로 제시하였다. 소국과민의 정치이념은 자연과 인성과 민생이 그 자체로서 존중되고 실현되기를 바라는 정치이념이다.

장자는 노자와 마찬가지로 무위자연을 말했으나 인간내면의 자연생명을 철저화 하여 내적 초월과 자유를 추구하였다. 그에게 자연은 우주의 큰 기운이면서 인간내면의 크고 자유로운 생명이었다. 인간의 생명과 우주의 기운으로서 자연은 국가문명의 질서와 제약을 벗어난 생명의 무한한 자유와 해방이었다. 장자는 국가문명의 속박과 제약에서 벗어나 우주자연의 허공에서 아무 제약 없이 자유롭게 놀이하듯 살려고 하였다. 장자의 이러한 우주적 자연적 자유와 놀이는 국가문명질서와 제약을 비판하고 초월하는 것이지만 자연생명의 질서와 우주의 기운 자체를 부정하거나 벗어나는 것은 아니었다. 그의 초월과 자유는 우주 대자연의 생명 질서와 기운과 도에 순응하고 거기에 충실한 것이다. 국가의 지배 이념과 질서에서 벗어나고 생사, 선악, 시비의 논란에서 벗어난 장자의 초월적 자유는 자연생명의 욕망과 감정을 부정하는 불교의 철저한 금욕과 무아사상과는 다르고 죽음과 부활을 말하는 기독교의 인격적 초월신앙과도 다르다. 장자도 노자나 공자와 마찬가지로 천지인 합일을 추구하는 주역의 유기체적 전일적 세계관을 충실히 따르고 있다.

도교에서 인간의 본성을 정기신(精氣神)으로 이해한 것은 중국의 자연친화적 유기체적 세계관을 반영한다. 정(精)은 곡식을 먹고 얻는 원초적 생명력을 나타내고 기(氣)는 몸과 맘을 꿰뚫고 흐르는 생명과 의식의 기운을 뜻하고 신은 몸과 맘의 생명에 내재하면서 인간의 몸과 맘을 초월하는 얼을 나타낸다. 신은 인간 생명의 내적 깊이와 외적 초월을 함께 나타낸다. 정기신으로 나타나는 도교의 세계관과 인간관은 원초적 자연생명의 힘, 의식과 감정의 기운과 흐름, 생명과 정신의 내적 깊이와 초월적 자유를 함께 나타낸다. 여기서 신은 초월적 자유를 나타내면서도 생명의 내적 본성과 깊이와 뗄 수 없이 결합되어 있으며 인간의 내면과 소통하고 일치하며 연락되고 있다. 도가의 신은 결코 절대적 초월자로서의 인격신은 아니다. 도가의 신은 자연의 몸 생명, 맘의 감정과 의식, 얼과 혼을 아우르는 통합적이면서 개방적인 세계관과 인간관을 나타낸다.

농본사회를 바탕으로 형성된 국가를 중심으로 형성된 중국의 종교철학인 주역, 유교와 도교는 우주만물, 자연생명, 인간사회, 하늘과 신령의 유기체적 조화와 통합 속에서 인간과 인성을 이해했다. 하늘과 땅의 질서와 법도에 충실했던 중국인들은 하늘과 땅과 인간의 조화와 일치를 추구하는 종합적인 사상과 철학을 닦아냈다. 그러나 이러한 중국문명의 사상과 철학은 민의 주체를 확립하고 역사와 사회를 혁신하고 돌파하는 민주적이고 진취적인 인성교육의 철학에 이르지 못했다.

(2) 불교의 인성이해

인도에서 생산력이 높아지고 교류와 교역을 통해 어느 정도 물질적 사회적 번영을 이루게 되자 강대국들을 중심으로 인도문명사회는 세력 확장을 위한 전면적인 정복전쟁으로 치닫게 되었다. 이 때 조그만 나라의 왕자였던 석가는 카스트제도의 불의와 모순을 꿰뚫어 보았고 지배와 정복의 전쟁과 폭력이 작은 나라들의 파멸과 인간들의 고통을 가져올 것을 예감할 수 있었다. 카스트제도와 국가의 불의와 폭력 위에서 이루어지는 물질적 사회적 생활은 덧없고 허망한 것이었다. 인과관계가 지배하는 물질세계와 윤회와 업의 굴레 속에 있는 생명세계는 덧없는 것이며 고통의 바다일 뿐이었다. 석가는 물질과 생명에 대한 집착(탐·진·치)을 끊고 물질과 생명의 감옥(윤회와 업의 굴레)에서 벗어나려 했다. 그는 물질과 생명에 대한 욕망과 집착을 버린 무념무상의 순수한 정신 속에서 구원과 해탈(涅槃寂靜)에 이르려고 하였다.

탐·진·치와 불성의 이원론적 인성론

불교에 따르면 인간의 인성은 서로 전혀 다른 두 본성으로 이루어져 있다. 인간의 육체와 본능에서 나온 탐욕과 분노와 어리석음의 본성이 한쪽에 있고 다른 쪽에는 이와 전혀 다른 진리와 자비와 자유의 본성인 불성이 있다. 탐욕과 분노와 어리석음의 본성은 거짓 본성이고 진리와 자비와 자유의 불성은 참된 본성이다. 인간에게는 탐욕과 분노와 어리석음에 휘둘리는 거짓 나와 진리와 자비와 자유로 가득한 참 나가 있다.[4] 불교는 이 두 가지 서로 다른 본성을 대립시키고 육체적 본능과 본성을 부정하고 해체하고 초월함으로써 불성을 실현하고 참된 자유와 진리의 세계로 들어갈 수 있다고 보았다.

불교는 변화하는 물질과 생명의 세계는 실체가 없고 덧없는 것이며 물질과 생명에 대한 욕망과 집착은 허망하고 빈 것이라고 한다. 그런데 안과 밖에 실체가 없고 텅 비어 있다면서 어떻게 인간과 만물 속에 절대불변의 진리와 자비의 본성인 불성이 있다고 하는가? 여기

4) 석가는 무아를 말했으나 대승불교는 탐진치에 휘둘리는 소아(小我), 거짓 나(假我)와 탐진치를 여의고 불성을 실현한 대아(大我), 참 나(眞我)를 구별했다.

에는 물질과 순수의식을 대립시키는 인도의 전통적인 이원론적 사고가 반영된 것 같다. 물질과 생명의 세계는 끊임없이 생성소멸하며 변화하고 요동하는 바다라면 수론(數論)의 세계, 산술과 기하학의 세계는 순수한 관념과 의식의 세계이며 정확하고 확실하며 절대불변의 세계다. 산술과 기하학의 세계는 물질과 생명 밖에 있다. 이것은 가지적(可知的)이고 관념적인 세계지만 확실하고 정확하고 불변하는 세계다. 순수 의식과 관념의 세계, 수론과 기하학적 도형의 세계에는 물질과 생명은 존재할 수 없는 것이며 물질과 생명의 세계에는 순수 의식과 관념의 세계는 실재하지 않는 것이다. 물질과 순수의식의 이원론적 사고를 전제할 때, 물질세계의 진상도 정신세계의 진상도 공(空)이라는 생각에 이를 수 있고 인간과 만물에 대한 이원론적 논의와 주장이 이해될 수 있다.

연기설과 무아론

육체적 욕망과 감정에서 벗어나 진리와 자비의 세계로 들어가기 위해서 석가는 객관적인 자연세계는 연기설(緣起說)로 이해하고 주관적인 정신세계에 대해서는 무아사상을 주장하였다. 자연세계와 정신세계는 하나의 생명 실재를 나타내는 양면(兩面)이다. 따라서 연기설과 무아사상은 동전의 양면과 같은 것이다. 자연세계는 생성소멸하고 서로 의존하고 서로 형성하고 인과 관계가 지배하는 연기의 세계다. 따라서 자연물질세계는 서로 의존하고 서로 형성하는 관계 속에 있을 뿐 독자적인 실체와 주체가 없다. 현대과학에 비추어보다라도 물질세계는 인과율과 인과관계가 지배하는 세계이며 운동물리법칙, 열역학법칙, 중력과 상대성이론과 법칙의 지배에 따라 서로 의존하고 서로 형성하는 세계다. 물질에 의존하는 생명세계도 욕망과 집착 속에서 서로 얽혀 윤회 전생하는 세계다. 자연생명세계는 시간적으로 현재에서 보면 덧없이 흘러가는 것이고 공간적으로 보면 서로 이어져 있고 서로 구성하면서 함께 생멸한다. 이것은 시간적으로나 공간적으로나 원인과 결과, 인연과 계기로 이어지고 얽힌 인과의 세계이며 자성(自性)과 주체, 자아가 없는 공(空)의 세계다.

석가는 우주신과 자아의 일치와 동일성을 강조하는 범아일여를 부정하고 자아의 실체인 아트만을 부정하였다. 그는 자연의 실체도 인간영혼의 실체도 부정하였다. 인간의 자아도 물질이나 물질에 대한 감각에 의해서 그 때 그 때 생겨나는 것일 뿐 절대불변의 고정된 실체나 주체가 아니라고 보았다. 밖으로는 자연 물질세계와 생명세계의 실체를 부정함으로써 물질과 생명에 대한 집착과 속박에서 벗어나려고 했다. 안으로도 자아의 실체를 부정함으로써 욕망과 감정과 생각의 집착과 속박에서 벗어나려고 했다. 석가는 안팎의 실체를 부정함으로써 물질과 생명, 욕망과 감정, 의식과 관념에서 벗어나서 아무 것에도 속박당하지 않고 매이지 않는 스스로 하는 자유, 절대불변의 자유에 이르려고 했다.

해탈의 길

불교는 마음의 욕망과 감정에서 벗어나 무아와 연기의 진리를 깨닫고 해탈에 이르는 과정을 자세히 설명하였다. 맘속에서 일어나는 욕망과 감정, 생각과 의식은 실체와 실상이 없는 자연만물과 생명세계에 대한 집착과 망상에서 생겨나는 것이다. 인간의 탐욕과 분노와 어리석음은 우주자연과 인간 내면(맘)의 진상(空)을 보지 못하는 무명(無明)에서 비롯된 것이고 이런 무명은 우주자연의 물질세계에 대한 인간 마음의 집착과 속박에서 비롯된 것이다. 불교는 물질세계에 대한 마음의 집착과 속박에서 벗어나는 길을 제시하는데 집중한다.

인성을 구성하는 다섯 가지 요소(五蘊): 색·수·상·행·식(色受相行識)

몸과 맘의 다섯 가지 작용인 오온(五蘊)은 인성을 구성하는 색·수·상·행·식의 다섯 가지 요소다. 색(色)은 물질요소로서 인간의 육체를 가리키며 수(受)는 감정, 감각과 같은 고통·쾌락의 감수(感受)작용을 나타낸다. 상(相)은 심상(心像)· 표상 ·개념 등의 작용을 의미한다. 행(行)은 수·상·식 이외의 모든 마음의 작용을 총칭하는 것이며, 그 중에서도 특히 의지작용·잠재적 형성력을 의미한다. 식(識)은 인식판단의 작용, 또는 인식주관으로서의 주체적인 마음을 가리킨다.

몸과 맘의 모든 작용은 자연만물과 인간정신의 진실에 이르지 못한다. 자연만물은 인연과 인과관계에 따라 변화할 뿐 실체가 없는 것인데 인간의 맘은 만물이 마치 실체인 것처럼 욕심을 내고 거기에 집착한다. 또한 인간의 자아도 인연과 관계에 따라 그때그때 떠오르는 것일 뿐 실체가 없는 것인데 마치 늘 변함없이 있는 것처럼 생각하기 때문에 참된 자아에 이르지 못한다. 몸과 맘의 모든 감각작용과 의식

작용은 잘못된 생각과 의지로 움직이고 진행되기 때문에 진실에서 벗어나 잘못된 길로 이끌리고 거짓과 고통의 어둠 속으로 빠져든다. 불교는 거짓과 고통으로 이끄는 이런 잘못된 길에서 벗어나 참되고 행복한 삶의 길로 이끌려고 한다.

불교는 자연만물과 인간 자아가 실체가 없으며 공(空)하다고 생각하기 때문에 물질, 몸, 감각, 감정, 의식을 부정하고 공의 세계로 들어가려고 한다. 불교는 오감과 의식을 극복하고 초월하기 위해서 의식을 낮은 단계서 높은 단계로 구분하고 물질과 감각, 욕망과 감정, 생각과 의식에서 벗어나 완전한 공의 세계인 열반적정(涅槃寂靜)에 이르려 한다. 따라서 불교는 물질과 감각에 대해서 부정적이고 소극적인 견해를 갖게 된다. 불교는 물질과 감각, 감정과 의식의 속박과 오염에서 벗어나는 해탈의 과정을 논리적이면서 체험적으로 제시한다.

오감과 의식의 정화와 해탈

인간의 몸은 인간의 내적 자아와 외적 자연만물이 만나는 자리다. 육체의 감각과 의식이 자연과 자아에 대해서 헛된 생각을 일으키는 근원이다. 불교는 망념을 일으키는 육체의 오감(五感)과 의식을 육근(六根)이라고 한다. 육근의 감각과 의식을 정화하여 물질과 물질에 대한 집착과 욕망에서 벗어나 순수한 의식에 이르는 것이 불교의 해탈이다. 안이비설신(眼耳鼻舌身)의 오감에서 의식이 나오고 의식에는 물질적 대상에 대한 욕망과 집착인 탐·진·치가 가득 담길 수 있다. 의식에는 여러 단계가 있다. 탐·진·치로 가득한 의식이 육식(六識)이다.

칠식(七識)은 마나식인데 마나식은 자기중심적이고 오만한 자아의식(我慢)이다. 팔식(八識)을 아뢰야식이라고 하는데 아뢰야식은 자기중심적인 자아의 망령된 오만을 넘어서 선악을 아우르는 잠재의식, 무의식의 바다이다. 아뢰야식이라는 무의식의 바다는 모든 종자(種子)를 갖춘 가능성의 바다이며 생명진화와 인류역사를 통해 형성되고 축적된 무궁한 지혜와 덕성을 품고 있는 생명과 정신의 바다이다. 자아를 초월하고 선악을 넘어선 무의식의 바다인 아뢰야식을 건너야 열반적정의 세계로 들어간다. 불교유파에 따라서 구식(九識)으로 아마라식을 추가하기도 한다. 아마라식은 물질적 감각적 의식을 정화하고 자아를 완전히 초월한 청정무구한 의식이다. 청정무구한 의식을 거쳐서 공(空)의 세계인 열반에 이를 수 있다는 것이다.

인간내면의 아뢰야식이나 불성 속에 무궁한 지혜와 덕성을 품고 있다는 생각과 청정무구한 열반적정의 세계로 들어간다는 생각은 조금 긴장과 갈등을 일으키는 것 같다. 본디 불교의 연기설과 공사상에 따르면 만물에는 실체가 없다. 연기설과 공사상은 청정무구한 열반적정의 세계와는 잘 연결된다. 그러나 중생이 지닌 불성 속에 무궁한 가능성과 덕성이 있다는 생각은 일체의 실체를 부정하는 연기설이나 공사상과 잘 이어지지 않는다. 중생이 지닌 무궁한 가능성과 덕성은 어디서 온 것인가? 그런 가능성과 덕성을 가지고 있다면 그 가능성과 덕성을 살리고 키우고 실현하는 길과 방법을 탐구해야 할 것이다. 기본적으로 불교는 연기설과 공사상을 강조한다. 연기설은 물질세계의 실체를 과학적이고 논리적으로 해체하며 공사상은 일체의 물질과 그 물질에 대한 탐욕과 집착을 부정한다. 불교는 연기설과 공사상에 근거해서 물질의 속박과 오염으로부터 생명을 정화하고 해방시키려 했다. 그리하여 청정무구한 열반적정의 세계에서 물질의 속박과 오염에서 벗어난 생명의 순수한 본성에 이르려 했다.

생명의 순수한 본성에 이르려고 한 불교는 자연물질세계뿐 아니라 육체의 감각, 감각에서 나오는 의식과 감정까지 극복하고 초월하려 한다. 공의 세계는 물질과 생명, 감각과 의욕에 대한 금욕적 부정과 초월을 통해 열린다. 몸의 감각에서 욕망, 감정, 의식을 넘어 순수의식의 열반적정에 이르려는 불교의 구도과정은 물질에서 본능, 감정, 의식을 거쳐 지성과 영성에 이르는 생명진화과정과 일치한다. 인간 생명의 겉인 몸에서 속인 정신과 의식을 파고들어 깊은 내면에서 순수의식에 이르는 불교의 탐구와 수행과정은 물질과 세균에서 파충류, 포유류, 영장류를 거쳐 인간의 맑은 지성과 깊은 영성에 이르는 생명진화과정을 반영한다. 그러나 물질적 욕망과 감정을 철저히 정화하고 초월하려는 불교는 동아시아의 천지인합일 사상처럼 하늘과 땅과 사람을 통합적으로 보기 어렵다. 불교에는 물질과 생명, 의식과 감정을 살려서 주체와 전체로서 실현하고 완성하려는 관심이 부족하다. 생명과 의식이 역사적으로 진화발전된 것임을 불교는 고려하는 것 같지 않다. 불교는 생명과 정신의 순수하고 고결한 정화에 이를 수 있다. 그러나 불교의 가르침은 인간의 몸, 본능, 욕망, 감정을 생의 주체와 전체로서 존중하고서 받아들이기 어려우며, 생명의 진화와 신생을 말하기 어렵다. 몸, 맘, 얼의 조화와 일치, 자람과 변화를 말하기 어렵다. 인성과 인간의 감각도 오랜 역사를 거쳐 진화하고 발전한 것이다. 앞으로도 생명과 의식, 감각과 인성은 진화하고 발전해 갈 것이다. 오랜 생명진화의 과정에서 생명의 본성이 탈바꿈하면서 새롭게 고양되고 질적 변환을 이루어 온 것을 생각한다면 물질과 생명, 몸과 감각, 본능과 감정, 생각과 의식은 극복과 초월의 대상으로만 볼 수 없다. 그것들은 모두 저마다 더 높은 생명과 정신을 낳고 더 높은 생명과 정신으로 변환될 수 있는 주체와 전체로서 존중되어야 한다. 물질과 몸, 감각과 본능, 감정과 의식 속에는 한없이 깊고 높은 생명과 정신의 씨올이 심겨져 있다.

(3) 그리스철학의 인간이해

그리스철학은 도시국가와 관련하여 인간과 인성을 이해했다. 그리스인들은 미케네 왕조가 붕괴하고 오랜 세월 암흑과 혼돈의 무정부상태를 거쳐 귀족세력과 농민세력의 타협과 절충, 경쟁과 투쟁, 결합과 동맹에 의해 도시국가를 형성했다. 그리스의 도시국가 아테네는 자유 시민들의 민회를 기반으로 민주정을 구현하기도 했으나 자유민보다 더 많은 노예를 거느린 노예제국가였으며 전쟁을 통해 세력을 확장하고 식민지를 개척하는 제국주의국가였다. 그리스의 도시국가들은 성벽을 높이 쌓고 그 성벽 안에서 운영되었다. 도시국가의 높은 성벽은 자연생명세계와 다른 민족들을 분리하고 배제하였으며 자연과 다른 민족을 정복하고 지배하며 통치하려고 하였다. 타자로서의 자연과 다른 민족은 정복과 공격, 지배와 통치의 대상이었다.

이러한 정치현실 속에서 그리스인들은 초월적인 하늘을 배제하고 자연과 타자를 이성적으로 지배하고 다스리는 과학과 철학을 발전시켰다. 그리스인들의 식민지였던 소아시아의 밀레토스에서 어느 정도 생활의 여유를 가졌던 자유민들은 도시국가의 번잡한 활동에서 벗어나 우주와 자연생명에 대해서 성찰할 수 있었고 자연생명세계에 대한 과학적 철학을 발전시켰다. 이들은 생성 소멸하는 덧없는 사물들의 세계에서 불변의 원리와 법칙을 찾으려 하였다. 이들의 학문적 노력으로 수학과 기하학이 발달하고 자연세계를 이성적 원리와 법칙에 따라 이해하고 설명하려고 하였다. 이성의 지배를 추구한 그리스인들은 물질과 정신, 이념(이데아, 형상)과 현실을 대립시키는 철학을 형성하였다. 이들의 철학에서 인간과 인성은 이성을 중심으로 이해되었고 몸, 본능, 감정에 대한 이성의 지배와 정복을 추구했다.

하늘을 제거하고 이성과 권력을 바탕으로 도시국가질서를 형성한 그리스인들은 인간과 인성의 핵심과 꼭대기를 이성으로 보았다. 이성을 우주와 인간의 가장 높은 존재와 원리로 파악했기 때문에 이성은 인간의 가장 고귀한 본성이면서 우주의 신적 원리였다. 하늘을 제거한 그리스 종교문화에서는 인간과 신 사이에 질적 차이보다 연속성과 동일성이 두드러졌다. 신들의 행실과 인간들의 행실 사이에 도덕적 수준에서 별 차이가 없었다. 신들은 인간의 욕망과 생각을 투사한 존재자들이었으며 인간은 쉽게 신적 존재로 여겨질 수 있었다. 뛰어난 영웅과 천재, 최고 권력자인 황제는 신 또는 신적 인간(테이오스 아네르)으로 높여지고 숭배되었다. 인간과 신의 질적 차이를 강조한 히브리 전통에서는 인간의 신격화가 이루어질 수 없었으나 그리스종교문화 세계에서는 뛰어난 인간은 쉽게 신적 인간으로 받아들여질 수 있었다. 히브리 전통에 충실했던 유대교에서는 예수가 배척을 받았으나 그리스 종교문화에서는 신, 신적 인간으로 쉽게 받아들여지고 숭배되었다.

이성을 중심으로 생각한 그리스철학자들은 인간과 국가사회를 욕망(농부), 용기(군인), 이성(철인 통치자)으로 구분하였다. 본능적 욕망과 용감한 감정(기개), 이성이 인간의 본성을 구성하는 세 요소였다. 이 가운데 이성을 인간의 본질적이고 주체적인 요소로 보았다. 이성이 욕망과 감정을 지배하고 통제해야 한다고 생각했다. 그리스철학자들에게 인간의 참된 본성은 이성뿐이었다. 이성은 인식과 이해의 주체로서 인식대상을 대상화 타자화하며 주체로 존중하지 못한다. 칸트가 말했듯이 이성은 사물 자체(Ding an sich)를 인식할 수 없다. 이성 자체가 이러한 자기 한계를 인정하고 인식대상에 대해서 겸허하고 존중하는 자세를 가질 때 비로소 인식주체와 인식대상이 서로 주체와 전체로 만날 수 있는 길이 열린다. 그리스철학자들에게는 이성이 최고의 권위를 가지고 스스로 궁극적인 기준이 되었으므로 이성의 한계와 부족을 성찰하기 어려웠다. 그리스철학자들에게 자연과 타인(타민족)은 자유롭게 이성을 사용할 수 없는 존재였고, 이성적 인식과 지배의 대상이었다. 아리스토텔레스에 따르면 그리스 시민들만이 이성적으로 생각할 수 있는 자유인이고 노동자(노예)와 야만인(다른 민족)은 이성적으로 생각하지 못하고 자유를 누릴 수 없는 존재였다.[5)]

그리스의 이성철학은 생명을 내적 깊이에서 주체적으로 파악하고 몸과 맘과 얼을 총합적으로 이해하는 데는 서툴렀다. 이성적 사유에 충실했던 그리스철학은 인간과 인성을 제삼자의 자리서 객관적이

5) 『소크라테스에서 포스트모더니즘까지』 166~7쪽 참조.

고 합리적으로 관찰하였다. 따라서 인성의 세 부분 욕망, 감정, 이성을 기능적으로 보았으며 덕(德)을 기능적 능력(아레테)으로 파악했다. 그리스 철학에서는 형이상학적 이데아와 형상을 말함으로써 수리와 물질의 차원을 넘어서 입체적으로 정신의 깊이와 높이에서 인간과 인성을 말할 수 있었다. 인간의 이성능력을 최대한 확장하고 구현한 것은 그리스철학이 인류정신사에 기여한 뛰어난 업적이다. 소크라테스가 "너 자신을 알라."고 가르친 것은 인간이 이성을 가진 존재임을 일깨운 것이며 저마다 이성을 사용하여 스스로 생각하고 판단하고 행동하도록 이끈 것이다. 그러나 이성과 이치로써 인간과 인성을 지배하고 통제하려 했던 그리스철학은 인간과 인성을 주체의 자리에서 전체로 보는 생명 철학적 인간이해에 이르지 못했다.

(4) 기독교의 인성이해

기독교 이슬람교 유대교는 모두 아브라함에서 비롯된 히브리종교에 뿌리를 둔 것이다. 기독교는 히브리종교와 예수의 삶과 가르침에서 생겨났다. 아브라함과 예수에게서 뚜렷이 드러나듯이 히브리종교와 기독교는 억압과 수탈의 강고한 국가권력 아래 고통당하는 민중이 자유와 평등, 정의와 평화의 하나님 나라를 이루기 위해 꿈틀거린 역사의 종교다. 불의하고 폭력적인 권력자들에 대한 고발과 비판, 사랑과 정의의 하나님에 대한 호소와 신앙이 기독교의 바탕에 있다. 역사와 사회의 나락에서, 자연생명세계의 땅바닥에서, 먹고 입고 자는 일상생활 속에서 고통을 겪던 이들에게 몸의 본능적 욕망과 맘의 감정은 절실한 것이고, 땅과 자연, 밥과 집은 매우 소중하고 아름다운 것이었다. 이들은 사변적인 사색과 고요한 명상에 잠길 여유는 없었지만 누구보다도 몸의 생명과 맘의 감정을 깊이 느끼고, 얼과 혼의 깊이와 높이를 체험할 수 있었다. 역사와 사회의 모순과 갈등을 깊고 철저하게 맛보았으므로 누구보다 절실하고 사무치게 구원과 해방의 하나님을 부르고 기다렸다. 인간과 사회의 한계와 제약, 죄악과 절망을 절실하고 사무치게 체험했던 이들은 새 인간과 새 세상을 창조할 하나님을 간절히 믿고 찾고 기다렸다. 기독교와 히브리종교는 이성적 사유를 바탕으로 한 과학과 철학을 형성하지 못했지만 물질과 몸, 맘과 생명, 정신과 얼을, 인간의 역사와 사회를 저마다 주체와 전체로 깊고 철저히 파악하고 초월적인 하나님의 흘러넘치는 생명과 사랑을 갈구하고 체험하고 드러냈다.

기독교는 초월적 하나님의 흘러넘치는 생명과 사랑, 절대적 정의와 궁극적 평화에 비추어 인간을 이해함으로써 인간과 인성의 주체와 전체를 드러낼 수 있었다. 다른 어떤 문명권의 종교와 철학보다 히브리-기독교는 민중의 주체적 삶과 정의와 평화에 대한 진지하고 간절한 염원과 기대를 가지고 있다. 다만 인간과 하나님을 인격적으로 긴밀한 관계 속에서 보면서도 흔히 인간과 하나님을 대립시킨 기독교는 인간과 하나님을 통합과 일치 속에서 보기 어려웠다. 불의한 역사와 사회에서 억압과 수탈, 박해와 소외를 당한 쓰라린 경험이 히브리인들로 하여금 다른 국가와 민족들에 대해서 적대적이고 배타적인 태도와 경향을 갖게 했다.

기독교와 히브리종교는 고통스러운 현실의 삶에서 믿고 생각하고 행동했기 때문에 합리적이고 이론적으로 성찰할 여유를 갖지 못했으나 몸과 맘과 얼을 구체적이고 현실적으로 깊이, 전체적으로 느끼고 체험할 수 있었다. 아픔과 시련 속에서 몸과 맘과 얼을 하나님과의 관련에서 주체적이고 전체적으로 파악할 수 있었다. 이들에게 몸은 영혼의 감옥이 아니라 생명과 영의 집이고 자리였다. 몸과 영은 다른 것이지만 분리되는 것이 아니었다. 육체는 영과 원리적으로 갈등과 대립 속에 있는 것으로 여겨지기도 하지만 물질과 몸은 결코 저주와 부정의 대상이 아니었다. 이들은 물질과 몸을 긍정하고 하나님의 축복으로 여겼으며 마지막까지 몸의 차원을 버리지 않았다. 기독교가 육체의 부활을 말하고 부활한 그리스도가 다시 와서 역사와 사회를 심판하고 구원할 것으로 기대한 것은 이들이 몸과 물질의 세계를 끝까지 버리지 않은 것을 의미한다.

이들에게 몸의 아픔은 영혼의 아픔과 직결되어 있으며 몸의 죽음(십자가 죽음)은 생명과 영의 구원(부활신앙)을 위한 근거이고 계기였다. 하나님은 우주만물의 창조자이고 보존자이며 완성자였다. 이들에게 몸은 인간과 인성의 일부가 아니라 인간과 인성 전체를 대표하는 주체였다. 감정과 양심, 몸과 영은 인간존재와 인성의 부분이 아니라 주체이며 전체였다. 이들의 하나님은 들꽃과 종달새를 먹이고 기르는 분이고 사람의 머리카락 하나도 잊지 않고 헤아리는 이다. 한 사람 한 사람이 그리고 그 한 사람의 몸과 맘과 얼이, 그 머리카락 한 올조차도 하나님께 소중한 존재다. 기독교 신앙은 인간을 이성적이고 보편적으로 일반화하거나 추상화하지 않는다. 여기서는 아무리 못나고 부족한 죄인이라도 하나님의 자녀로서 존중되고 사랑받는다.

불의하고 잔혹한 역사와 사회의 현실 속에서 억압받고 고통 받는 민중의 몸과 맘과 얼은 사랑과 정의를 열망하고 조건 없이 긍정되고 실현되고 존중되기를 바란다. 몸과 맘과 얼의 생명은 무조건 긍정되고 실현되어야 한다. 인간과 인성의 주체와 전체가 온전히 긍정되고 실현되어야 한다. 고통 받는 생명과 영혼의 내면에서 생의 의지와 열망이 분출하며 신의 사랑과 정의가 조건 없이 주어진다. 생명과 영혼의 근원과 목적인 하나님은 생명과 영혼을 있는 그대로 온전하게 주체와 전체로서 긍정하고 실현하는 이다. 하나님은 수리와 물리의 원리와 법칙에 제약된 이가 아니라 그것들을 넘어서 사랑과 생명이 흘러넘치는 이다. 신의 흘러넘치는 생명과 사랑은 율법과 업보의 인과관계와 법칙을 초월한 창조와 변혁의 힘과 바탕이다. 신의 흘러넘치는 사랑은 사랑으로 창조된 물질과 정신의 세계를 실현하고 구원하고 해방하고 완성하는 힘과 지혜다. 흘러넘치는 사랑으로 세상을 창조했다는 기독교의 신앙은 신플라톤주의의 유출설과는 다른 것이다. 유출설은 일자에서 정신(이성)이 유출되고 정신에서 영혼이 영혼에서 만물이 유출된다고 말한다. 여기서도 일자의 존재와 생명에서 자발적으로 흘러넘침이 일어나지만 아래로 내려갈수록 타락하고 일자에게서 멀어진다. 타락한 물질에서 벗어나 일자에게로 올라가는 것이 구원이다. 물질은 오염되고 타락한 것이므로 벗겨버리고 비물질적인 정신과 일자에게로 가는 것이 구원이고 해방이다. 기독교의 창조신앙은 신의 사랑과 말씀으로 지은 물질과 정신세계를 말씀과 사랑으로 정화하고 영화하여 고양시키고 부활과 영생으로 이끈다. 물질과 몸을 포기하지 않고 정화하고 고양시키며 영화(靈化)한다.

구체적인 역사와 사회의 고난 속에서 하나님을 만나는 기독교의 철학은 인간의 삶을 구체적인 시간과 공간 속에서 생생하게 체험하도록 이끌고 인간과 인성의 주체와 전체를 드러내고 체험하게 한다. 현실의 고난 속에서 하나님을 만났던 기독교철학은 일반적이고 보편적인 논리와 이해를 발전시키지 못했으며 포용적이고 종합적인 사유와 태도에 이르기 어려웠다. 기독교 철학에서는 신과 인간을 엄격히 구별하기 때문에 신과 인간의 통합적이고 전일적인 사고에 이르기 어렵다. 그러나 초월적 신과 깊은 죄의식을 말하고, 흘러넘치는 생명과 존재의 창조적 은총과 아가페를 말함으로써 기독교 신앙은 신과 인간의 역동적 관계를 보여주고 인간과 인성을 이루는 몸, 맘, 얼의 깊이와 높이를 드러내며, 인간의 주체와 전체의 풍요로움을 체험하게 한다.

4) 근현대 한국의 인성이해

근현대 한국인의 인성이해에는 한사상, 샤머니즘, 유불도와 기독교, 그리스 이성철학, 민주정신, 과학기술사상의 인간이해가 녹아 있다. 근현대 한국인의 인성이해는 동서고금의 종교철학들의 인성이해를 물려받고 비판 극복하면서 인간과 인성을 생명과 역사의 주체와 전체로 실현하고 완성하는 민주적이고 세계보편적인 생명철학을 찾아가는 과정에 있다.

(1) 실학의 인성이해: 인식론적 도덕적 주체로서의 인간

한국인의 인성이해의 역사에서 실학의 인성 이해는 동아시아의 전통적인 인성이해로부터 동서정신문화를 아우르는 세계 보편적 생명 철학적 인성이해로 나아가는 과도적인 단계에 속한다. 동서정신문화를 아우르는 세계 보편적 생명 철학적 인성 이해는 '주체의 깊이와 자유에서 전체의 하나 됨에 이르는' 생명과 인간의 본성과 목적을 왜곡하거나 제약하지 않는 이해를 의미한다. 전통적인 사상과 철학들은 시대의 제약과 사상의 한계 때문에 생명과 인간의 주체와 전체를 온전히 드러내지 못했다. 오늘에는 동서정신문화가 합류하고 민주화와 과학 산업기술화가 이루어지고 있다. 이제 생명과 정신의 주체와 전체를 온전히 드러내고 실현할 수 있는 시대적 사상적 조건이 마련되어 있다. 이 시대는 주체와 전체를 온전히 드러내고 실현하는 생명 철학적 이해를 요구한다.

실학은 동아시아의 전통사상 특히 유교사상을 바탕으로 서구의 과학기술과 사상을 수용하여 보다 진전된 사상을 형성하려고 하였다. 실학을 완성한 인물로 평가되는 정약용을 중심으로 간단히 실학의 인간과 인성이해를 살펴보자. 다산 정약용의 사상은 중국선교사 마테오 리치(Matteo Ricci, 1552-1610)의 사상에서 큰 영향을 받았다. 정약용은 마테오 리치의 《천주실의(天主實義)》를 바탕으로 공자와 맹자로 대표되는 초기의 유학과 서구 기독교 철학을 결합함으로써 보다 근대적인 인간과 인성 이해에 이르고 있다.[6] 다산의 사상을 이해하기 위해서는 리치 사상의 기본내용과 성격을 알아야 한다. 리치는 수학, 천문지리학, 과학기술에 조예가 깊었던 가톨릭 사상가였다. 아리스

6) 김영일, 『丁若鏞의 上帝思想』 경인문화사 2003. 48~9쪽. 261쪽 이하.

토텔레스의 철학과 토마스 아퀴나스의 신학을 바탕으로 리치는 《천주실의》에서 중세 가톨릭의 스콜라 신학과 유교의 만남을 시도했다.[7] 천주와 개인 영혼을 강조한 리치는 '무'(無)와 '공'(空)을 말하는 도교와 불교를 비판하고, '유'(有)와 '성'(誠)을 말하는 유교를 긍정한다. 그는 또한 유교의 옛 경서들에 근거하여 상제와 천주를 동일시한다. 리치는 성리학에서 강조한 천인합일과 물아일체(物我一體)의 전일적 세계관을 거부하고 천지만물과 천주를 구별하였다. 그는 또한 선천적으로 주어진 덕을 부정하고, 개인의 주체적 노력과 실천을 통해 덕이 생겨남을 강조하였다. "덕이란…오랫동안 도의(道義)를 익히고 그것의 실천을 생각함으로써 생겨난다."[8] 리치의 사상에서는 천주와 구별된 천지만물은 과학적 탐구의 대상이 되고, 신과 만물로부터 구별된 인간 개인의 인식론적 도덕적 주체가 강조되었다.

리치와 마찬가지로 다산은 "하늘로부터 받은 본래의 본성(덕성)이 인간에게 있으며 인간과 만물이 일체를 이룬다."는 주자학의 가르침을 비판하고, "모든 진리가 하나로 통한다."는 불교의 만법귀일론(萬法歸一論)을 부정하였다.[9] 다산은 사물과 자아를 구별하고, 자연현상으로서의 하늘과 윤리실천의 근거로서의 하나님을 구별하였다.[10] 그는 하나님(上帝)을 "하늘·땅·신·인간(天地神人)의 바깥에서 하늘·땅·신·인

---

7) 송영배, "유교와 기독교의 충돌과 대화의 모색", 『교우론, 이십오언, 기인십편』 서울대출판부 2000. 507쪽.

8) 마테오 리치, 『천주실의』송영배 외 옮김 서울대학교 출판부 2003. 73~4, 103, 192, 200쪽이하, 221, 348쪽.

9) 윤사순, 『韓國儒學思想論』 열음사 1986. 138쪽. 『丁若鏞의 上帝思想』83, 87쪽.

10) 『丁若鏞의 上帝思想』96~7쪽.

간 만물 등속을 조화하고 재제(宰制)·안양(安養)하시는 분"[11]이라고 하였다.

마테오 리치의 《천주실의》는 아리스토텔레스의 이성적 목적론 철학과 토마스 아퀴나스의 스콜라 철학을 바탕으로 천주교신앙과 공자 맹자의 유교사상을 통합하려고 했다. 아리스토텔레스와 아퀴나스의 철학은 동양철학에 비해서 개인과 이성을 중심으로 사유하며 자연과 신(하늘)에 대하여 인간의 주체적 사유와 행동을 강조한다. 《천주실의》에는 마테오 리치의 과학적이고 이성적인 명석한 사고와 성찰이 반영되어 있다. 그에게 인간의 주체는 자연, 하늘과 구분되고 자연과 하늘은 탐구와 판단의 대상이며 숭배와 동일시의 대상이 아니었다.

정약용이 천주실의를 통해서 받아들인 서구 기독교 철학은 합리적 이성을 내세운 아리스토텔레스의 자연철학과 이성과 신을 중심에 둔 토마스 아퀴나스의 중세철학을 결합한 것이다. 이것은 고대와 중세의 낡은 철학이지만 이성의 합리성과 개인적이고 인격적인 하나님 신앙을 강조함으로써 동아시아인들에게 새로운 자극과 영향을 주었다. 정약용은 천인합일을 내세우는 성리학과 무, 공을 내세우는 불교·도교의 일원론 철학을 비판하고 거부하였다. 그는 일원론적 철학이 인간을 전체(하늘, 空, 無, 道)에 예속시키고 개성과 주체를 약화시킨다고 보았다. 그는 인간 개인을 전체인 하늘(자연, 무, 공)과 분리시킴으로써, 과학적 인식과 도덕적 행위의 주체를 확립하려 하였다. 그는

11) 丁若鏞『與猶堂全書』景仁文化史 影印刊 1982. II, 36/24a.

자연의 하늘(天)을 과학적 탐구와 인식의 대상으로 보고, 인격적인 신앙의 대상인 하나님(天主)과 구별, 분리하였다.

천인합일의 일원론 사상을 거부한 정약용은 전일적인 보편적 사유체계에서 벗어나 자연적 하늘을 과학적 인식과 탐구의 대상으로 보고 인간을 과학적 인식과 도덕적 행위의 주체로 파악했다. 인간을 과학적 인식과 도덕적 행위의 주체로 파악했다는 점에서 그는 근대적 사유의 세계로 들어섰다. 근대적 사유의 가장 중요한 특징은 민의 주체적 자각에 있다. 하나님(상제)과 인간의 관계를 논할 때 개인과 하나님의 구체적이고 인격적인 관계를 말한다는 점에서 정약용은 천인합일의 일반적이고 보편적인 속박에서 벗어났다. 그러나 하나님을 두려워하고 공경하고 복종해야 할 존재로 이해한다는 점에서 그의 하나님과 인간 이해에는 전통 유교의 위계질서와 상하관계가 반영되었다고 여겨진다. 그의 신관에는 하나님을 어버이로 보고 자녀로서 누리는 기독교 복음의 자유와 기쁨이 결여되어 있다. 이것은 유영모가 하나님과의 관계를 유교의 부자유친(父子有親)으로 보면서도 하나님을 어버이로 받들고 하늘의 빈탕한데서 놀이 하듯 자유롭고 기쁘게 살아야 한다고 말한 것과 비교된다.[12] 신과 인간에 대한 정약용의 이해는 전통 유교와 전근대적인 봉건왕조의 사상에서 완전히 벗어나지 못했으나 천인합일의 일원론적 사유에서 벗어남으로써 스스로 생각하고 스스로 행동하는 현대의 민주적이고 과학적인 사유세계의 문턱에 발을 딛고 있다고 여겨진다.

---

12) 유영모 『다석강의』 현암사 2006. 431~2, 445, 446쪽 이하, 458쪽 이하.

(2) 동학의 인성이해

서양문명과 세력의 침입으로 중국 중심의 동아시아 지배질서와 정신체계가 무너지는 시기에 최제우는 민중의 고통을 함께 느끼고 경험하면서 새 시대의 정신과 원리를 체득하고 실현하려고 하였다. 그는 민중의 고통스러운 삶 속에서 몸, 맘, 얼을 통합하는 새로운 진리와 삶의 질서를 펼치려 하였다. 그는 고통 받는 민중과 하나로 됨으로써 낡은 역사와 사회의 틀에서 벗어났고 서양의 천주교와 문명에 자극과 영향을 받으면서 전통적인 유불선의 정신질서와 체계에서 벗어났다. 그는 천주(天主)와 민중을 직결시킴으로써 무교와 유불선을 회통하는 주체적이고 실천적인 새로운 진리체계를 제시하였다. '천주'는 서양의 가톨릭이 전래되면서 중국과 한국에서 새롭게 쓰기 시작한 신명(神名)이다. 동학의 기본 가르침인 시천주, 사인여천, 인내천은 전통적인 천인합일 사상을 계승하면서도 인간과 하늘의 일치를 민중 한 사람 한 사람의 삶 속에서 확인하고 실현하려 했다는 점에서 전통사상을 능가한다. 고대와 중세의 천인합일, 신인합일, 범아일여 사상은 역사와 사회의 구체적 현실에서 벗어나 개인의 주체를 보편적 전체에 예속시키는 경향이 있었다. 동학의 시천주사상은 역사와 사회의 현실에서 고통 받는 민중 한 사람 한 사람의 몸과 맘속으로 하늘(천주)을 끌어들임으로써 사람을 가장 존귀한 존재로 높이고 신분차별을 혁파하고 평등한 세상을 열었다. 신분차별을 부정하고 민중 속에서 하늘을 봄으로써 민을 역사와 사회의 주체로 보는 민주정신과 원칙에 이르렀다.

최제우는 '시천주'(侍天主)를 '안으로 신령함이 있고 밖으로 생명기운의 감화가 있다'(內有神靈 外有氣化)고 풀이하였다. 몸과 맘으로 하늘기운을 체득하고 몸과 맘속에 신령이 있다고 함으로써 동학은 몸과 맘과 얼의 일치와 통합에 이르렀다. 부적과 주문을 사용한 것도 몸의 신령한 기운과 차원을 강조한 것이다. 동학에 따르면 지금 여기 '나'의 삶 속에 하늘이 있을 뿐 아니라 모든 생명체 속에 그리고 만물 속에 하늘이 있다. 따라서 하늘을 공경하고 인간을 공경하고 모든 생물과 물건을 공경해야 한다. 동학은 하늘과 땅과 인간을 하나로 아우르는 대종합의 생명사상을 제시하였다.

하늘과 사람과 땅(몸과 맘과 얼)을 통합하고 일치시키는 동학의 주체적이고 전일적인 생명철학은 매우 창조적이고 혁신적이다. 최시형이 하늘과 땅을 친 부모로 여기고 땅을 어머니의 살갗이라고 한 것은 유기적이고 전일적인 생명철학을 체득하고 실천한 것이다. 사람의 몸과 맘속에서 천지(天地)의 조화(造化)가 일어난다고 본 것은 인간을 우주 생명의 중심과 꼭대기로 본 것이며 주체적이고 역동적인 생명철학에 이른 것이다. 천지의 창조와 진화가 사람 속에서 일어난다는 동학의 생각(侍天主 造化定)은 "사람 속에서 하늘과 땅이 하나로 된다(人中天地一)"는 천부경의 가르침보다 역동적이고 진전된 것이다. 시천주, 사인여천, 인내천을 말한 동학은 한민족의 한사상을 계승한 것이다. '한'은 '큰 하나' 하늘, 하나님을 의미하고 한겨레는 '한, 하늘, 하나님'을 품고 그리워하는 민족이다. 천부경에서 "사람 안에서 하늘과 땅이 하나"(人中天地一)라고 한 것은 사람 속에서 하늘과 땅이 하나로 되는 것을 나타낸 것이고 한사상을 간결히 표현한 것이다. 동학이 '하늘'과 인간을 동일시하고 긴밀히 결합시킨 것은 전통적인 한민족의 종교적 원형질인 한사상과 정신을 드러내고 실현하면서 보다 깊고 섬세하게 표현하고 확장한 것이다. 동학은 사람 속에서 천지조화(天地造化)가 일어난다고 봄으로써 창조와 변화의 사건과 중심이 사람 속에 있다고 하였다. 이것은 창조와 진화의 관점에서 인간과 인성을 매우 역동적이고 진취적으로 이해한 것이다. 더 나아가서 이신환성(以身換性: 몸을 단련하여 본성을 바꾼다)을 강조한 천도교주 손병희는 인간의 몸과 본성을 통합적으로 보고 본성을 고정불변의 실체가 아니라 바꿀 수 있는 것으로 보았다는 점에서 현대적이고 역동적인 인성이해에 이른 것으로 여겨진다.

(3) 동아시아의 전통종교와 동학의 인성이해를 넘어서

동서 문명이 만나는 시기에 서양종교인 천주교(천주실의)의 자극과 영향을 받은 동학은 유불도를 넘어서고 회통함으로써 동아시아에서 새로운 사상의 지평을 열었다. 유교가 추구한 천인합일과 왕도정치의 목표는 인간과 사회가 하늘의 도리에 맞추어 사는 것이었다. 유교는 인간의 주체를 강조하기보다는 천명과 천도를 중심에 두고 강조한다. 동학은 사람 속에 천주가 있고 사람이 곧 하늘이라고 하고 사람 속에 천지조화가 있다고 함으로써 보통 사람 평민을 천지조화의 중심과 주체로 보았다. 더 나아가 최제우는 "내가 천황씨다!"고 선언하였다. 천황씨는 중국역사와 문명의 창시자다.[13] 이 선언은 천주

13) 천황은 일본의 황제이며 인간신(人間神)이다. 1860년대 후반에 일어난 명치유신을 통해서 천황은 일본국가의 중심과 꼭대기가 되었다. 최제우가 천황씨를 말할 때 일본 천

를 모신 구체적인 사람 하나하나가 역사의 중심과 주체임을 밝힌 것이다. 이것은 역사와 문명의 근원과 중심이 과거에, 중국에 있지 않고 '지금 여기 내 속에 있다'는 선언이다. 이것은 과거를 높이고 과거와 동일시하려 했던 유교의 복고적 사상을 넘어선 것이다. 또한 천지부모라 하여 하늘과 땅을 친부모처럼 섬기고 물건과 생물을 공경하라고 함으로써 인간중심의 편협한 유교적 도덕을 넘어섰다. 경물(敬物)과 생기(生氣)의 감화를 강조한 동학은 물질과 자연생명에 대한 욕망과 집착을 멸절시키려 한 불교와도 달랐다. 대자연의 천지조화가 사람 속에 있다고 하고 사람이 한울님이라고 함으로써 사람이 자연 대생명의 중심과 주체임을 강조한 동학은 대자연의 전체생명에 순응하고 따르는 삶을 주장한 도교와도 달랐다.

유불도가 모두 인간을 하늘(天命, 天道), 공(空), 자연(自然)에 순응하고 맞추어 살도록 한 데 반해서 동학은 천주와 천지조화를 사람 속에서 찾고 사람을 중심과 주체로 세움으로써 한국과 동아시아의 전통사상을 새롭게 현대적으로 발전시켰다. 구체적인 한 사람 한 사람 속에서 하늘을 보고 신분제를 타파하고 자유롭고 평등한 새로운 세상을 여는 후천개벽(後天開闢)을 말했다는 점에서 동학은 농본적 자연질서에 순응하는 동아시아의 복고적인 전통종교와 사상을 넘어섰다. 또한 자연 질서와 생명, 인간의 말과 생각, 의지와 욕망을 부정하고 초월하는 불교사상을 넘어서 동학은 하늘과 땅과 인간의 세상(천지부모)을 긍정하고 물질과 생명을 공경하고, 생명의 기운과 변화를 존중

황을 염두에 둔 것 같지는 않지만 동학의 정신과 사상은 일본 근대화의 중심인 천황제와 비교할 수 있다.

하며, 인간의 주체적 신령함을 공경하는 새로운 창조적이고 종합적인 사상을 제시하였다.

동학은 창조적이고 혁신적인 사상이다. 그러나 동학의 신관과 인간관에는 아쉽고 모자란 부분이 있다. 동학은 인간과 하늘의 역동적이고 미묘하고 복잡하며 심층적인 관계를 논의하지 못하였다. 신과 인간의 거리와 차이를 강조한 기독교에서는 신과 인간을 구별하고 신과 인간의 역동적이고 미묘한 관계를 강조함으로써 인간과 신의 존재를 깊고 다양하게 체험하고 이해할 수 있었다. 기독교는 신을 떠난 인간의 죄와 무지, 책임과 의무를 강조할 수 있었다. 동학의 인간관과 신관은 좀 더 깊고 다양하고 풍부해져야 한다. 또한 동학은 인간과 하늘을 동일시하고 인간을 신령한 존재로 받들었으나 인간의 한계와 문제를 밝히지 못하고 인간의 이성적 능력을 계발하는 교육과 훈련을 소홀히 했다. 이성과 이성의 사용을 강조한 서구철학에 비해서 동학은 이성(과학)적으로 생각하고 현실적으로 계획하며 준비하고 교육하고 훈련하는 과정과 노력이 부족했다. 따라서 동학은 지성의 약화, 과학적 사유와 세계적 전망의 부족에 이르렀고, 봉건체제를 대체할 새로운 정치체제의 이념과 원리를 제시하지 못했다.

동학은 생명진화와 우주에 대한 과학적 이해와 합리적 사고를 갖지 못했다. 생명진화의 사실을 몰랐고 우주에 대한 현대적 과학적 이해가 없었으며 운수(運數)와 도수(度數)를 말함으로써 운명론적이고 결정론적인 낡은 역사관과 우주관을 깨끗이 청산하지 못했다. 동학은 인간의 죄와 죽음에 대한 진지한 고민과 성찰이 부족하고 맑은 지성을 깨워 일으키지 못했다. 동학은 반외세의 기치를 내걸고 민족의 자주독립을 지향했으나 세계시민의 보편성에 이르지 못하였다. 이러한 동학의 한계는 당대의 시대적 상황적 제약에서 비롯된 것이었다. 동학은 민중과 생명의 주체와 전체를 실현하고 완성하는 길을 열고 참된 민주정신의 싹을 틔우고 꽃을 피웠으나 그 열매를 거두지는 못한 것이다.

3장

씨올생명철학의 인간과 인성이해

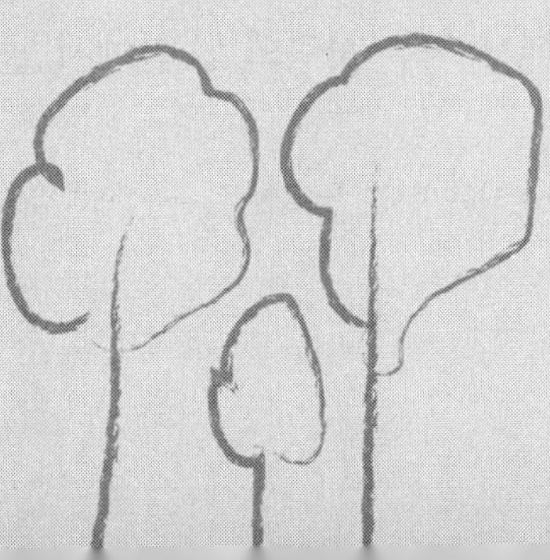

3장
씨올생명철학의 인간과 인성이해

씨올사상은 생명진화와 우주에 대한 과학적 지식과 이해를 가지고 운명론과 결정론을 극복했으며 민주정신과 이념을 확고히 가졌다. 우주와 생명과 인류의 씨올인 인간이 깨지고 죽음으로써 참 사람이 되고 인성이 진화하고 고양된다고 보았으며 삶과 죽음에 대한 진지한 성찰을 하였다. 생각하는 이성을 강조하고 말과 글을 중시하고, 우리말과 글로 생각하고 표현했다. 씨올사상은 본능과 지성과 영성을 아우르고 과학적이고 현대적인 인간과 인성 이해를 보여준다.[1)]

사람을 자연생명과 인류역사와 신적 생명의 씨올로 표현함으로써 씨올사상은 우주적 자연생명과 인류역사와 신적 얼 생명을 통합하는 존재로 인간과 인성을 이해했다. 특히 씨올의 올을 신적 생명의 얼로 파악함으로써 인간을 하나님과 관련해서 이해하고 탐구하였다. '씨올'에서 '씨'는 사람의 입 안에서 낼 수 있는 가장 깊고

---

1) 씨올사상에 대한 논의는 박재순 『씨올사상』 나녹 2010. 참조.

낮은 소리이고 '올'은 가장 크고 높은 소리다. 씨는 생명을 전달하는 매체이고 생명의 알짬을 담은 실체이고 생명의 창조활동을 펼치는 주체다. 모든 생명은 씨에서 시작하고 씨로 끝난다. 씨는 생명의 근원과 알짬과 목적이다. '올'에서 "'ㅇ'은 극대(極大), 혹은 초월적(超越的)인 하늘을 표시하는 것이고 'ㆍ'은 극소(極小) 혹은 내재적인 하늘 곧 자아(自我)를 표시하는 것이며, 'ㄹ'은 활동하는 생명의 표시"다.[2)]

1. 안창호 이승훈의 교육독립운동

교육과 준비 없이 일어난 동학혁명운동이 참혹한 실패로 끝난 후 나라가 망하는 과정에서 민을 나라의 주인과 주체로 깨워 일으키는 교육운동이 힘차게 일어났다. 도덕과 신앙과 지성의 깊이를 가지고 교육독립운동을 이끌어간 것은 안창호와 이승훈이다. 이들의 교육내용과 시대정신은 여러모로 동학과는 달랐다. 민족의 자주독립을 추구하면서도 명확하게 민주공화정을 내세우고 과학적이고 합리적인 지성을 강조하고 기독교신앙을 깊이 받아들였다는 점에서 이들은 민족의 전통과 경계를 넘어서 세계시민적 보편성을 지녔다. 높은 인격과 깊은 영성을 지닌 이들은 지극히 겸허하게 자신을 낮추고 비움으로써 민을 나라의 주인과 주체로 받들어 섬기면서 깨워 일으킬 수 있었다. 이들은 자신을 땅처럼 낮추었으며 민을 하늘처럼 높이 섬

---

2) 함석헌, "우리가 내세우는 것", 《씨올의 소리》 5·6월호 함석헌기념사업회간 2017. 뒷표지 참조.

기고 받들었다. 남을 섬기고 앞세웠다는 점에서 이들은 섬김의 가르침과 이끎을 위한 귀감이 되었다. 안창호와 이승훈은 스스로 하늘과 땅 사이에 바르고 곧게 서서 다른 사람들을 깨워 일으켜 민족과 나라의 독립(獨立)을 이루려고 하였다.

안창호, 이승훈, 유영모, 함석헌, 김교신이 주도한 교육독립운동은 한국근현대사에서 광명정대하고 숭고하며 아름다운 정신운동이었다. 하늘을 우러러 한 점 부끄러움이 없기를 열망하는 한민족의 정신이 이들에게서 충실하고 온전하게 구현되었다. '한'은 '하늘, 하나님, 큰 하나'를 뜻하면서 우리 민족을 나타내는 말이다. 안창호와 이승훈은 하늘(천주)과 인간을 직접 동일시하지 않지만 하늘(하나님)을 중심에 두고 인간, 인간관계, 나라, 교육, 독립운동을 생각하고 행동하였다. 이로써 이들은 깊고 자유로우면서 풍부하고 다양한 삶과 정신의 세계를 열어 보이고 있다. 이들의 삶과 행동에서 하늘과 인간의 관계는 보다 구체적이고 역동적으로 이해되고 실현된다. 하늘, 하나님과의 깊은 결속과 관계를 가지면서도 인간의 지성적 자각과 인격적 책임은 훨씬 극적으로 강조되고 실현된다.

안창호와 이승훈의 교육독립운동에서 '하늘', 하나님과의 관계는 세 가지로 표현되고 구현된다. 첫째로 절대적 정직을 강조한데서 이들의 하늘(하나님) 신앙과 관계를 확인할 수 있다. 사람은 하늘을 향해 곧게 선 존재다. 곧음으로써만 사람은 하늘로 솟아오를 수 있고 하늘에서만 사람은 곧고 바르고 정직할 수 있다. 땅의 물질세계는 온전히 곧고 바를 수 없다. 땅바닥을 기는 뱀은 땅의 물질적 조건과 형편에 맞추어 구불구불 기어 다닌다. 물질적 조건과 상태를 초월한 하늘의 세계서만 생명과 정신은 절대적으로 곧고 바를 수 있다. 일제 식민통치의 엄혹한 현실 속에서 안창호 이승훈이 절대 정직을 강조하고 실천한 것은 그들의 맘과 삶 속에 하늘을 품고 하늘에 충실하게 살았기 때문이다. 이들은 정직과 양심을 인생과 나라의 중심원리로 삼았다. 이승훈은 하나님을 정의의 하나님으로 보고 오직 정직과 의로움만을 삶의 원리로 삼았다. 말년에 이르러서도 의를 위해서 죽으라면 기꺼이 죽겠다고 하였다. 정직(正直), 바르고 곧은 정신과 기개가 이승훈의 삶을 이끄는 원리이고 힘이었다. 그는 아무리 어려운 상황에서도 바르고 꼿꼿한 자세로 떨쳐 일어나 사람들을 일깨우고 이끌었다. 장사를 하거나 교육을 하거나 독립운동을 하다 옥고를 치를 때나 한결 같이 바르고 곧은 말과 행동으로 앞장섰다.[3]

안창호가 "꿈에서라도, 죽더라도 거짓말을 하지 말라!"고 가르친 것은 그의 생명과 정신의 철학이 얼마나 깊고 높은지 드러내는 것이다.[4] 그가 거짓말 하지 말고 정직하라고 한 것은 남에게 솔직 하라는 단순한 도덕교훈이 아니다. 그것은 그의 인간관과 역사관과 국가관을 총체적으로 드러낸 것이다. 그것은 하늘과 땅 사이에서 하나님 앞에서 그리고 자기 자신에게 과거와 현재와 미래의 모든 인류 앞에 바르고 곧아야 한다는 주체적이고 심오한 정신철학을 제시한 것이다. 안창호의 정신과 인격은 깊고 높았으며 그의 삶과 행동은 언제나 떳떳하고 당당했다. 그는 하늘과 땅 사이에 곧게 서서 참 사람의 모습

---

3) 안창호와 이승훈의 삶과 정신에 대해서는 여러 평전들을 참고하라. 김기석, 『南岡 李昇薰』 한국학술정보 2005. 이광수, 『도산 안창호』 하서 2007. 안병욱 외 『안창호 평전』 청포도 2007. 이태복, 『도산 안창호 평전』 동녘 2006.

4) 장리욱, 『도산의 인격과 생애』 흥사단 2014. 195~6쪽.

을 보여준 이다. 하늘과 땅 사이에 곧게 서야 사람은 하늘에 이를 수 있고 땅의 물질세계를 이끌고 완성할 수 있다. 하늘과 땅 사이에 곧게 서는 것은 하늘의 뜻을 이루는 것이고 사람의 사명과 본분을 이루는 것이다.[5)]

둘째 안창호와 이승훈은 참 나를 찾음으로써 공공적 전체에 이르려 했다. 생명과 인간의 본성과 목적은 주체의 깊이와 자유에서 전체의 하나 됨에 이름이다. 하늘에서만, 하나님 안에서만 주체와 전체의 일치에 이를 수 있다. 안창호 이승훈의 교육운동은 사람이 참된 나를 찾고 참 나가 되어 나라의 주인과 주체로 서게 하는 것이다. 안창호는 독립운동단체인 흥사단 가입심사를 할 때 거짓 때문에 나라가 망했다는 것을 확인하고 거짓을 버리고 참 사람이 되어야 한다는 결론을 이끌어냈다. 덕의 중심은 '참'이고 참의 주체는 '나'다. 모든 책임은 내게 있다는 것을 역설하였다. 그는 "누가 독립운동을 하는가?"를 집요하게 물어서 "내가 한다."는 답이 나오게 하였다. 그리하여 나의 나든 너의 나든 그의 나든 '내'가 하지 않으면 아무도 하지 않는 것임을 확인하였다. 그리고 그 '나'는 사사로운 '나'가 아니라 민족과 나라 전체의 나임을 확인하고 다짐하였다.[6)] 안창호는 민족전체의 하

---

5) 절대 정직을 강조한 안창호와 이승훈의 바르고 곧은 정신과 태도는 당시 많은 독립 운동가들의 정신과 태도를 나타낸다. 일제의 권력에 굴복하지 않으려 했던 신채호는 머리를 숙이지 않고 세수를 해서 옷을 젖게 했다는 이야기가 전해온다. 바르고 곧은 정신을 추구한 유영모는 오산학교 교장실 의자의 등받이를 자르고 곧게 앉아서 공부하고 사무를 보았다고 한다.

6) 안창호는 입단심사를 받는 이들이 저마다 가진 신앙에 따라 기도하게 하고 입단심사를 시작하였다. 거짓과 나에 대한 철저하고 깊은 생각을 입단심사에서 볼 수 있다. 흥사단 입단문답에 대해서는 이광수, 『도산 안창호』 167~211쪽. 안병욱 외 『안창호 평전』 265~310쪽 참조.

나 됨을 이루기 위해서 자신을 낮추고 희생하고 헌신하였다. 그는 소수 반대파를 끌어안아 통합된 민족대표기구를 만들기 위해서 "토혈을 하면서도 주야 없이 그야말로 망식분주(忘食奔走)하는 것이었다."[7] 안창호는 갈라지고 다투는 자녀들을 끌어안으려는 어머니처럼 희생적이고 헌신적인 심정과 자세로 일관했다. 개인 주체의 '나'와 전체의 '나'가 일치하는 자리는 하늘뿐이다. 계산과 비교가 가능한 땅의 물질세계서는 결코 주체와 전체의 온전한 일치가 이루어질 수 없다. 안창호가 전체의 자리에서 참 나로서 생각하고 행동한 것은 사사롭고 당파적인 심리를 완전히 극복한 하늘의 맘과 뜻을 품었기 때문이다.

셋째 이들은 자신을 하늘처럼 온전히 비우고 흙처럼 낮추고 지극정성을 다해서 섬기는 맘으로 가르치고 이끌었다. 자신을 낮추고 비워서 지극정성을 다할 수 있는 것은 속에 하늘(하나님)을 품고 모셨기 때문이다. 하나님을 모시고 하나님 앞에서 사는 이들은 겸허하고 낮을 수 있고 지극정성을 다 할 수 있다. 안창호는 중학생에게 큰 절을 하면서 가르치고 일깨웠으며, 조직 활동에서도 언제나 남을 앞세웠다. 안창호가 평생 지켜간 민중운동과 사업의 원리는 "첫째, 점진적으로 민중의 자각을 기다려서 하는 것과, 둘째, 민중 자신 중에서 지도자를 발견하여 그로 하여금 민심을 결합케 하고 도산 자신이 지도자의 자리에 서지 아니한다는 것이었다."[8] 이승훈은 궂은 일 험한 일을 몸소 하면서 가르치고 이끌었다. 이승훈은 오산학교에서 허드렛

---

7) 「김철수 회고록」, 《역사비평》1989년 여름호 358쪽.

8) 지명관, "도산의 생애와 사상", 안창호 『나의 사랑하는 젊은이들에게: 도산 안창호』지성문화사 2011. 279~280쪽.

일은 자신이 하고 교사와 학생을 가르치고 배우는 일에 전념하게 하였다. 한 겨울에 변소의 얼음 똥 무더기가 얼어서 올라올 때는, 설립자이며 이사장인 이승훈이 도끼를 가지고 가서 얼음 똥 무더기를 깨트렸다. 3·1운동을 주도하고 감옥에 들어와서는 출소할 때까지 3년 반 동안 변기통 청소를 맡아서 하였다.[9] 안창호와 이승훈이 하늘 어버이의 맘, 천지부모의 맘을 품지 않고는 이렇게 자신을 낮추고 비워서 남을 섬길 수 없다.

안창호와 이승훈은 큰일이나 작은 일에 지극정성을 다 하는 이였다. 지극정성을 다 한다는 것은 정직하게 사랑으로 한다는 것이다. 이들은 절대 정직을 말하면서도 훈훈한 사랑과 인정을 강조하였다. 특히 안창호는 빙그레 웃는 얼굴을 강조하면서 사랑 공부를 역설했다.[10] 스스로 곧게 서면서도 전체의 자리에 서는 이는 정직과 함께 사랑을 말하지 않을 수 없다. 나라의 참된 독립은 한 사람 한 사람이 곧게 서면서 전체가 사랑으로 하나가 될 때 이루어지는 것이다. 안창호와 이승훈은 정직과 사랑으로 지극정성을 다하는 이였다. 안창호 이승훈과 함께 교육독립운동을 이끌었던 이는 조만식이다. 오산학교 교장으로 오래 일하면서 주기철과 한경직을 길러낸 조만식은 올곧으면서도 지극정성을 다 하는 이였다. 해방 후 소련은 조선민주당 총재였던 조만식을 신탁통치에 찬성 하도록 회유하고 협박했다. 조만식이 단호하게 거절하자 흥분한 소련 군정 청장 스티코프는 총을 빼서 위협하였다. 조만식은 자신의 한복 옷자락을 헤쳐 보이며 '그래, 쏘아

---

9) 김기석, 『南岡 李昇薰』 한국학술정보(주) 2005. 174, 188쪽

10) 『도산의 인격과 생애』 197쪽.

라'고 맞받았다. 그 기개에 질린 스티코프는 얼굴만 붉히고 되돌아갔다. 치샤코프 점령군 사령관은 '신탁통치 결정서에 서명만 해 주면 조선의 대통령으로 만들어 주겠다'고 조건을 제시하였으나 조만식은 자신의 생각과 뜻을 굽히지 않았다.[11] 정치권력의 이해관계나 삶과 죽음에 흔들리지 않는 그의 곧고 바른 정신과 인격은 모든 사람의 스승이 되기에 부족함이 없었다.[12]

삼일운동이 일어나서 조만식이 감옥에 갇혔을 때였다. 조만식은 몸이 아파 누워 있는데 간수가 보고 "거기 누워 있는 놈, 일어나서 똥통을 치워라."고 지시하였다. 그는 아픈 몸을 이끌고 똥통을 들고 감방문을 나서다가 똥을 쏟고 말았다. 감방 문 앞에 쏟아진 똥을 조만식은 남김없이 손으로 쓸어 담았다고 한다. 끝까지 정성을 다 해서 손으로 똥을 쓸어 담는 것을 보고 함께 있던 이들은 조만식을 믿고 존경하게 되었다고 한다. 큰일이나 작은 일이나 이처럼 지극정성을 다 하는 것은 조만식뿐 아니라 안창호 이승훈, 유영모, 함석헌 김교신 등 당시 교육독립운동에 헌신한 이들의 공통된 마음가짐과 자세였다. 지극정성을 다 하는 것은 하늘의 맘을 품었기 때문이다. 유교경전 중용(中庸)에 따르면 하늘은 성실함 그 자체(誠者)이고 사람은 성실하려고 애쓰는 존재(誠之者)다. 하늘의 법도와 질서는 변함이 없고 든든하여 이지러짐이나 어긋남이 없이 성실함 그 자체다. 사람이 정성을 다

11) "민노당은 조만식 선생을 기억하는가?" 동아일보 2005년 9월 3일자.

12) 온갖 위협과 유혹에도 흔들리지 않고 '아니!'라고 말했던 조만식이 함석헌의 시 '그 사람을 가졌는가'에서 '그 사람'의 모델이었다고 생각된다. "온 세상의 찬성보다도 "아니" 하고 가만히 머리 흔들 그 한 얼굴 생각에 알뜰한 유혹을 물리치게 되는 그 사람을 그대는 가졌는가."

하면 하늘의 법도와 질서에 통할 수 있고 하늘에 통하면 하늘과 함께 인간의 본성과 만물의 본성, 자기의 본성과 남의 본성을 실현하고 완성으로 이끌 수 있다고 중용은 말하고 있다. 이들은 정성을 다 함으로써 스스로 참 나가 되고 참 사람이 되었다. 그리고 다른 사람을 깨워 일으켜 참 나가 되고 나라의 주인과 주체가 되게 하였다.

이들은 모두 재물욕심, 자리욕심을 내며 남과 다투지 아니 하였다. 절대 완전한 인물이라고 할 수는 없어도 자기에게 충실하고 광명정대하고 떳떳한 공심을 가지고 바르고 곧게 살았다고 할 수 있다. 이승훈은 학교를 세우고 운영하기 위해 가진 재산을 아낌없이 바쳤다. 지위와 재산에 초연했을 뿐 아니라 삶과 죽음의 문제에서 자유로웠다. 이승훈은 오랜 감옥 생활을 한 다음에도 삼일독립운동에 앞장설 것을 제안하자 "죽을 자리 찾았다!"며 기뻐했고 말년에도 "의를 위해 죽으라면 지금도 물러서고 싶은 맘이 없다."고 하였다. 그래서 정인보는 이승훈의 비문에 한번 살고 한번 죽은 것이 아니라 "다시 살고 다시 죽고 하기를 거듭 하였다."고 썼다.[13] 이처럼 재물과 지위에 집착하지 않고 생사에 초연하게 산 것은 하늘을 품고 하늘 맘으로 살았기 때문이다.

안창호 이승훈 조만식 그리고 이들의 정신과 사상을 이어서 심화발전시키고 실천한 유영모, 함석헌 그리고 함석헌과 함께 교육운동에 헌신한 김교신은 하늘을 품고 그리워하며 하늘의 맘으로 지극정성을 다하고 생사를 초월하여 자유롭게 살았던 이들이다. 이들은 하

13) 김기석, 『南岡 李昇薰』 369~370, 376~377쪽.

늘의 자리서 하늘과 하나 되는 맘으로 살았지만 밝은 이성과 곧은 인격을 가지고 또렷또렷하게 생각하고 말하고 행동하였다. 이들은 당대에 누구보다 높은 인격과 지성을 가지고 살았던 지도자이고 교육자였다.

삼일운동은 교육독립운동에서 피어난 꽃이고 열매다. 국민 한 사람 한 사람이 나라의 주인과 주체로 깨어 일어나면 나라를 되찾고 바로 세울 수 있다고 가르친 교육독립운동의 귀결로 삼일운동이 일어난 것이다. 실제로 삼일운동은 국민 한 사람 한 사람이 일어나 민족의 자주독립을 선언하였다. 삼일운동을 주도한 천도교도 독립협회서 교육운동에 헌신한 이들을 받아들이고 교육출판문화운동에 집중함으로써 교육독립운동세력과 손잡고 삼일운동을 일으킬 수 있었다. 삼일운동의 기본원칙과 이념은 민주, 민족의 자주독립, 세계평화와 정의다. 민주, 민족, 세계평화를 일치시킴으로써 민족의 자주독립을 말하면서도 민족국가의 경계와 울타리를 넘어서 세계정의와 평화를 선언할 수 있었다. 삼일독립선언서에는 하늘의 뜻과 지시에 따르는 광명정대한 떳떳하고 당당한 정신과 자세가 뚜렷이 드러나 있다. 이것은 밝고 환한, 크고 하나인 하늘을 우러르고 받들었던 한민족의 '한'정신과 사상이 표현된 것이다. 또한 건국설화에 나타나는 광명정대하고 세계보편적인 건국이념인 홍익인간과 이화세계가 반영된 것이다.[14] 교육독립운동과 삼일혁명운동을 통해서 한민족의 정신과 인격은 깊고 풍부해졌으며 이성적이고 정의로운 성격을 더하게 되었다.

---

14) 삼일운동과 교육독립운동과 '한'사상의 관련성에 대해서는 박재순, 『삼일운동의 정신과 철학』 홍성사 2015. 16~24쪽.

2. 씨올사상의 인간과 인성이해

밀알 대신 씨올로

씨올사상은 동서정신문화가 합류하고 민중의 자각이 이루어지는 한국근현대에서 안창호와 이승훈이 일으킨 민중교육운동 속에서 형성된 것이다. 유영모와 함석헌은 동서정신문화를 융섭하고 민중이 스스로 역사와 사회의 주체와 전체로 자각하고 민중을 주체와 전체로 깨워 일으키는 교육철학으로서 씨올사상을 닦아냈다. 서구정신문화를 대표하는 것은 무엇인가? 기독교신앙, 이성철학(과학정신), 아래로부터의 민주화운동이다. 한국사회는 이 세 가지를 충실히 받아들였다. 특히 유영모와 함석헌은 한국과 동양의 유불선을 바탕으로 기독교정신, 이성철학, 민주정신을 깊이 받아들여서 씨올철학을 형성했다. 씨올은 "내가 진정으로 진정으로 너희에게 말한다. 밀알 하나가 땅에 떨어져서 죽지 않으면 한 알 그대로 있고, 죽으면 열매를 많이 맺는다." [요 12:24]는 성경구절에 바탕을 둔 말이다. 밀알은 예수의 죽음과 부활의 신비와 진리를 나타내고 기독교신앙의 핵심원리와 실천을 나타내는 중요한 말이다. '밀알'을 나타내는 희랍어 성경 원문의 글자는 ὁ κόκκος τοῦ σίτου 인데 일반적인 곡식의 낟알을 뜻한다. 유럽과 미국에서는 밀과 빵이 주식이므로 밀알이라고 번역할 수도 있다. 그러나 한국과 아시아에서는 쌀, 보리와 밥이 주식이다. 한국과 아시아의 농경문화와 음식문화를 감안하면 당연히 씨알로 번역해야 했다. 한국어 성경에서 밀알로 번역한 것은 희랍어 성경 원문에서 번역하지 않고 영어성경에서 번역했기 때문이다. 지금이라도 밀알 대신 씨알로 고쳐서 번역하고 씨알을 화두로 삼아서 생각하고 실천하면 좋지 않을까? 씨알이 밀알보다 훨씬 풍부하고 보편적인 의미를 담고 있으며 우리 생활과 밀착되어 있다. 씨알은 어디서나 보고 느낄 수 있으나 밀알은 찾아보기 어렵다. 유영모와 함석헌은 하늘(하나님)을 뜻하는 ㆍ를 써서 씨ᄋᆞᆯ로 표기함으로써 자연생명과 인류역사와 신적 생명을 통합하고 생명진화와 천지인합일을 나타내는 주체적이고 역사적이며 보편적이고 영성적인 생명철학으로 확장시켰다.

인간과 인성이해: 스스로 함과 새롭게 됨의 인성교육

인간은 땅의 물질에서 생의 욕망과 감정을 거쳐 지성과 영성으로 진화 발전한 존재다. 인간은 생명진화 과정에서 형성된 피조물이면서 스스로 자신을 형성해 온 창조자다. 인간은 우주자연생명, 인간역사사회, 신적 생명의 씨ᄋᆞᆯ이다. 인간 속에 우주와 역사와 신적 생명이 통합되어 있다. 인간과 인성은 생명진화와 천지인합일의 과정과 중심에 있다. 인간은 하늘과 땅 사이에 곧게 서서 자신의 삶과 정신 속에서 천지인의 합일을 이루는 존재다. 천지인합일을 이루는 인간 속에서 하늘(정신)과 땅(물질)과 사람(생명)이 저마다 주체와 전체로 실현되고 완성된다. 하늘과 땅 사이에 곧게 선 인간은 곧고 바른 존재이면서 우주대자연(땅)과 인류역사(인간)와 신적 생명(하늘)을 하나로 아우르고 통하게 하는 사랑의 존재다.

인성은 몸, 맘, 얼의 세 차원으로 되어 있다. 이 세 차원은 하늘 땅 사람/자연 인간 신/본능 지성 영성의 세 차원과 상응한다. 인성의 세 차원은 생명의 세 겹을 나타내고 우주자연의 삼중적 차원과 질서를 나타낸다. 더 나아가서 인성은 생명진화의 과정과 차원을 나타낸다. 자연생명과 역사와 신적 생명의 씨올인 인간의 본성과 생명 속에서 우주자연과 신적 생명의 역동적이고 입체적인 질서와 진리가 확인되고 드러나고 실현된다. 인간은 생명진화와 신적 생명의 씨올이다. 씨올은 죽음으로써 진화와 신생에 이르는 생명진화의 깊은 진리와 신비를 나타낸다. 생명진화는 끊임없는 자기부정과 초월을 통해서 보다 높은 차원으로 진화하고 고양되는 과정이다. 이것은 또한 땅의 물질서 하늘의 영에 이르는 천지인합일의 과정이기도 하다. 씨올은 깨지고 죽음으로써 더 크고 높은 생명으로 고양되는 생명진화 과정을 나타낼 뿐 아니라 땅의 물과 흙, 하늘의 햇빛과 바람으로 생명창조활동을 하는 천지인[하늘, 땅, 생명]합일을 나타내기도 한다. 인간을 씨올이라고 말하는 것은 생명진화와 천지인합일이 인간의 삶과 정신 속에서 함께 이루어짐을 말하는 것이다. 생명진화와 천지인 합일을 함께 실현하기 위해서 인간은 하늘과 땅 사이에 곧게 서는(直立) 존재다. 하늘과 땅 사이에 곧게 서는 인간은 몸, 맘, 얼의 통일을 통해서 생의 진화와 초월을 실현하는 존재다. 생의 진화와 초월이 일어난다는 것은 질적 차이와 변화를 가져오는 창조적 진화가 일어난다는 것이다.

어떻게 인간은 진화와 초월을 자기의 삶 속에서, 내적 본성과 정신 속에서 실현하는가? 어떻게 인간은 몸, 맘, 얼의 통일을 이루고 생명진화와 천지인합일을 이루는가? 생각함으로써 인간은 물질과 몸의 거죽을 뚫고 맘의 자유에 이르고 더욱 생각함으로써 맘을 비우고 뚫어서 하늘의 얼에 이른다. 생각하는 것이 진화와 초월을 이루는 것이다. 유영모는 생각은 생명의 자각이며 몸에서 캐내는 것이라고 하였고 하늘의 영과 연락하고 소통하는 것이라고 하였다.[15] 더 나아가서 함석헌은 "생각하는 백성이라야 산다!"고 선언하였다.[16] 그는 생각함으로써 '나'의 속의 속을 파고들어가서 참 나에 이르고 참되고 영원한 생명에 이른다고 하였다. 생각함으로써 인간의 인성 속에서 몸, 맘, 얼의 통일에 이르고 생명진화와 천지인합일을 이룬다. 생명진화와 천지인합일의 과정 안에서 인간과 인성을 이해하는 씨올사상은 인간과 인성을 자기 완결적이고 형이상학적인 고정된 실체로 보지도 않고 산술계산과 기하학적 도형의 변함없는 논리와 형태로 이해하지도 않는다. 인간의 본성과 인성은 고정된 실체도 아니고 불변의 진리도 아니다. 인간은 생각하는 존재다. 정신과 의식의 세계에서 할 수 있는 것은 생각밖에 없다. 생각함으로써 인간이 되고 인간 구실을 한다. 생각함으로써 인간은 끊임없이 자기를 깨트리고 부정하고 초월함으로써 새롭게 태어나고 진화와 고양의 길을 걷는 생명진화와 역사의 씨올이다. 씨올로서의 인간은 생각함으로써 자아를 깨트리고 죽음으로 진화와 신생, 초월과 고양을 이룬다. 인간과 인성은 '하고 되고', '죽고 낳음'을 통해 솟아오르고 나아가는 존재이며 인성의 속에

---

15) 몸에서 생각을 캐낸다는 말은 다석일지 1956년 9월 22일, 생각은 생명을 깨우는 것이라는 말은 다석일지 1956년 4월 17일 참조. 생각이 신과 연락하고 소통하는 것이는 주장은 유영모 『다석강의』 현암사 2006. 97쪽. 박영호 저. 『진리의 사람 다석 유영모』상 두레, 2001. 53-54쪽 참조.

16) 함석헌, "생각하는 백성이라야 산다", 『생각하는 백성이라야 산다』 함석헌전집 14. 한길사 1983. 114쪽.

있는 영원한 신적 생명의 씨올이 싹트고 꽃과 열매를 맺어야 하는 존재다.

인간교육은 스스로 형성하고 형성되는 생명과 역사의 근본활동에 참여하는 것이며 교육의 사명은 인성의 실현과 완성에 있다. 교육은 인간이 자신의 인성을 실현하고 꽃 피우고 갱신하며 새롭게 창조하고 낳는 것이다. 교육은 인간이 자기를 창조하고 형성하는 일이며 자기 자신이 창조되고 형성되는 일이다. 생명진화와 인류역사 속에서 형성되고 스스로 자신을 형성해 온 인간은 자신의 창조자이며 피조물이다. 자신의 창조자와 피조물로서 인간은 끊임없이 '하는' 존재이고 끊임없이 '되는' 존재다. 인간의 삶은 끊임없이 하고 끊임없이 되는 역동적 과정적 실재다. 함석헌은 인간의 생명뿐 아니라 하나님조차도 '려 함'으로 보고 함과 됨의 차원에서 역동적으로 파악했다.[17] 생명의 세계에는 고정된 실체가 없고 함과 됨의 꿈틀거림이 있을 뿐이다. 인간은 진화하는 미완의 과정 속에, 스스로 함과 스스로 됨의 과정 속에 있다. 인간의 본성을 깨우고 새롭게 형성하는 인성교육은 인간에게 주어진 기능이나 역량을 개발하고 육성하는 데 머물지 않고 인간 자신을 새롭게 하고 인간 자신이 새롭게 되는 일이 되어야 한다.

스스로 함과 새롭게 됨을 강조한 씨올사상의 이러한 인성이해 속에는 동서의 종교사상이 함께 녹아 있다. 스스로 한다는 것은 동양적 생명도덕사상의 주체적 능동성을 나타내고 새롭게 된다는 것은

---

17) 함석헌, "열 두 바구니", 함석헌전집4권. 365, 373쪽.

기독교신앙의 은총과 거듭남(新生)을 나타낸다. 씨올로서의 인성이해에는 인간의 주체성과 전체성이 결합되어 있다. 인간을 우주와 자연 대생명의 씨올, 역사와 민족의 씨올, 신적 생명의 씨올로 봄으로써 함석헌은 인성의 통합적 전체성을 강조했다. 인간을 통합적 전체적 존재로 보면서 함석헌은 인간 속에서 천지창조 이전의 주체적 생명, 얼 생명을 보았다. 제 속에 영원한 얼 생명을 지닌 씨올은 누구나 "내가 길이고 진리고 생명"이라고 선언할 수 있고 선언해야 한다.[18]

생명진화와 천지인합일, 민주정신과 이성철학, 기독교정신과 유불선을 통합한 씨올사상은 샤머니즘, 유불도, 실학, 동학, 기독교, 그리스의 로고스철학 근대이성철학, 민주정신으로 이어지는 한국정신사를 아우르며 주체와 전체를 실현하고 완성하는 생명철학을 형성하였다. 씨올사상은 영성과 이성을 함께 강조함으로써 유불도의 천인합일과 동학의 시천주를 넘어서 개인의 주체적 이성적 자각과 전체의 영적 일치에 이르렀다. 씨올사상은 인간을 신(하늘, 천주)과 관련해서 이해했다. 인간은 신과 신성(신적 생명)의 씨올이다. 신과 신성(하나님)은 인간과 인성의 근원과 목적이며 깊이와 높이다. 인간과 인성의 이해는 신과 신성의 이해와 뗄 수 없이 결합되어 있다. 씨올사상은 인간의 속의 속에서 하나님을 보고 하나님의 속의 속에서 인간을 본다. 인간과 인성을 이해하려면 신과 신성을 탐구해서 알아야 하고 신과 신성을 알려면 인간과 인성을 깊이 탐구해서 알아야 한다. 인간을 모르면 신을 알 수 없고 신을 모르면 인간을 알 수 없다. 인간과 하나님은 무한히

---

18) 함석헌, "누가 이 참의 바통을 받을 것인가?", 함석헌전집 12권. 204쪽. 함석헌, "새 삶의 길" 함석헌 전집 2권 207쪽.

서로를 비추어주는 거울과 같다. 씨올사상은 동아시아의 천인합일과 정기신의 유기체적 생명철학, 인간의 신화(神化)를 지향한 그리스의 신적 인간(테이오스 아네르) 이해, 히브리-기독교의 초월적 인격적 신 이해를 아우름으로써 신과 인간을 종합적이고 인격적이며 역동적이며 깊고 미묘한 관계 속에서 주체와 전체로서 이해하고 파악할 수 있었다.

3 동양과 서양을 넘어서

동양의 종교철학에 대한 반성

동아시아의 인성이해는 자연, 천(天), 불성으로 상징되는 전체 생명의 보편적 진리에 순응하고 전체 생명의 보편적 진리와 인성을 동일시하는 통합적이고 일원론적이며 다소 정태적인 이해에 머물렀다. 이기(理氣) 또는 정기신(精氣神)을 바탕으로 인간과 인성을 이해한 유교와 도교는 하늘과 땅의 유기체적이고 전일적인 생명세계 안에 물렀다. 천인합일과 범아일여의 인간과 인성이해는 주어진 기존의 인간 본성과 전체 하늘에 순응하는 철학, 정태적인 인성 이해의 철학과 사상에 머물기 쉽다. 여기에는 생명진화와 천지인합일을 아우르는 창조와 변화의 역동적이면서 온전한 인간이해, 주체의 깊이와 자유에서 전체의 하나 됨에 이르는 인성이해가 없다. 인간 주체의 부활과 신생이 없고 하늘의 흘러넘치는 은총과 자유가 없다. 나라와 역사의 주인과 주체로서 민주(民主)에 대한 이해가 없다.

동아시아에서 정기신(精氣神)은 인간학적 개념이면서 초월적인 신과 관련되어 있다. 신(神)은 인간 본성에 내재한 인간학적 개념이면서 인간본성을 초월한 천적 개념이다. 이러한 신(神) 개념은 인성과 천성의 소통과 일치를 가능케 한다. 동아시아의 농본적 자연적 천지인합일의 사고는 자연생명세계와 인간의 유기체적 전체성을 강조하고 조화와 상생의 공동체적 삶을 가능케 한다. 동아시아의 이런 사상전통은 생명 친화적이고 공동체적이지만 인식하고 실천하는 개인의 주체적 자각과 행위를 제약할 수 있다. 전체의 조화와 일치를 강조하는 대신 개인의 실존적 깊이와 개성적 자유가 약화될 수 있다. 동아시아의 학문(學問)은 지식과 논리를 탐구하는 것이 아니라 "가르침을 받아서 깨달음을 전하는 것"(受教傳覺悟)이다.[19] 동아시아의 학문은 지식과 논리 자체를 탐구하는 것이 아니라는 점에서 순수한 수리와 관념에 속박되어 있지 않다. 동아시아의 학문은 가르침을 이어받아서 깨달음을 전한다는 점에서 삶의 공동체적 전승과 주체적 깨달음을 추구했다. 동아시아의 학문전통에서 깨달음은 천인합일이나 무위자연처럼 전체 또는 무, 공, 도와의 일치와 순응에 이르는 깨달음이다.

유교의 성리학(性理學)은 이기(理氣)와 사단(四端)과 칠정(七情), 격물치지(格物致知)를 말한다. 《중용》(中庸)에 따르면 하늘이 품부한 것이 본성이고 본성을 따름이 도(道)이고 도를 따라가는 것이 교(敎)다. 천(天)과 본성과 도와 교가 같다. 중용(中庸)에서 중(中)은 치우치지 않고 감

19) 張三植 編, 『大漢韓辭典』 博文出版社, 1975, 374쪽 참조.

정을 일으키지 않은 주어진 본성(天然之性) 그대로의 상태다. 용(庸)은 감정이 일어나지만 감정들이 화(和)를 이룬 상태다. 감정들이 서로 조화롭게 조정되고 융화된 상태다. 중용은 새로운 창조나 변혁이 일어나지 않고 주어진 자연본성, 천성을 그대로 지키고 실현하는 것이다.

불교는 생의 본능과 껍질인 탐·진·치를 깨고 뚫어서 불성(佛性: 주어진 본성, 생명의 진리 그 자체)에 이르려 한다. 불교의 인성이해에서는 인간의 본능적 욕망과 감정이 인간의 깊은 내면적 본성인 불성과 분열 대립 되어 있다. 욕망과 감정을 부정하고 초월할 때 불성에 이를 수 있다. 물질적 욕망과 감정을 부정하고 초월하는 불교는 생명진화와 인류역사의 시공간적 구체성을 중시하지 않는다. 불교는 인성의 근본적 변화와 쇄신을 추구하지만 인간의 욕망·감정과 불성 사이에 깊은 단절과 간격이 있다. 정기신과 무위자연을 말하는 도교는 허(虛)와 기(氣)의 자연을 따르기 때문에 "배를 채우고 맘을 비우라!"(實其腹 虛其心)고 한다. 인위적인 도덕과 지식교육을 버리고 주어진 자연생명에 충실하고 어린이 같이 삶 그 자체에 충실하려 한다. 있는 그대로의 자연을 존중하고 따르려 하므로 무위자연을 말한다. 무위자연을 말하는 도교나 천인합일을 말하는 유교는 자연과 인간과 하늘의 연속성을 강조하지만 인성의 초월과 혁신을 말하기 어렵다. 유교, 도교, 불교와 같은 동양의 전통 종교 사상들에서는 생명진화와 인류역사의 시공간적 과정과 구체성이 존중되지 않고 창조와 변혁, 진화와 진보의 개념이 뚜렷이 드러나지 않는다.

루돌프 슈타이너의 인지학과 켄 윌버의 통합적 자아초월 심리학에 대한 비판

20세기에 들어와서 서구에서도 생명을 유기체적 전체로 보는 교육철학과 영성철학이 제시되었다. 생명진화와 유기체적 전체생명의 관점에서 보는 전일적(全一的, holistic) 교육철학은 개체와 전체의 일치를 강조하며 전체의 자리서 개체를 본다. 전일적 철학은 생명의 전체성을 강조하지만 개인의 구체성과 주체성을 실존적이고 역사-사회적으로 예리하게 드러내지 못한다. 전일적 철학은 죄의 깊이와 실존적 주체의 자유를 말하기 어렵다. 진화론을 받아들이면서 영적 세계의 객관적 실재를 내세운 루돌프 슈타이너(Rudolf Steiner)의 전인교육철학이나 동서종교사상을 통합하고 생명진화의 과정과 인간의 심층심리를 통합적으로 보는 켄 윌버(Ken Wilber)의 통합심리학은 역사의 주체이며 토대인 고통 받는 민중의 주체적 자각과 사회변혁에 대한 관심과 열정이 부족한 것 같다.

루돌프 슈타이너의 인지학(anthroposophy)에 대한 비판

슈타이너는 20세기 유럽에서 생태적이고 영성적인 사상운동과 교육운동으로 큰 영향을 미쳤다. 오늘도 그의 영성훈련과 교육운동은 세계적 조직과 연대를 통해 지속되고 있다. 1919년 독일에서 그가 세운 발도르프학교가 영성훈련과 교육운동의 모태가 되었다. 발도르프교육은 개별 학생을 고려한 전인교육이며 신체와 정신적 성장에 맞춘 의지, 감각, 사고의 조화로운 발달을 추구한다. 인지적 도덕적 실용적 재능의 전인적 발달을 추구하기 때문에 노작(勞作)교육과 예술교육을 강조한다. 예술과 노작을 통해 자신의 내면을 들여다보고 내적 자유를 획득한 인간으로 만드는 것이 발도르프교육의 목적이다.[20)]

발도르프학교의 영성훈련과 교육운동을 위한 철학은 슈타이너가 정립한 인지학(人智學)이다. 인지학은 독일관념론과 독일신비주의에 뿌리를 둔 것이다.[21)] 크게 보면 물질의 세계와 정신의 세계를 구분하는 플라톤의 이데아론과 서구 이원론 철학의 영향을 받은 것이다. 플라톤이 이데아의 세계가 물질세계를 초월하여 실재한다고 본 것과 마찬가지로 슈타이너는 영적 존재의 세계가 객관적으로 실재한다고 보았다. 다만 슈타이너는 플라톤과는 달리 물질과 영의 통합과 생명진화의 과정 속에서 인간의 존재와 본성을 이해하고 설명한다. 인지학에 따르면 인성은 물질, 생명, 감정, 자아의 네 가지로 이루어져 있다.[22)] 슈타이너는 물질과 감각으로부터 독립된 순수한 생각을 강조했다. 그는 물질과 감각에서 자유로운 독립적 사고의 창조적 활동에 근거해서 자유 의지의 개념을 발달시켰다.[23)] 독립적 사고와 자유의지에 근거하여 그가 제창한 영성훈련과 교육은 인간의 몸과 우주

---

20) 정윤경, 『발도르프 교육학』 학지사:서울, 2004, 119-130쪽.

21) Christian Clement (ed.), Rudolf Steiner: Schriften über Mystik, Mysterienwesen und Religionsgeschichte. Frommann-holzboog Verlag, Stuttgart-Bad Cannstatt, 2013. ISBN 978-3-7728-2635-1. p. xlii.

22) 정윤경, 『발도르프 교육학』 학지사:서울, 2004, 131-147쪽. 조성자. 《유아교육의 역사와 철학적 이해》 개정판 창지사 2015. 193쪽.

23) Robert McDermott, The Essential Steiner, ISBN 0-06-065345-0, pp. 3-11, 392-5.

의 영을 아우르는 전인적 통합교육을 지향한다. 인지학은 영성훈련과 교육을 통해서 인간이 내적 조화에 이르게 하고 나아가서 인간의 내적 영이 우주의 영과 조화와 일치에 이르도록 이끈다.[24)]

슈타이너는 물질과 감각을 초월한 순수한 생각을 강조했다. 영적 훈련을 위한 역량은 순수한 생각을 통해서 개발되고 고양된다. 인간의 지적 합리적 사고 능력은 외부의 권위를 배제하고 자기 안에서 순수한 생각을 가지고 생각하고 탐구하고 판단할 수 있는 능력이다. "모든 인간적 사유의 가장 중요한 문제는 인간을 자기 자신에게 근거한 인격으로 이해하는 것이다."[25)] 영적 훈련을 위한 인간의 능력은 상상, 영감, 직관이다. 상상은 감각적 현상, 지식, 이미지에서 영적 존재의 진리를 연상·유추하는 것이다. 영감은 감각에 의해서 매개되지 않은 순수한 초감각적 생각이다. 직관은 감각 없이 영적 존재와 직접 접촉하고 하나로 되는 능력이다.

슈타이너가 인간의 합리적 사유능력을 중시하고 자연과학과 진화론을 바탕으로 영적 훈련과 교육을 강조한 것은 현대적이면서 전일적인 사상을 형성한 것으로 높이 평가할 수 있다. 그가 인간의 지적 능력을 중시하고 순수한 생각을 통해서 영적 세계를 탐구하고 경험하도록 한 것은 합리적이고 현대적이다. 인간의 상상, 영감, 직관 능력을 개발하고 훈련하여 영적 존재에 대한 감수성을 높이고 영적 세계를 경험하고 깨닫게 한 것은 유물론적 실증주의를 벗어나서 영의

---

24) 정윤경, 『발도르프 교육학』 학지사:서울, 2004, 129쪽.

25) Peter Schneider, Einführung in die Waldorfpädogogik, pp. 20-1; Schneider quotes here from Steiner's dissertation, Truth and Knowledge. ISBN 3-608-93006-X.

세계를 가까이 느끼고 경험하게 한 것으로 높이 평가할 수 있다. 그가 인간의 물질적 차원, 생리적 차원, 감정적 차원, 자아 의식적 차원을 통합하여 전인교육을 하고 노동과 예술과 영성을 통합한 것도 높이 평가되어 마땅하다. 발도르프학교의 영성훈련과 교육운동이 많은 성과를 거두고 큰 영향을 미쳤다.

그럼에도 불구하고 이 교육운동의 철학적 근거가 되는 슈타이너의 인지학은 근본적인 철학적 문제를 안고 있다. 인지학은 진화론과 자연과학, 인도의 업보와 윤회환생, 기독교의 성육신 사상을 결합하여 인간을 이해하고 인성의 영적 훈련과 고양을 추구하였다. 인지학의 철학적 문제를 세 가지로 지적할 수 있다.

첫째 물질과 영을 이원론적으로 분리하면서도 몸과 영을 아우르는 전인교육을 추구한 것은 사상적 갈등과 불일치를 가져온다. 인성을 물질, 생명, 감정, 자아의 네 가지가 결합되어 이루어졌다고 보면서도 물질과 정신을 분리하는 이원론철학에 의존해서 물질·감각과 생각·의지를 분리시킨다. 물질·감각과 생각·의지를 분리한 것은 인간의 삶과 교육과정에서 물질·감각의 차원과 생각·의지의 차원을 분리시킨 것이다. 물질세계와 영 세계, 물질·감각과 생각·의지를 이원론적으로 분리하면 교육철학과 교육실천의 일관성과 통일성을 잃는다. 생각과 감각을 대립 분리시키면 몸, 맘, 얼을 통합하는 인성교육을 하기는 어렵다.

둘째 영적 존재의 세계에 대한 탐구와 경험에 자연과학의 방법론을 적용함으로써 학문적 혼동과 혼란을 가져왔다. 슈타이너는 밖의 물질세계를 떠나서 안의 영세계가 객관적으로 실재한다고 보았으며 영 세계를 과학적 방법론을 가지고 정확하고 명료하게 이해하고 탐구할 수 있다고 주장했다.[26] 그에 따르면 영성훈련과 탐구는 상상과 영감과 직관을 통해 이루어진다. 감각을 초월한 영감과 직관은 순수한 생각만으로 이루어지는 것이다. 슈타이너는 감각적 경험 없이 생각 자체를 통해서 확실성에 이르는 수학이 감각을 초월한 영적 경험의 인식론을 위한 토대가 된다고 주장했다.[27] 수학이 명료하고 확실한 것처럼 영적 체험과 지식도 명료하고 확실하다는 것이다. 인지학에 따르면 영 세계의 경험과 깨달음을 자연과학처럼 정확하고 명료하게 설명하고 제시할 수 있다. 그리고 영세계의 경험과 깨달음을 통해 얻은 지식과 통찰이 자연과학적 지식과 통찰을 보완하고 확장할 수 있다. 슈타이너의 추종자들은 영성적 통찰과 지식을 바탕으로 의학적 치료체계를 만들어 운영했다. 영적 체험과 탐구를 통해 얻은 지식과 통찰로써 자연과학의 지식과 통찰을 보완하고 확장하려고 했던 인지학은 자연과학자들로부터 사이비과학으로 지탄을 받았다.[28]

수학을 바탕으로 수학적 정확성과 명료성을 가지고 영적 경험과 탐구를 표현하고 설명할 수 있다는 슈타이너의 주장은 수학에 의존하여 생명과 정신을 이해하려는 서구 아리아인들의 종교철학적 오류를 물려받은 것이다. 수리와 물리의 지평은 생리, 심리, 도리, 신리의 지평과 다르다. 생리, 심리, 도리, 신리를 탐구하는 상상과 영감과

---

26) Carlo Willmann, Waldorfpädagogik: Theologische und religionspädagogische Befunde, ISBN 3-412-16700-2, Chap. 1.

27) Rudolf Steiner, Anthroposophy and Science, lecture of March 16, 1921.

28) The Skeptic Encyclopedia of Pseudoscience. ABC-CLIO. 2002. pp. 31f. ISBN 9781576076538. Ruse, Michael (2013-09-25). The Gaia Hypothesis: Science on a Pagan Planet. University of Chicago Press. pp. 128f.

직관은 수리와 물리를 탐구하는 산술계산과 논리적 추론과는 다르다. 따라서 생리, 심리, 도리, 신리의 영적 경험과 깨달음을 수학과 자연과학의 정확성과 명료성으로 이해하고 설명하려는 것은 영적 진리를 과학적 개념과 논리로 재단하는 것이며 물질, 생명, 정신의 존재론적 깊이와 풍요를 훼손하는 것이다. 몸(물질)과 영의 통합체인 인간의 삶에서 몸과 영은 뗄 수 없이 결합되어 있으면서 서로 차원이 다른 것으로서 혼동과 혼란 없이 구별되어야 한다. 통합적 전인교육을 하려면 영과 물질의 세계를 분리하여 갈라놓아서도 안 되지만 혼동하고 혼합시켜서도 안 된다. 인간의 삶에서 영과 물질의 세계는 긴밀하게 결합되어 있으면서도 영의 세계와 물질의 세계는 서로 차원이 다른 것이며 분명하게 구분되어야 한다. 영 지식과 물질 지식은 서로 다른 지평에 속한 것이다. 영에 대한 지식과 물질에 대한 지식은 서로 비추어줌으로써 서로 보완되고 확장될 수 있다. 영적 경험과 깨달음의 지식으로 유물론적 자연과학의 지식을 영적으로 보완하고 확장하는 일은 바람직하고 필요하다고 여겨진다. 인간의 몸과 맘에 대한 자연과학적 지식과 정보가 영적 체험과 깨달음에 도움이 될 수 있다. 그러나 영적 지식과 자연과학적 지식을 뒤섞어놓는 것은 과학적으로 검증되거나 확인되지 않은 지식과 정보로 영적 깨달음과 성찰을 왜곡하고 변질시키는 것이고 자연과학적 지식과 이치를 오염시키고 혼란스럽게 하는 것이다.

셋째 슈타이너는 기독교의 성육신교리와 인도종교의 업보와 윤회전생 교리를 진화론과 인성 이해에 그대로 적용함으로써 인성교육철학에 검증하거나 확인할 수 없는 낡고 독단적인 교리들을 끌어들였다. 인지학이 진화론과 인도철학과 기독교사상을 종합하여 인간에 대한 생명적이고 영성적인 총체적 이해를 제시하지만 인성을 설명하는 인지학의 기본 개념과 내용과 방식은 많은 문제를 지니고 있다. 슈타이너의 진화론에 따르면 생물들은 다윈의 주장과는 달리 특화(전문화)하지 않은 원형에서 특화된 형태로 진화했다. 특화하지 않은 원형으로서 인간은 생명진화의 끝에 이루어진 결과가 아니라 생명진화의 원인이며 목적이다. 인간은 물질, 생명, 정신이 통합된 존재이며 인간 속에 구현된 영적 존재가 생명진화의 동인이며 목적이다. 그는 이러한 진화론적 인간이해를 기독교의 성육신사상과 결합시켰다. 진화는 영적 존재가 물질적 몸으로 점진적으로 육화되는 과정이다. 인간 안에서 영적 존재가 육체로 하강한다. 인간은 영적 존재가 육체 속으로 하강하고 육화한 것이다. 진화는 영적 존재가 육체 속으로 하강하고 육화하는 점진적 과정이다.[29] 그리스도는 인간의 대표자로서 영적 존재의 이러한 하강과 육화를 완성하고 인류를 죄와 타락에서 구원하는 존재다.[30] 그는 이러한 기독교적 진화론적 인간이해에 인도의 업보(Karma)와 윤회환생 사상을 결합시켰다. 인간은 생명진화과정에서 업보의 인과에 따라서 윤회의 순환 속에서 거듭 환생하는 존재다. 업보의 인과와 윤회의 순환 속에서 인간은 의식 수준을 높이고 자아와 인성을 변화시켜야 한다. 인성의 발달과 변화를 위해서 지적 사고의 명료성을 가지고 상상, 영감, 직관 능력을 길러야 한다. 영

---

29) John Waterman Evolution and The Image of Man in A. C. Harwood The faithful thinker: Centenary essays on the work and thought of Rudolf Steiner Hodder and Stoughton, 1961, p. 45

30) Rudolf Steiner,"Anthroposophy and Christianity" 1914년 7월 13일 강의록.

적 훈련을 통해 인성을 변화시키고 고양시킨 인간은 다음 생에서 더 나은 조건과 기회를 가지고 태어날 수 있다.[31)]

슈타이너가 생명진화를 영적 존재의 육화과정으로 이해한 것은 생명의 진화를 기독교의 성육신 교리로 이해한 것이다. 영적 존재의 육화 과정으로 생명진화를 이해하고 영적 존재의 하강과 육화로 인간을 이해하면, 인간의 물질과 몸, 욕망과 감정을 주체와 전체로서 존중하고 실현하기 어렵다. 영적 훈련을 위한 준비로서 자기 생각과 의지에 대한 통제를 강조한 것은 몸과 욕망과 감정에 대한 이성적 통제를 강조한 그리스철학의 전통을 반영한 것이다. 또한 업보의 인과와 윤회환생의 순환 속에서 생명진화와 인간을 이해한 것은 과학적으로 검증하고 확인할 수 없는 것이다. 업보의 인과와 윤회환생의 순환 속에서 영적 존재의 하강과 육화로서 존재하는 인간은 '솟아올라 나아가는' 주체의 창조적 자유를 갖기 어려우며 흘러넘치는 생명과 사랑의 은총을 자유롭게 체험하기 어렵다.

켄 윌버의 통합적 자아초월 심리학에 대한 비판

켄 윌버의 사상은 개인 인격(person)과 이성에 중심을 두고 있으며 합리적으로 동서정신문화의 사상과 정신을 체계화하고 종합하였다. 윌버의 통합적 자아초월 심리학은 동서의 정신과 사상을 아우르고 있지만 인간의 발달단계를 개인과 이성을 중심으로 구분하고 설명함

---

31) Robert A. McDermott, "Rudolf Steiner and Anthroposophy", in Faivre and Needleman, Modern Esoteric Spirituality, ISBN 0-8245-1444-0, p. 299-301; 288ff

으로써 서구 이성철학의 기본 틀에서 벗어나지 못하고 있음을 보여준다. 그는 전(前) 개인단계에서 개인단계로 개인 단계서 초(超) 개인단계로 인간의 발달단계를 구분하는데 개인은 이성, 자아의식, 에고와 동일시되고 있다.[32)]

개인과 이성을 동일시하고 개인과 이성을 중심으로 인간의 발달단계를 구분한 윌버의 인간이해는 인간을 생명과 역사의 씨올로 보고 인성의 여러 차원과 단계를 주체와 전체로 보는 씨올철학의 인간이해와는 다르다. 윌버가 개인과 이성을 중심으로 인간을 이해한다면 씨올사상은 인간을 생명과 역사와 신의 씨올로 봄으로써 개체와 전체의 통합 속에서 그리고 본능과 이성과 영성의 통합 속에서 인간을 이해했다. 개인, 이성, 자아를 동일시하고 전 개인, 개인, 초 개인으로 구분하는 윌버의 인성이해는 이성의 생각을 생명의 자각행위로 보고 몸(본능, 욕망), 맘(감정, 의식), 얼을 통합하는 주체적이고 통일적인 행위로 파악한 씨올철학의 인성이해와는 다르다.

윌버 심리학과 씨올사상의 차이는 진선미를 이해하는데서 뚜렷이 드러난다. 윌버는 진선미(眞善美)를 구분하여 진을 3인칭 그것과 관련시키고 선을 2인칭 너와 관련시키며 미를 일인칭 나와 관련시킨다. 그의 구분에 따르면 진리는 3인칭 그것으로 표현되는 객관적인 영역에 속하고 선은 너와 나 사이의 도덕적 영역에 속하고 미는 자기이해와 표현의 주관적인 영역에 속한다.[33)] 진선미에 대한 이런 설명은 물질과 생명과 정신에 대한 작위적이고 피상적이고 주관적인 접근으로

32) 켄 윌버, 『켄 윌버의 통합 비전』 정창영 옮김 김영사 2014. 124~130쪽 참조.

33) 켄 윌버, 『켄 윌버의 통합 비전』 정창영 옮김 김영사 2014. 68~70쪽,

여겨진다. 윌버는 참(眞)을 3인칭 단수 그것(it)과 관련지음으로써 객관적 물질적 사실의 영역으로 한정시켰다. 이에 반해 씨올사상은 참의 주체성을 강조한다. 안창호는 참을 덕성의 중심으로 보고 참과 '나'를 결합시킴으로써 참(眞理)의 주체적 성격을 밝혔다.[34] 땅의 물질적 속박과 제약에서 벗어나 하늘의 자유를 추구한 유영모는 진선미를 얼과 혼의 자유와 관련지어 이해했다. 끊임없이 변화하고 갈라지고 소멸해가는 물질세계는 인간의 얼과 혼을 땅으로 끌어내려 죽음으로 이끄는 거짓 세계다. 변함없고 자유로우며 하나로 되게 하는 하늘의 세계는 인간의 얼과 혼을 영원한 생명으로 이끄는 진리의 세계다. 얼과 혼의 주체를 살리고 높이는 것이 참이고 얼과 혼을 죽이고 낮추는 것이 거짓이다. 얼과 혼을 살리고 높이는 하늘의 허공(없음)이 진(眞)의 본성이다. 진이 역사와 사회의 시공간 세계에서 반짝 나타나는 것이 선(善)이고 선에서 미(美)가 나온다. 하늘의 진과 선에서 나온 미는 땅의 물질세계에서 "오래 가는 것"이 아니고 "만지면 없어지는" 덧없는 것이다.[35] 유영모는 더러운 것을 씻고 쓸고 버려서 깨끗하고 빈 데서 아름다움을 느꼈다. "마을 집마당 싸리비로 쓸은 자취, 머리감은 여인의 빗은 머릿결에 힘찬 아름다움이 있다."[36] 그는 또한 속이 빈 피리에서 "아름다운 가락이 무한히 흘러나온다."[37]고 했다. 하늘의 빔과 없음은 주체와 전체의 일치가 온전히 이루어지는 자리다. 진

34) 이광수, 『도산 안창호』 하서 2007. 169쪽.
35) 류영모, 『다석 씨알 강의』 주규식 기록 박영호 풀이. 교양인 2015. 42쪽.
36) 유영모, "제소리", 『제소리: 다석 유영모 강의록』 솔 2001. 322~3쪽.
37) 유영모, "밀알1", 《다석일지》(영인본) 上. 817쪽.

선미를 하늘의 허공과 직결시킨 것은 진선미를 '주체의 깊이와 전체의 하나 됨'에서 이해한 것이다. 함석헌은 생명과 정신의 주체와 전체를 실현하고 표현하는 것이 참이고 선이고 아름다움이라고 했다. 진선미는 주체적이면서 전체적인 것이다. 스스로 하는 인간의 주체는 전체인 하나님과 직결되어 있다. 참은 주체와 전체의 일치에 있다. 스스로 하는 마음(주체)은 무한을 안은 참된 마음(眞)이다.[38] "선이란 개체와 전체와의 완전한 통일이다."[39] 주체와 직결된 "전체가 참이요, 전체가 선이요, 전체가 미다."[40] 함석헌은 아름다움을 주체와 전체의 조화와 일치로 보았다. 그에 따르면 아름다움은 '스스로 하는' 데서 온다. "스스로야말로 아름다운 것"[41]이다. '나대로 내 힘'으로 살자는 마음이 바로 서면 "모든 잃어진 아름다움이 다 회복될 것이다."[42] 주체와 전체의 일치를 추구한 함석헌은 아름다움의 주체적 성격과 전체적 성격을 함께 강조했다. 가장 큰 아름다움은 전체인 온 우주, 무한, 하나님과 어울린 아름다움이다.[43]

생명과 정신의 가장 깊고 높은 본질과 값과 품격을 드러내는 진선미는 우주와 생명과 정신의 주체적 깊이와 전체적 조화를 드러내는 서로 다른 관점과 차원이다. 일인칭, 이인칭, 삼인칭의 구분과 분화 위에서 파악된 진선미는 물질과 생명과 정신의 근원적 깊이와 높이

---

38) 함석헌, "아름다움에 대하여", 함석헌전집5. 68쪽.

39) 함석헌, "새 윤리", 함석헌전집 2. 347쪽.

40) 함석헌, "새 윤리", 함석헌전집 2. 346쪽.

41) 함석헌, "아름다움에 대하여", 함석헌전집5. 66-67쪽.

42) 같은 글. 67쪽.

43) 진선미를 생명과 인간의 주체성과 전체성으로 파악하는 관점에 대해서는 박재순, 『함석헌의 철학과 사상』 한울 2012. 142~144쪽.

를 드러내지 못한다. 윌버가 말한 '그것'으로서의 진은 지식과 정보, 논리와 계산으로서의 진이다. 이것은 수리와 물리, 실증적 사실과 기술의 진이다. 그러나 물질과 생명과 정신의 진리는 수리와 물리뿐 아니라 생리, 심리, 도리, 신리의 통합적 진리다. 이러한 통합적 진리는 주체와 전체가 통합되는 얼 생명의 진리다. 물질과 생명과 정신의 진선미는 일인칭, 이인칭, 삼인칭으로 분화되기 이전 생명과 정신의 근원적인 깊이와 높이에서 나오는 것이다. 주체와 전체의 자리에서 물질과 생명과 정신을 이해하는 씨올철학은 생명진화와 천지인합일의 큰 틀에서 진선미를 이해한다. 생명진화와 천지인합일의 큰 틀에서 드러나고 표현되고 실현되고 완성되는 물질과 생명과 정신의 값과 보람과 뜻을 나타내는 것이 진선미다.

개인의 이성과 자아를 중심으로 형성된 윌버의 사상은 타자의 고통과 기쁨을 주체적 깊이와 전체의 자리에서 이해하기 어렵다. 그의 사상체계는 생명의 실존적 깊이와 역동성을 잘 드러내지 못하고 스스로 깨지고 탈바꿈함으로써 창조와 진화, 신생과 고양을 일으키는 생명진화의 고통스러운 과정을 담아내지 못하는 것 같다. 주체의 깊이와 자유에서 공동체적 전체에 이르는 생명의 진화와 인간의 역사는 죄와 악의 깊이를 가지며 역사와 사회 속에서 경험되는 민중의 고통은 생명과 영의 깊이를 드러낸다. 죽음과 신생을 통해서 그리고 스스로 깨지고 죽음으로써 생명활동을 펼치는 생명진화와 씨올은 민중의 고통과 죽음에 대한 깊은 성찰과 이해를 요구한다. 씨올 생명철학은 개체의 주체적 깊이와 자유에서 전체의 하나 됨을 이루는 철학이어야 한다.

4. 주체와 전체를 살리는 생명 철학적 인성이해

기축시대의 성현들은 인간의 깊은 내면에서 주체의 진리와 전체의 진리가 통합되어 있음을 알려주었다. 내가 참으로 나답게 살면 전체가 하나로 되는 길로 갈 수 있다. 인성교육은 나의 감성과 지성과 영성을 살려서 개성과 창의의 삶을 살고 전체가 하나로 되는 공의 세계로 나아가게 하는 것이다.

인성은 생명의 씨올이다

껍질과 알맹이의 통합체인 씨올은 생명의 물질과 정신, 몸과 맘, 안과 밖을 유기적으로 통합한다. 깨지고 죽음을 통해 생명의 본성을 탈바꿈하고 변화시킴으로써 씨올은 생명의 본성인 주체와 전체를 실현하고 완성한다. 지금 여기서 작은 씨올 하나가 스스로 꿈틀거리며 우주 전체와 함께 창조와 진화의 생명활동을 벌인다. 작은 씨올의 꿈틀거림 속에 우주만물과 자연생명 전체가 참여하여 생명활동을 벌인다. 씨올은 우주적 전체의 거시적 관점과 개별적 주체의 구체적 미시적 관점을 포괄한다. 생각하는 이성과 초월하는 영성을 아우르는 씨올사상은 앎의 차원과 모름의 차원을 함께 강조한다. 모름의 깊은 어둠을 지킬 때 앎은 밝고 또렷해진다. 또한 자기를 깨트리고 죽음으로써 생명진화의 세계를 열어가는 씨올생명은 희생과 상생을 함께 말한다.

사물을 깊이 철저하게 탐구해서 지극한 앎에 이른다는 유교의 가르침 격물치지(格物致知)는 인식대상인 사물과 인식주체인 이성의 관계에 충실할 뿐 인식주체인 이성 자체(자아)를 문제 삼지 못하고 인식대상인 사물의 존재론적 뿌리를 밝히지 못한다. 인식주체인 이성이 참된 생명의 주체, '참 나'가 되고 인식대상인 사물의 존재론적 깊이와 근원을 드러내려면 없음과 빔의 하늘에 이르러야 한다. 유영모는 인식주체와 인식대상이 함께 자유롭게 되고, 참되고 변함없는 진리에 이르려면 먼저 하늘의 빈탕한데, 빔과 초월에 이르러야 한다고 보았다. 하늘의 빈탕한데서만 인식주체인 이성이 제 욕심과 편견과 집착에서 해방되어 자유롭게 인식대상을 있는 그대로 깊이와 전체서 인식할 수 있고 인식대상도 존재의 깊이와 높이가 온전히 드러날 수 있다.

하늘의 자유에 이르려면 인간의 생명과 정신은 끊임없이 깨지고 죽음으로써 탈바꿈하면서 진화와 고양, 신생과 초월을 이루어야 한다. 인간의 본성을 씨올로 본 유영모는 《삼일신고》에 나오는 '성통공완'(性通功完)을 '바탈을 트고 마틈을 마침'(다석일지 1955년 10월 6일)이라고 풀이했다. 인간의 바탈(本性)을 튼다고 한 것은 씨올이 싹 트듯이 인간의 본성이 싹이 트는 것을 뜻하고 '마틈을 마침'이란 말은 인간의 본분과 사명을 이루는 것을 뜻한다. 생명의 씨올은 깨지고 죽음으로써 진화와 변화, 쇄신과 고양이 이루어지고, 죽음을 통해서 거듭나는 것이다. 참 나가 되려면 욕심과 집착과 편견에 사로잡힌 나가 끊임없이 깨지고 비워짐으로써 새롭고 자유로운 나가 되어야 한다. 참나가 되어야 역사와 사회, 국가와 세계의 주인과 주체로서 공적인 책임을 다 할 수 있다. 씨올이 깨지고 죽음으로써 싹이 트고 꽃과 열매를 맺듯이 인간도 깨지고 죽음으로써 인간본성의 씨올이 싹이 트고 변화되어 꽃이 피고 열매를 맺어 사람의 구실과 사명을 다 해야 한다.

유영모의 생명 철학적 인성이해

인성, 하늘 뚫린 줄

유영모의 인성 이해는 《중용》의 첫 장을 풀이하는데서 잘 드러난다. 그는 중용 첫머리를 다음과 같이 풀이했다.

天命之謂性 하늘 뚫린 줄을 바탈이라 ᄒᆞ고
率性之謂道 바탈 타고 난대로 살 것을 길이라 ᄒᆞ고
修道之謂教 드디는 길 사모치는 것을 가르치는 것이니라[44)]

유영모는 성(性)을 바탈이라고 했다. 본성(本性)이란 말이 본래 타고난 주어진 성질을 나타낸다면 유영모가 말하는 바탈은 타고난 것이면서 타고난 것을 넘어서 '받아서 할 사명'(받할)을 뜻하고 '받아서 타고 하나님께 올라갈 것'을 뜻한다.[45)] 그는 인간의 본성을 하나님과의 관계에서 인간이 이루어야 할 사명으로 보거나 하나님께로 날아올라갈 날개나 비행기 같은 것으로 본다. 인간의 본성은 그 자체가 목

44) 1968년 유영모는 중용을 우리말로 옮겼다. 원자료는 난해하여 간행되지 않았으며 이것을 다시 풀이한 책으로는 유영모 옮김, 박영호 풀이, 『중용 에세이-마음 길 밝히는 지혜』 성천문화재단 1994. 참조.

45) 유영모 옮김, 박영호 풀이, 『중용 에세이-마음 길 밝히는 지혜』 성천문화재단 1994. 29쪽. 그리고 박영호 엮음, 『多夕 柳永模 어록』 두레, 2002. 452, 453~8쪽.

적이 아니라 무엇인가를 이루어야 할 사명과 과제를 지닌 것이고 인간과 하나님과의 관계에서 이루어야 할 목적을 위한 도구와 수단이다. 유영모는 바탈을 나타내는 천명의 명(命)을 하늘 뚫린 줄 命이라 함으로써 본성이 단순히 주어진 것이 아니라 하늘과 연락, 소통하는 것임을 나타냈다. 바탈(本性)은 하늘 뚫린 줄이므로 하늘과 통하는 본성의 줄을 따라 가면 하늘에 이르고 하늘과 연락하고 소통할 수 있다. 하늘 뚫린 줄(바탈)을 따라 사는 것이 하늘로 가는 길(道)이다. 이 길을 사무쳐 가는 것을 가르치는 것(敎)이다.

교육은 가르치는 이와 배우는 이가 함께 인간의 본성[인성]을 따라서 하늘로 가는 것이다. 인성을 이루는 몸, 맘, 얼이 얼크러지면 하늘 뚫린 줄도 얼크러지고 꼬인다. 인성 속에 있는 하늘 줄을 따라 하늘로 가려면 인성 속에서 얼크러지고 꼬인 줄을 올바르게 펴야 한다. 몸, 맘, 얼을 올바르고 고르게 펴야 몸, 맘, 얼 속에 있는 하늘 뚫린 줄도 올바르고 고르게 펴진다. 몸, 맘, 얼을 올바르고 고르게 펴려면 인간의 중심과 꼭대기에 얼이 뚜렷이 서야 한다. 몸이 중심과 꼭대기에 서면 맘과 얼이 얼크러지고 꼬인다. 맘이 중심과 꼭대기에 서도 몸과 얼이 뒤얽히고 꼬인다. 얼은 하늘을 품은 것이고 하늘에 뿌리를 둔 것이다. 얼이 인성의 중심과 꼭대기에 뚜렷이 설 때 몸과 맘도 하늘을 향해 올바로 고르게 설 수 있다. '얼'이 참 나다. 하늘 줄인 바탈을 따라 가려면 물질에 매인 거짓 자아는 깨져서 가루가 되어야 한다. 그래야 하늘의 빈탕한데서 주체와 전체가 일치하는 생명의 자유에 이를 수 있다. 맘의 욕망과 감정과 생각에 휘둘리는 거짓 나도 버려야 한다. 맘에 휘둘리는 거짓 나를 버리고 하늘의 자유에 이르기 위해서 유영모는 맘을 한 점으로 모아서 그 한 점의 가운데를 찍어버렸다. 맘의 거짓 나를 찍어버림으로써 본성을 뚫어서 하늘과 줄곧 통하게 하려고 하였다. 유영모 철학의 핵심은 맘의 가운데를 찍는 '가온 찍기'와 하늘과 줄곧 통하는 '줄곧 뚫림'이다. 유영모는 중용(中庸)을 가온 찍기와 줄곧 뚫림으로 풀이했다. 중(中)은 맘의 가운데를 찍어서 하늘이 가운데가 되고 잣대와 기준이 되게 하는 것이다. 용(庸)은 바탈이 줄곧 뚫려서 올바르고 고르게 되고, 제 구실을 하고 쓰이게 되어 하늘과 소통하고 연락하는 것이다. 인간 본성의 가운데를 한 점으로 찍어서 하늘처럼 텅 비게 하여 하늘[民, 이웃, 만물]과 나 사이가 줄곧 뚫리게 함으로써 하늘의 얼 생명이 꽃을 피우고 열매를 맺게 하는 것이 씨올철학의 핵심이다. 얼 생명을 꽃 피우고 열매 맺으면 몸과 맘도 함께 실현되고 완성될 수 있다.

중용과 인성에 대한 주체적이고 역동적인 이해

유영모가 바탈(人性)을 하늘에서 주어진 타고난 것으로 보지 않고 하늘 뚫린 줄이라고 본 것은 전통적인 인성이해를 넘어선 것이다. 바탈을 하늘에서 주어진 타고난 것으로 보면 인성과 천성(天性)을 동일시하는 수동적이고 정태적인 관점에 머물 수 있다. 유교에서는 하늘로부터 타고난 본성을 그대로 지키는 것을 중(中)이라고 했는데 다석은 중(中)을 내 속의 속에 있는 '나'로 파악했다. 다석은 중용에 대한 강의에서 중(中)에 대해서 이렇게 말했다. "나란 속의 속입니다. 속의 속이 나 같아요. 中이란 나인데 나란 어디 있느냐 하면 내 속의 속에 있는 것 같아요."[46] 중(中)은 내 속의 속에 있다. 속의 속인 중(中)이 나다. 중에 대한 다석의 해석은 유교의 해석에 비해서 주체적이다. 다석은 중용 1장의 '중은 천하의 대본'(中也者 天下之大本也)이란 말을 '가온대란 뉘웋트임'이라고 풀이했다. '뉘웋트임'은 '세상에서 웋, 하늘이 트이게(열리게) 함'이다. 대본(大本)은 '근본, 큰 본보기'를 뜻하는 말인데 다석은 '하늘이 열리게 함'이란 말로 바꾸었다. 중용 1장의 마지막 문장 '致中和 天地位焉 萬物育焉'은 "중과 화에 이르게 되면, 하늘과 땅이 제 자리에 있게 되고 만물이 자라게 된다."는 말이다. 다석은 이 말을 "가운데 마루 놓음은 하늘 땅 자리 오르고 잘몬[萬物] 키우리."로 풀이했다.[47] '중과 화에 이르게 되면'(致中和)을 '가운데 마루 놓음'이라고 한 것은 인간과 하늘의 관계를 보다 주체적이고 역동적으로 파악한 것이다. '가운데 마루 놓음'은 하늘이 열리게 하고 근본(기준)을 세움'이란 말이다.

중화(中和)에 이르는 것을 하늘 열고 근본을 세우는 것으로 해석함으로써 그 의미를 주체적으로 심화하고 영성적으로 확장했다. "하늘과 땅이 제 자리에 있게 되고 만물이 자라게 된다."는 말을 "하늘 땅 자리 오르고 잘몬 키우리."로 바꾼 것은 유교의 중립적이고 수동적인 인성이해를 능동적이고 주체적인 인성이해로 바꾼 것을 뚜렷이 보여준다. "하늘 열고 근본을 세우면 하늘과 땅의 자리에 올라서 만물을 키우리라." 인간의 속의 속에서 하늘이 열리고 마루(근본, 머리)를

---

46) 1961년 11월 3일에 다석이 중용에 대해 강의했고 강의내용을 주규식이 기록하였다. 인용한 내용은 주규식 노트 2권(미간행)에 수록되어 있다.

47) 주규식 노트 3권 207쪽.

놓으면 하늘과 땅과 하나로 되어서 하늘과 땅의 자리에서 만물을 물성과 이치에 따라 키울 수 있다. 또한《중용》첫머리에서 인간의 본성을 하늘 뚫린 줄이라고 한 것은 인간의 본성을 하늘과 인간의 관계, 소통, 연락, 거듭남의 관점에서 역동적이고 과정적으로 본 것이다. 인간의 본성은 생명의 씨올이다. 인간의 본성, 인성은 싹 트고 자라고 새롭고 솟아오르고 나아가는 것이다. 또한 중용을 '가온(中) 쓸(庸)'이라 하고 가온 찍기와 줄곧 뚫림으로 풀이 한 것은 전통유교에서 중용을 치우치지 않은 맘의 가운데, 일어난 감정들의 조화로운 상태로 본 것에 비해서 생명 철학적 역동성과 활동성과 탈바꿈(쇄신)을 드러낸 것으로 여겨진다.

생명 철학적 인성 이해

씨올사상은 인간 본성의 속의 속에 있는 얼과 뜻을 불태우고, 솟아올라 나아감을 말하고 죽음으로써 거듭 새로 낳고 태어남을 강조하고 끊임없이 되고 되는 됨됨이의 생명진화 과정을 강조한다. 동양의 전통사상이나 기독교신학과는 달리 씨올사상은 '생각하는 것'을 매우 중시한다. 고대 그리스와 서양 근현대의 이성철학과는 달리 생명철학으로서 씨올사상은 결코 관념적 사변적 사유에 머물지 않는다. 씨올사상에서 강조하는 생각은 관념적 논리적 사유가 아니다. 계산기인 컴퓨터와 인공지능이 생각하고 추론한다는 것은 순수히 계산적 추론이다. 1+1=2는 순수한 계산적 논리와 추론의 과정을 나타낸다. 또한 1+1=2라는 계산에 근거해서 2+4=6이라는 수식을 수리와 논리에 따라 추론한다. 인공지능의 이러한 생각과 추론에는 생명과 감정과 얼이 빠져 있다. 인공지능기술자들 가운데는 인공지능의 기능이 더욱 고도화하고 복잡해지면 인공지능이 감정과 자의식을 가질 수 있다고 주장하기도 한다. 이것은 생명과 정신, 감정과 자의식을 수리적 계산과 물질적 상태로 환원시킬 수 있다고 보는 기계공학적 주장이다. 그러나 이런 주장은 일찍이 괴델이 불완전성 정리를 통해서 확정한 수학적 진리에 배치된다. 수학적 진리체계는 그 체계 자체가 모순이 없더라도 그 체계 밖에서는 옳고 그름을 증명할 수 없다. 수학적 체계는 수학적 체계를 넘어서 보편적으로 적용될 수 없다. 수학적으로 계산할 수 없는 것들이 있으며, 계산할 수 없는 것을 계산하려고 해서는 안 된다. 비수학적 비공학적 진리, 생명과 영의 진리를 수학적 공학적 체계로 환원시킬 수 없다. 따라서 아무리 수리적 물리적 상태를 인공적으로 그럴 듯하게 고도화 시켜도 수리-물리 세계가 감정과 자의식을 낳지는 못한다. 인공지능이 감정을 가진 것처럼, 자의식이 있는 것처럼 말하고 움직여도 그것은 기계의 산술 계산적 과정(알고리즘)일 뿐 감정과 자의식이 아니다.

씨올사상에서 말하는 생각은 단순한 계산적 논리와 추론이 아니다. 물론 모든 이성의 생각은 계산적 수리적 추론과 헤아림을 포함한다. 씨올의 생각은 산술 계산적 추론을 넘어서 생명과 감정과 의식, 지성과 영성과 신성을 아우르며 이 모든 생명의 차원들과 관련되어 있다. 니체도 인간의 이성적 사유가 뇌의 논리적 사유만 아니라 몸 전체가 관련된 것임을 갈파하고 '육체의 대이성'이 뇌의 이성보다 크다고 하였다. 생각은 뇌만이 하는 게 아니라 몸 전체가 생명 자체가 하는 것이다. 유영모에 따르면 생각은 몸, 맘, 얼을 연락하고 소통시키는 것이다. 유영모는 생각을 생명의 자각(生-覺)으로 보고 "몸에서 깨 캐내는 생각으로 산 사람의 나라는 맘이 고맙다."(다석일지 1956년 9월 22일)고 하였다. 생명을 살리는 생각은 계산적 생각이 아니라 몸에서 캐내는 생각이다. 몸에서 생각을 캐낸다는 말은 생각 속에 몸의 생명과 감정과 의식과 의지가 담겨 있다는 말이다. 몸에서 캐내는 생각으로 사는 사람은 생각과 생명, 몸과 맘의 일치 속에서 사는 사람이다. 그는 자기 몸의 생명을 느끼고 실현하고 완성하는 사람이고 그런 사람은 서로 고마운 맘으로 살아갈 수 있다. 계산하는 기계인 인공지능은 몸의 생명과 감정, 의욕과 의지가 없으며 고마움을 느낄 수 없다.

인간의 본성으로서 씨올은 세 가지 구실과 사명을 가지고 있다. 첫째 인간의 본성은 생명의 씨올로서 생명을 이어가는 구실, 세대를 넘어서 생의 바통을 이어가는 구실을 해야 한다. 둘째 새 생명을 낳고 지어야 한다. 씨올은 '내가 나를 낳고 지어' 간다. 새 생명을 낳기 위해 씨올은 자신이 깨지고 죽는 것을 감수한다. 셋째 생명의 씨올로서 인간은 나(나의 본성)를 살리고 세우고 완성함으로써 전체 생명을 살리고 완성해 가야 한다. 씨올의 꽃과 열매가 자기를 실현하고 완성함으로써 뭇 생명을 먹여 살리고 풍부하게 하듯이, 생명의 씨올인 인간은 나와 남의 전체 생명을 살리고 세우고 완성하기 위해서 애기애타(愛己愛他), 자리이타(自利利他), 홍익인간(弘益人間)의 이념에 이르러야 한다.

생명의 씨올로서 인간은 생명을 잇고 낳고 세우는 구실을 다 하기 위해서 씨알의 알맹이(가운데 중심)에 맞게, 앎에 맞게(알마지, 알맞게)

살아야 한다. 생명과 인간의 씨올이 인성이고 씨올의 알맹이(가운데)가 인간의 주체와 전체가 일치하는 '참 나'다. 알맹이를 아는 것이 앎이고 앎에 맞게 사는 것이 철학이고 삶의 알맹이, 삶의 가운데 중심에 맞게 사는 것이 중용이다. 생의 알맹이 본성은 주체와 전체다. 생의 알맹이인 주체와 전체를 억압하고 해치는 게 죄이고 악이며 주체와 전체를 살리고 높이는 게 선이고 '깨끗함'이다.

알마지 알맞게 살려면 하늘의 빈탕한데서 '깨끗함'과 자유에 이르러야 한다. 덜어야 할 것을 덜지 못하고 몸과 맘에 업고 있는 것이 더러운 것이다. 더러움을 깨끗이 덜어내는 자리가 하늘의 빈탕한데다. '깨끗'은 깨고 끝내서 새 삶을 사는 것이다. 낡은 자아의 묵은 잠에서 깨어나 거짓 나를 끝내고 새로운 나로 태어나서 새 삶을 사는 것이다. 땅에서 시공간의 삶 속에서 사는 것은 더러움을 안고 사는 것이다. 그래서 유영모는 "때는 때"라고 했다. 과거(過去)는 허물과 잘못(過)을 지닌 것이다.[48] 씨올은 더러움, 때, 허물과 잘못을 벗어버리고 깨끗하고 영원한 새 생명, 주체와 전체가 온전히 실현되는 참 생명을 낳자는 것이다. 생의 주체와 전체는 지금 여기서 영원한 생명을 낳자는 것이다. 지금 여기의 생명은 영생을 품은 씨올이다. 영생을 품은 씨올을 죽이는 것이 죄이고 악이다. 그것을 살리고 싹터서 꽃 피고 열매 맺게 하는 것이 선이고 아름다움이고 진리다. 씨올을 파괴하고 죽이는 것과 씨올이 스스로 깨지고 죽음으로써 새 생명을 싹 트게 하는 것은 전혀 다른 일이다.

---

48) 《多夕日誌》 영인본 上. 김흥호 편 1982. 162~7쪽. 박재순, 『다석 유영모-동서사상을 아우른 창조적 생명철학자』 홍성사 2017. 156~7, 307~8쪽 참조.

씨올이 스스로 깨지고 죽음으로써 생명은 창조적 생명활동을 펼친다. 씨올은 낡은 껍질을 깨고 죽음으로써 자기 존재를 탈바꿈하고 알찬 새 생명을 낳는다. 생명의 씨올인 인간도 자기부정과 죽음을 통해서 스스로 탈바꿈하고 자기초월과 자기존재의 차원변화를 일으키면서 신생과 고양을 이루어야 한다. 유영모는 바탈을 트고 얼과 뜻을 불태우고 솟아올라 앞으로 나아갈 것을 역설했다.[49] 인간이 자신의 바탈을 트고 얼과 뜻을 불태우는 것은 스스로 깨지고 죽음으로써 탈바꿈하는 것이다. 애벌레가 고치가 되고 고치에서 나비가 나오듯이 인간은 탈바꿈하고 새 생명으로 거듭나야 하는 존재다. 10억년 생명진화 과정에서 생명의 본성이 탈바꿈하여 진화와 고양을 이루었듯이 인간은 자신의 짧은 생애 속에서 본능과 지성과 영성의 탈바꿈을 통해서 고양과 진화, 신생과 초월을 이루어야 한다. 다석의 인성이해에는 동양사상과 기독교사상과 이성철학이 종합되어 있다. 본성과 하늘을 동일시하며 본성에서 생각과 삶을 시작한다는 점에서 동양사상을 물려받고 본성이 깨지고 죽음으로써 자신을 불태우고 희생함으로써 신생에 이르고 하늘 하나님과 소통하고 연락한다는 점에서 기독교신앙을 드러낸다. 진화론을 받아들이고 생각함으로써 인성을 깨닫고 실현하고 고양시킨다는 점에서 생각하는 이성을 중심에 놓는다는 점에서 현대적이다.

씨올사상이 제시하는 인간과 인성이해를 정리해 보자. 인간과 인성 속에서 생명진화와 천지인합일이 이루어진다. 생명진화의 역사 자

49) 박재순, 『다석 유영모-동서사상을 아우른 창조적 생명철학자』 홍성사 2017. 154~5, 173~4, 203~5쪽 참조.

체가 생명의 창조적 진화를 이루어 온 것이며 그 결과 인간이 나왔다. 인간은 생명의 창조적 진화를 스스로 의식적으로 주체적이고 능동적으로 다시 말해 창조적으로 실현하고 완성할 책임과 사명, 본성과 목적을 가진 존재다. 인간은 스스로 창조와 진화를 일으키는 주체적 존재다. 인간 속에서 하늘과 땅의 창조와 진화가 일어난다. 인간은 시간과 공간의 창조적 근원과 중심과 주체다. 인간은 단순히 시간과 공간의 법칙적 제약과 속박에 매인 존재가 아니라 시간과 공간을 초월하여 새로운 시간과 공간을 창조하고 열어가는 주체다. 물질세계의 시간과 공간보다 생명세계의 시간과 공간이 훨씬 깊고 크다. 정신과 영 세계의 시간과 공간은 훨씬 더 깊고 오묘하고 크다. 인간과 인성 속에서 시간과 공간은 차원변화를 일으키며 새 하늘과 새 땅으로 바뀌고 있다. 인간과 인성 속에서 천지개벽이 일어나고 새 하늘과 새 땅이 창조되고 하나님 나라가 시작된다. 인간은 과거와 현재와 미래를 통합하여 새로운 역사를 지어가는 존재이고 하늘과 땅의 이치와 도리를 실현하여 새로운 삶을 열어가는 존재다. 과거의 시간적 속박과 땅의 물질적 법칙과 제약에서 자유롭게 된 인간은 생명진화와 천지인합일을 이루는 창조적 주체다. 인간은 생명의 주체와 전체를 의식적이고 주체적으로 통일하고 창조적으로 실현할 수 있는 존재다.

한국근현대의 과제와 사명: 인성의 성숙과 민주정신의 완성

동서 문명의 만남과 민중의 주체적 자각으로 전개된 한국근현대의 과제와 사명은 동학사상과 씨올사상으로 실현되었다. 한국근현대의 민주정신과 사상은 한사상, 샤머니즘, 유불도와 서양의 기독교, 민주정신, 과학사상의 만남을 통해서 풍성해지고 깊어졌다. 이것을 민중의 종교철학과 사상으로 정립한 것이 동학과 씨울사상이다. 동학의 시천주, 사인여천, 인내천은 한사상을 알뜰하게 표현한 것이고 주문과 부적, 강신체험은 샤머니즘을 반영한 것이고 천주신앙은 기독교를 수용한 것이고 자유와 평등의 민중정신은 서양의 민주정신의 영향을 받은 것이다. 동학에서 아쉬운 것은 과학지식과 기술에 대한 이해가 부족한 것이다. 그러나 동학은 서양문화의 영향을 받아들여서 민중의 주체적 자각과 혁명운동을 일으켰다는 점에서 진정한 의미에서 한국근현대의 시작을 이룬다. 유영모와 함석헌이 닦아낸 씨울사상은 동학혁명의 실패를 딛고 일어난 독립협회와 만민공동회의 민중교육운동, 안창호 이승훈의 교육독립운동, 민족교육운동의 역사적 귀결인 삼일혁명의 정신과 철학을 심화 발전시킨 것이다. 씨울사상은 생명의 주체와 전체를 함께 실현하고 완성하려 한다. 한국근현대에서 동서양의 만남을 통해서 동양의 전체적 전일적 사고와 서양의 개인 주체적 이성적 사고의 통합이 이루어지고 있다. 씨울사상의 이러한 생명 철학적 통합은 과학혁명, 민주혁명, 생태혁명을 반영하고 인간의 주체성과 전체성의 일치를 지향한다. 더 나아가서 씨울사상은 생명의 자람과 신생, 역사의 진보와 초월적 영성, 개체와 전체, 구체와 보편, 미시와 거시, 세계와 지역을 아우르고 마을공동체와 세계평화를 실현할 민주국가의 구실과 사명을 내포하고 함축한다.

씨울사상은 한국근현대의 중심과 절정에서 형성된 철학이며 동서정신문화를 창조적으로 회통하고 융합한 대종합의 사상이고 민중의 주체적 자각을 일으키고 민중의 정신과 삶을 고양시키고 심화시키는 민주생활철학이다. 동학혁명에서 삼일혁명을 거쳐서 씨올사상에 이르는 과정은 한국근현대의 정신적 발전과 성숙의 과정이었다. 동서문명의 만남과 민중의 주체적 자각을 실현하고 완성하는 동학과 씨올사상의 이러한 과정은 인성(인간정신)의 성숙과 민주정신의 완성에 이르는 과정이다. 인성의 성숙과 민주정신의 완성을 지향하는 역사 사회적, 철학 사상적 과정은 주체적이면서 보편적인 사상과 정신의 발전과 성숙의 과정이었다. 역사적으로 그리고 사상적으로 인성의 성숙과 민주정신을 완성해가는 이러한 구도자적 과정은 인간과 인성을 이해하고 성숙하게 실현하고 완성하려는 인류정신사의 과제와 사명을 실현하고 완성하는 과정이다. 한국근현대의 이런 사명과 과제를 신영복은 '녹두씨올'이란 말로 표현했다. 그는 붓글씨로 '녹두씨올'이라 쓰고 그 아래 "녹두꽃이 지면 녹두씨올 열매 맺지."라고 풀이했다. '녹두'는 동학혁명정신을 나타낸다. 아래아 ㆍ를 써서 씨올이라 쓴 것은 함석헌의 씨올정신과 사상을 가리킨다. 역사적으로 그리고 종교철학적으로 인성의 성숙과 민주정신의 완성을 추구한 한국근현대는 동학혁명으로 시작했고 삼일혁명을 통해 발전 성숙했고 민주정신과 철학인 씨올정신과 사상을 바탕으로 자치와 협동의 생명공동체적 시민운동으로 열매를 맺어야 한다.

참고문헌

강선보외 7인, 『인성교육』 양서원 2008

교육부 『인성교육 비전 수립을 위한 정책연구』 진한엠앤비 2014.

김기석, 『南岡 李昇薰』 한국학술정보 2005.

김영일, 『丁若鏞의 上帝思想』 경인문화사 2003.

김태완, 『글로벌 시대의 교육』 학지사 2013

레베카 골드스타인, 『불완전성: 쿠르트 괴델의 증명과 역설』 고종숙 옮김 승산 2007.

레슬리 스티븐슨, 데이비드 헤이버먼. 『인간의 본성에 관한 10가지 이론』 박중서 옮김 갈라파고스 2006.

마이클 샌델, 『정의란 무엇인가』 이창신 옮김 김영사. 2010.

마테오 리치, 『천주실의』 송영배 외 옮김 서울대학교 출판부 2003.

매리언 울프, 『책 읽는 뇌』 이희수 옮김 살림 2009.

메리 고든, 문희경 옮김 『공감의 뿌리』샨티 2010.

모리타 마사오, 『수학하는 신체』박동섭 옮김 에듀니티 2016

박영호 저. 『진리의 사람 다석 유영모』상 하, 두레, 2001.

박재순, 『함석헌의 철학과 사상』 한울 2012.

박재순, 『유영모 함석헌의 생각 365』 홍성사 2012.

박재순, 『삼일운동의 정신과 철학』 홍성사 2015.

박재순외 7인 『참 사람됨의 인성교육』홍성사 2017.

박재순, 『다석 유영모-동서사상을 아우른 창조적 생명철학자』홍성사 2017.

새뮤얼 이녹 스텀프·제임스 피저 『소크라테스에서 포스트모더니즘까지』 이광래 옮김 열린 책들 2004. 2011(14쇄).

스터얼링 P. 램프레히트. 『西洋哲學史』 김태길, 윤명노, 최명관 공역, 을유문화사 1980(15판)
알랭 바디우 『사도 바울-제국에 맞서는 보편주의 윤리를 찾아서』. 현성환 옮김 새물결 2008.
안병욱 외 『안창호 평전』 청포도 2007.
에드워드 윌슨 『인간 본성에 대하여』 이한음 옮김 사이언스북스 2016(신장판 5쇄)
에드워드 윌슨, 『통섭』 최재천, 장대익 옮김, 사이언스북스 2005.
에마뉘엘 레비나스 『존재에서 존재자로』(서울 민음사 2009) 서동욱 옮김
엠마누엘 레비나스 『시간과 타자』(서울 문예출판사 2012) 강영안 옮김
요람 하조니 『구약성서로 철학하기』 김구원 옮김 홍성사 2016.
류영모, 『다석 씨알 강의』 주규식 기록 박영호 풀이. 교양인 2015.
柳永模. 《多夕日誌, 》 (上·中·下, 영인본) 김흥호 편 1982.
유영모 옮김, 박영호 풀이, 『중용 에세이-마음 길 밝히는 지혜』 성천문화재단 1994.
유영모 『제소리-다석 유영모강의록』 김흥호편, 솔, 2001.
유영모, 『다석 유영모 어록: 다석이 남긴 참과 지혜의 말씀』박영호 엮음, 두레, 2002.
유영모 『다석강의』 현암사 2006.
윤사순, 『韓國儒學思想論』 열음사 1986.
이광수, 『도산 안창호』 하서 2007.
이도흠, "한국사회에서 개인적·사회적 분노 치유의 길", 2016 《만해축전 학술세미나집》 만해축전 추진위원회 발행 2016.
이태복, 『도산 안창호 평전』 동녘 2006.
임재택, 『생태유아교육개론』 양서원 2013(3판).
장리욱, 『도산의 인격과 생애』 흥사단 2014.
정윤경, 『발도르프 교육학』 학지사:서울, 2004,
정재승, 정용, 김대수 지음 『1.4킬로그램의 우주, 뇌』사이언스북스 2014.

제임스 밀러. 『성찰하는 삶-소크라테스에서 니체까지, 좋은 삶의 본보기를 탐구한 철학자 12인의 생애』 박중서 옮김, 현암사 2012.
조성자. 『유아교육의 역사와 철학적 이해』 개정판 창지사 2015.
주요한 편저 『安島山全書』 흥사단 2015.
카렌 암스트롱, 『축의 시대: 종교의 탄생과 철학의 시작』 정영목 옮김 교양인 2010.
켄 윌버, 『켄 윌버의 통합 비전』 정창영 옮김 김영사 2014.
토머스 R. 마틴/이종인 옮김 『고대 그리스인의 역사』 가람기획 2003. (Ancient Greece by Thomas R. Martin. Yale University 1996)
함석헌, 『뜻으로 본 한국역사』 함석헌전집1. 한길사 1983.
함석헌, 『人間革命』 함석헌전집2. 한길사 1983.
함석헌, "우리민족의 理想", 『뜻으로 본 韓國歷史』함석헌전집 1. 한길사 1983.
함석헌, "생각하는 백성이라야 산다", 『생각하는 백성이라야 산다』 함석헌전집 14. 한길사 1983.
홍일립, 『인간본성의 역사』 에피파니 2017
E. Levinas, De l'évasion(Paris: Fata morgana, 1982; 1935(초판))
Kwang Shik Kim, God in Humanity: The Belief in Hananim and the Faith in God. Chungmyung Verlag Seoul, 1992.
김이곤, 「고난신학의 맥락에서 본 야훼 신명 연구」《신학연구》27, 한신대학 신학부, 1986.
성해영, "프로이트 종교심리학과 비교(comparison)의 정신: 승화(sublimation) 및 대양적(大洋的) 느낌(oceanic feeling) 개념을 중심으로", 《종교학연구》 27권. 서울대 종교학 연구회 발행 2008.
송영배, "유교와 기독교의 충돌과 대화의 모색", 『교우론, 이십오인, 기인십편』 서울대출판부 2000.
파멜라 M. 앨런/존 A. 에드워드/윈스턴 맥컬러프 "업은 존재하는가-불교, 사회인지 그리고 업의 입증" 신항식 옮김 《불교평론》 70호 2017 여름.
이경철, "현대시의 새벽을 연 '님'으로서 불교", 《불교평론》 70호 2017 여름.
김민수편 《우리말 語源事典》 태학사 1997.
서정범, 《國語語源辭典》 보고사 2000.
張三植 編, 《大漢韓辭典》 博文出版社, 1975,
J. Pokorny, Indogermanisches etymologisches Wörterbuch. Bern, A. Francke Hg. 1969.